企 業 改 革 へ の 新 潮 流

法務

コンプライアンス

弁護士・青山学院大学法学部教授
浜辺 陽一郎 [著]　実践ガイド

清文社

はじめに

　現代の企業法務は、急速に変化しており、数多くの課題に見舞われています。経済のグローバル化と相俟って、複雑・高度化する法務ニーズに対応することは、企業にとって大きな課題です。本書は、中小企業から大企業に至るまで、多くの企業に共通する法的課題へのアプローチを検討し、日本の実態に即して企業法務のあるべき方向性を整理するものです。

　もとより、企業活動では、その収益構造を踏まえて、お金の流れや規律を把握しておくことが大切です。これを財務・会計の視点だけではなく、企業法務の視点も加えてチェックすることで、早く対応ができます。また、最近の企業法務のトレンドとして、DXを進め、かつ各種の人材を積極的に活用すべく、働き方改革や人材の多様化が進んでいます。本書では、それぞれの立場で、企業法務の課題に対して、どのように貢献できるかを、できるだけ図表やチャート等も使いながら解説していきます。

　自分たちの専門領域については理解していても、他の専門家や他の部署等とは必ずしも十分に連携できていないこともあります。企業にとって最も身近な専門家である税理士をはじめ、様々な士業の方々の専門性をどのように企業法務で展開させ、様々な専門職の方々を幅広く念頭に置きながら、具体案も提示することで利便性を図りました。企業法務に携わる多くの人たちが、それぞれの立場や役割を理解して、より質の高い仕事を実現すべく、問題意識を共有できるような視点や考え方を盛り込みました。

　本書の読者としては、各種士業、企業アドバイザーをはじめとして、企業法務担当者、将来その仕事を志望する学生、興味のある学生等、企業法務に関与する様々な人たちを想定しています。企業法務の課題や、専門士業へのアウトソーシングのあり方（特に弁護士に依頼する際の賢い依頼者となるために必要な問題意識など）にも言及しますので、経営者や、企業に助

言する立場にいる方々にも幅広くご活用いただければ幸いです。

　本書で言及している大企業における課題は、中小企業でも先取りして参考にできる部分があり、大企業では中小企業でさえ求められていることを理解しながら、その重要性・緊急性を読み取っていただければと思います。

　なお、本書では、ケース・スタディとして、典型的な事象から抽出した架空事例のほか、現実に起きた事例にも数多く触れています。これらは、その企業や登場人物を批判することが目的ではなく、あくまでも何を教訓として学ぶべきかという観点からの分析です。記載された事実関係は報道や裁判所の認定等に依拠しており、それが真実だということを主張する趣旨ではありませんので、ご理解いただければと思います。

　令和3年9月

弁護士　浜辺　陽一郎

　本書は、拙著『経営力アップのための企業法務入門』（東洋経済新報社、2014年刊）をベースとしていますが、構成・内容を大幅に変更し、具体的提言、事例や書式を加えて、より実践的な内容となるように留意しながら、近時の動向を盛り込んでアップデートしたものです。後継書籍の出版をご了承頂いた東洋経済新報社に謝辞を申し上げます。

目　次

はじめに

法務部門の機能アップ
～将来的な課題の克服に向けて～

第3章

専門士業との連携における諸問題
～賢い依頼者になるための留意事項～

第5章

トラブル紛争対応の法務
～発見から調査・解決までの見通し～

グローバル法務への新潮流
～海外進出・事業拡大のリスク管理～

＊本書は、令和 3 年 9 月 1 日現在の法令等によっています。

第**1**章

企業における法務ニーズ

〜現実を直視した合理的対応の必要性〜

法務部門が何をする部署なのか、その必要性や仕事の内容については様々な見方があります。本章では、法務部門の必要性と位置づけから、予防法務、紛争解決法務及び戦略法務という3つの機能を解説し、法務の手法としてのリスク・マネジメントとクライシス・マネジメントから、法務の一元管理と分散管理や法務情報の収集・発信と教育・人材育成まで、法務部門がカバーすべき法務の役割を概観します。

① 法務部門の役割は広い

　法務部門の役割を限定し、狭く閉じこめるのは、企業にとっても決して得策ではありません。例えば、事務手続や文書の作成とか、形式を整えることだけしか行わないとか、細かい微調整だけでは、宝の持ち腐れです。日常の企業活動では雑用的仕事が大切なこともありますが、それだけでは十分な役割を果たしたとはいえません。

　かつては、文書部等の庶務的な諸活動に重点が置かれた「文書型」法務部も多く見られ、総務や庶務等が法務関連を取り扱っていたことも珍しくありませんでした。また、あまり余計なことに口出ししないで、大人しくしている方が良いという考え方もありました。

　本書で「法務部門」とは、部か課か、あるいは法規部、法務室、法務担当、グループ等の名称・位置づけを問わず、広くその部署を指すものとします。ただ、法務を取り扱う部門には多様な名称があるので、法務部門には、「法務部」を中心に、総務、庶務、文書、コンプライアンス、審査、調査、監査等、その名称を問わず、法令に関連する組織の部門を広く含みます。つまり、法務部は、法律関係の仕事を専門的に担う部門の総称で、他の名称はやや機能を狭くする傾向があります。これらの名称等からもうかがわれるように、法務担当者も、多様であり、法務部の姿も様々です。ルールや正解があるわけではないので、固定的に考える必要はありません。

　現状を把握するため、本書では、経営法友会・法務部門実態調査検討委員会「第12次　法務部部門実態調査」のデータ（以下「第12次実態調査」。ただし、中間報告値）を参照します（本調査は、2020年8月から11月

にかけて経営法友会会員会社と上場会社等から得た 1,233 社からの回答によるものです）。この前の「会社法務部【第 11 次】実態調査の分析報告」別冊 NBL160 号、商事法務 2016 年（以下「第 11 次実態調査」）の調査は、平成 27 年 5 月から 9 月にかけて同様の企業等から得た 960 社からの回答によります。これらのデータは、比較的、法務が進んでいるはずの企業を対象とする点に留意すべきでしょう。なお、その 5 年前の平成 22 年に行われた同様の「第 10 次実態調査」や、他の調査も、適宜、引用します。いずれの調査も、あくまでも日本の状況を示すデータであり、望ましい方向とは限らず、その評価は個別に検討する必要があります。

COLUMN
法 務 部 の 今 日 に 至 る ま で

　法務部門が日本の企業に登場したのは、1960 年代頃で、その頃から少しずつ形成・発展してきました。「企業法務実務担当者の情報交換の場」である経営法友会が発足したのが 1971 年であり、その会員数も一貫して増加し、2021 年の会員数は 1,200 社を超えています。同会は、企業法務の担当者で組織されていますが、その所属部署名は問わないので、こうした団体に加入すると、有益な情報を得やすくなるはずです。

　日本の経済発展と共に、法務関連部署を設ける企業も徐々に増え、その取り扱う職務領域も拡大し、法務部門の重要性が認識されてきました。近時は、いわゆる「スペシャリスト型」ないし「ジェネラルスタッフ型」の法務部門が要請され、様々な専門職が企業内部に入って業務を行うニーズが生じてきました。法的問題を専門的に取り扱い、経営が直面する様々な課題に対応する点に、総務や庶務等とは異なる使命を負う法務部門が増えています。専門的な技能を駆使しつつ、さらに経営戦略を推進する部門としての役割を果たすには、「法務部門」の看板を掲げるだけでは不十分です。その中身が法務部門と呼ぶに値する専門性と実質的な機能を果たす必要があります。

2 法務部門の必要性
企業の置かれている状況

　昔は法務部門がなくても会社を経営できたのに、何が変わったのでしょうか。「法務部は、できれば、ないに越したことはない」とか、「当社の規模では、法務担当者を配置する余裕がない」あるいは「法務にまで頭を回すレベルに達していない」と思い込んでいる方もいます。「よその会社にも法務部があるから」とか、「法務部くらいないとみっともない」といった横並び意識や、「会社も大きくなると、法的なリスクも高まるから、やむをえない」等の考えもあるでしょう。法務部門を否定的に考えるのは、法務の必要性が認識できていないか、あえて法務の必要性から目をそむけているだけかもしれません。

　しかし、企業にとっては、法務部門を積極的に整備すべき理由が増えています。まず、ここでは法務部門が必要とされる理由を確認しておきます。

　第1に、企業活動においては、**常に、何らかの問題が起きるリスク**が高まっています。頻発する企業不祥事。訴訟トラブル。契約問題等々。会社のガバナンスからファイナンスに至るまで、企業活動は法律問題と切っても切ることができません。可能な限り法的なトラブルを予防し、また、各部署における法的課題を発見し、回避又は解決する仕事を専門的に担う部署が必要です。経営者がすべてを把握できるような規模であればともかく、事業活動が大規模化・複雑化・高度化してくると、経営陣だけでは全部を的確に判断・対応できません。**様々な問題を整理し、業務をサポートする参謀的な役割**を引き受ける法務部門が、法的課題を効果的・効率的に処理できれば、事業活動の安定を図ることができます。

　各部署だけでは対応しきれない法的サポートを行い、それぞれの現場の活動に反映させないと、新しい局面に対応したり、新たな取引等を開始したりする等の事業活動の推進は難しい時代です。法務専門の自覚がないままでは、「法律がよくわからない」「どうせ、なるようにしかならない」等といった考え方に陥り、積極的な対応が難しくなります。

　第2に、企業が直面する状況について**合理的な情報収集を行うための専門部署**としても法務部門が必要です。必要に応じて専門家から十分な情報を得て経営することは、経営者の善管注意義務の一つでもあります。その必要な情報を、法務部門のスタッフで集めて対応する場合と、外部の専門家を活用して収集する場合が出てきます。また、ネットで情報を収集するにしても、法務関連情報は的確に選別する必要があります。

　第3に、**迅速に的確な対応**をするには、瞬時に専門部署が動かないと、社外からの助言を受けるまでに、初動を誤る恐れがあります。「これで良いのだろうか？」と疑問を抱えたままでは、中途半端で非効率な対応となり、後の祭りとなる危険性もあります。事業活動を行う企業には、常時、法的判断を踏まえた対応をリードする法務部門が必要です。

　第4に、近時の法律問題は高度化・複雑化し、高い専門性を要するため、社外の専門家を起用する機会が増え、それらの専門家をうまく使いこなす必要があります。特に法的な問題が絡む場合、その方面の専門家として、弁護士をはじめとする専門職の人たちを、それぞれの問題に応じて、うまく活用する必要があり、これを仕切るのが、法務部門の重要な仕事になります。だからといって企業自身の法的判断や評価を外部だけに完全に依存することも危険です。弁護士等の外部専門家から助言を受けたら、これを正確に受け止めて活用できなければ意味がありません。ここに、それらの外部専門家の実態を十分に理解して、専門的に使

そろそろ御社もこれを検討したらいかがですか？

いこなすための部署が必要となります。

　以上のような法務のニーズの高まりとともに、企業法務に関する各種の
マニュアルやガイドブックをはじめとして、法務に活用できる情報・資料
や参考文献が豊富に発信されるようになり、それらを活用することが当た
り前の時代となりました。これは法務人材を上手に育てるチャンスでもあ
ります。法務部門を整備しやすい時機が熟してきたのです。

＊法務部門の充実・強化の必要性

　さらに、法務部門を強化する必要を迫る現代的な事情が加わります。経
済のグローバル化と法化社会の進展に伴って、法務部門の充実・強化が大
きな課題として浮上してきました。

　第1に、企業への社会的要請に対応するためのコンプライアンスや予
防法務の推進が、喫緊の課題となっています。法的な観点も踏まえて、製
品やサービスの弱点を補強することが求められる時代になりました。これ
は、現代の社会的なニーズに対応するために不可欠のコストでもありま
す。持続的な発展を目指す企業は、その健全性を維持し、向上させるため
の専門部署が必要です。これに失敗して企業不祥事や法的トラブルに巻き
込まれて利益を失うような事態を、できるだけ少なくしたいところです。

　第2に、経済のグローバル化の進展に伴って、あらゆる経済活動が法
的に規律される傾向が強まっています。企業が大きくなるにつれて、数多
くの部門による専門的対応が必要となりますが、各部門は様々な法律問題
を抱え、企業横断的に対処すべき課題も増えてきます。そこで、的確な法
的判断を踏まえた対応や経営判断をなしうる態勢を整えることが、国際競
争力の維持・強化のためにも不可欠です。

　第3に、国内外を問わず、法律専門家（弁護士等）の増加に伴い、今ま
で埋もれていた法律問題が顕在化しやすくなりました。規制緩和によるグ

図表 1-1　法務に関連する仕事

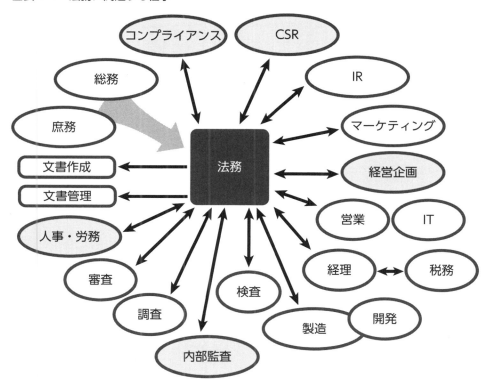

レーゾーンの拡大や、個人情報の領域をはじめとする人々の権利意識の高まりによって、かえって難しい法律問題を生み出しており、「この程度のことは問題にならないだろう」と高をくくることはできません。一般的な権利意識の高まりを背景とした弁護士増員によって、企業の責任を追及しようという弁護士が増えれば、これに対応する弁護士も必要となります。

　第4に、多くの企業における法務部門の充実・強化が進めば、それに対抗してレベルのアップを図るニーズはさらに高まります。法務に関する問題について、相手方の考え方が十分に理解できないのでは、不利な戦いを強いられます。単に使い走りやメッセンジャーにすぎない仕事の役割し

か果たさないようでは、企業の法務機能が十分に発揮できません。

　第5に、社会経済環境の劇的変化やIT革命によって、ビジネス・モデルの変容を迫られており、そこに新たな法律問題も次々に発生しており、これらに的確に対応するための企業法務の高度化が求められます。企業が諸々の社会的な要請に対応していく中に、新たなビジネスチャンスの可能性もあれば、戦略的な法務の対応も必要でしょう。失敗を恐れない挑戦をするとしても、余計なリスクや無駄なリスクを負わないように、合理的なリーガル・リスクマネジメントは不可欠です。

　法務部門がなしうること、なすべきことは数限りなくあります。日系企業が直面している様々な危機的な諸問題は、コーポレート・ガバナンスの問題から取引の失敗や不祥事対応に至るまで、法務が十分に絡んでいないようなケースが目立ち、絡んでいても、その役割がはっきりしないとか不適切なケースが散見される点を是正する必要があります。

　既に、有力な企業は、多数の弁護士を雇い、社内弁護士だけでも相当数に及んでおり、その使い方が企業の命運を左右します。こうした動向を受け、近時、ビジネスローの分野も発展し、法務部員のあり方も法律事務所の態勢もかなり変化してきました。有能な法務部員がいる法務部が、企業に貢献できる時代なのです。とはいえ、日本では法務の人材育成方法も確立していない過渡期であり、有能な人材を取り合う状況が続いています。さしあたり法務専門の担当または部署を設け、法務担当者の実力アップを目指すべきでしょう。まずは企業側の法務部門の体制を整えて、その能力アップを図ることが現実的な方策です。

　なお、少人数の法務担当者しかいない企業も少なくないので、本書では、1人の法務担当者しかいない場合（一人法務）も含めて、いちいち「法務担当または法務部門」等といった表現ではなく、便宜上「法務部門」または「法務部員」と表記することとします。

3 法務部門の位置づけ
経営側の課題

　企業の規模が小さいことを言い訳にする向きもありますが、法務のレベルと企業規模は必ずしも連動しません。小さい企業で有能な法務担当者が仕切っていることもあります。法務担当者が1人又は少数でも、業態によっては、有能又は精鋭であれば、法務部門の規模が小さいこと自体が悪いわけではありません。それで立派に役割を果たせれば良いのです。上場企業や大企業でも遅れているケースがあり、中小企業でも先進的な取組みをしている経営者がいて、規模から一概にはいえません。業務リスクに応じて、法務部門の規模も変わります。

　とはいえ、一人法務や少人数の会社では、どうしても社内の課題を共有しにくくなりがちです。法務部員の人数が少なければ少ないほど、会社の中で存在感を示すための工夫も必要です。例えば、他部門との連携が確立していない段階では、法務部員から積極的に事業部門にアプローチして、事業部門と交流を深めるべきです。

　法務が形ばかりで、文書管理部門や総務、庶務の下に設けられているとか、課の下に「法務室」あるいは「法務担当」を設けるという形に留まっていては、組織の中での重要性が理解してもらいにくいので、それなりに目立つ看板を設けるのが先です。そこで、法務の重要性を、組織体制の位置づけによって明確に示すことで、組織内で注目を引くことが考えられます（**図表 1-2** 参照）。

　社長直属や取締役会直轄の部門とされている会社も増えており、大きな組織では、例えば経営管理本部の下に総務部があり、その下に法務グルー

プが置かれる形もあります。コンプライアンス部門との関係も、法務部の下にコンプライアンス部門を設けるものと、コンプライアンス部門の下に法務部を設けるもの、法務とコンプライアンスを並立させるもの等、様々なパターンがあります。この位置づけの違いは、その会社が法務やコンプライアンスをどのように把握しているかの考え方が現れている可能性があり、まだ法務部門の歴史が浅いことに伴う組織的な沿革も関係します。

　一般的には、経営陣が法務部門を使いこなせるようになるには、法務やコンプライアンスの役割を幅広く捉えつつ、社長ないし取締役会に直結する部門として位置づけ、会社全体の法務に対応できるようにすることが肝要です。法令や内規に基づいた職務権限の見極めや部門間の役割分担を整理するには、取締役会・経営陣ないし社長・本部直轄とする法務部門が基本形

この考え方を参考に
検討してみては？

です。本書の表題通り、両者を統合して法務・コンプライアンス部門とする企業もあります。

図表 1-2　各部署の法的サポートを行う法務部門

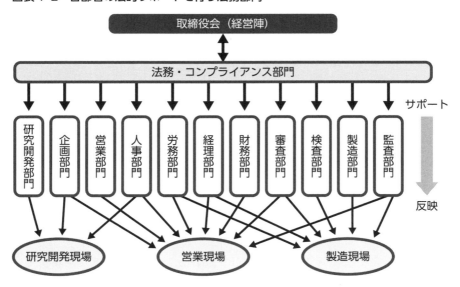

これからの中小企業の法務

　中小企業では、それぞれの部門で法務的な処理を取り扱うことが広く行われています。ただ、この方法は規模が大きくなるにつれて非効率になり、支障も生じてきます。日本の中小企業では、法務という発想が弱く、顧問弁護士もおらず、深刻な問題になってから弁護士に相談するケースが多く、下手をすると手遅れになりがちです。

　その大きな原因は、コストの問題で、それを上回るメリットに疑念があるからでしょう。中小企業は、一般的に、高度な専門知識をもった人材の採用は困難なので、法務専門の担当者が不足しがちですが、その代わりの役割を果たすのが、各種の外部助言者（専門家）です。日常的には法律問題が生じても、銀行や税理士等に相談することが多く、適切な対応策につなげるかどうかが問題となります。中小企業といえども、日常的に様々な法律問題を抱えており、できるだけ法務の担当者を定めて、そのレベルアップを図るべきでしょう。

　新しい案件や取引が常時あるわけでもなければ、日常的に専門家を雇う必要性を感じないかもしれませんが、状況に応じてキチンとチェックし、取引をめぐるトラブル、クレーム対応等の問題に巻き込まれた場合に、早期に適切な対応ができる体制が有用です。顧問弁護士等に、慣れない取引を事前にチェックしてもらうほか、会社定款や就業規則（退職金規程を含む）等を検討してもらい、株主構成や従業員の状況を踏まえて、将来起こりうる「お家騒動」、相続問題や労使トラブル等を回避する対策を早期に取っておくことが賢明です。

5 大企業の企業集団における法務
自社の業務だけではない

　大企業では、法務を各部門と連携しながら進めていくことが重要であり、他の部署との連携に関しては個別の法領域ごとに、次章で検討します。

　ただ、大企業の場合、法務部が対象とする仕事は、自社だけに限りません。グループ会社（子会社・孫会社等）にも個別に法務部を設けている会社はそれほど多くありません。多くの法務部門は、自社だけでなく、グループ会社等の面倒まで見る必要があるでしょう。

　特に、平成26年の会社法改正では、「株式会社及びその子会社から成る企業集団の業務の適正を確保するために必要な体制」（内部統制システム）（270頁以下参照）を定める取締役会の義務が会社法本体に定められたことに伴い、親会社の子会社等に対する管理をどうするかという課題が顕著になりました。

　もっとも、子会社・関連会社から親会社等の法務部門への法務のアウトソーシング（あるいは独立した法務専門会社を設立してアウトソーシングする方法）の許容性については、問題があります。というのも、弁護士でない者が、報酬を得る目的で一般の法律事件に関して鑑定、代理その他の法律事務を取り扱うことは、弁護士法に違反するとの定めがあるからです。会社が自社の法律事務を取り扱うことは問題ありませんが、親会社が子会社等の法律事務を取り扱って、その対価を得ると、この弁護士法の規制に抵触するのではないかとの疑義があるのです。弁護士の法律事務独占は、沿革的には、悪徳コンサルタント等、事件屋等の跋扈を抑圧するために設けられたはずですが、これが企業法務の場面に形式的に適用されることは妥

当ではありません。

　弁護士法違反を回避するためには、子会社から対価は受けず、あくまでも内部統制の一環として自らの業務として対応することも考えられます。対価をもらわなければ弁護士法には抵触しませんが、その場合には、税務上の問題があります。法人税法22条2項が無償による役務の提供取引に収益を認識し、それを益金の額に算入すべきものとしている関係で、グループ法人税制を活用しない限り、課税問題が発生するリスクがあります。そこで、課税対策を重視する立場から、子会社等から対価を受領する企業もあり、親会社に経営管理に関する経営指導料等を支払っている子会社等もあります。これも経営指導の実態等が乏しいと、経営指導料等が寄付金に該当して損金算入できない可能性とか、海外の親子会社間では移転価格税制に抵触する恐れ等もありますが、ちゃんとした実態があれば経営指導料は損金となります。

　ただ、「規制改革実施計画」（平成28年6月2日閣議決定）を受けて出された法務省大臣官房司法法制部「親子会社間の法律事務の取扱いと弁護士法第72条」や、「グループ企業間の法律事務の取扱いと弁護士法第72条の関係について」という法務省見解によれば、許容される場合が多い例として、企業集団の業務における法的リスクの適正な管理を担っている場合等が示されており、それらを踏まえて、実質的には無償委任にすることが推奨されていることが多いようです。したがって、基本的な方向性としては、中核企業が企業集団を構成する他の企業の法務をも事実上カバーし、内部通報制度の運用も含めて、企業集団全体の健全性確保の観点からサポートや対応ができる体制を構築していくべきことに変わりはありません。

6 法務部門がカバーする法令

　企業法務で必要とされる法令の範囲は極めて広く、法務部門は、事業活動に関係する一切の法令を取り扱います。特に、業界特有の所轄法令や所轄官庁の行政指導にも留意する必要があります。所轄官庁が明らかにしない問題や、一般的な法令も絡む問題は、社外弁護士にも相談して、対応することが重要です。広く適用される一般法として、会社法等の組織法、取引法としては民法、商法、消費者契約法等が、重要な基本法令です。個人情報保護法等の事業者を規制する法令や労働法等の分野も不可欠です。

＊ソフトロー等への拡大

　業界自主規制を含むソフトロー等をどこまで遵守する必要があるかは、企業ポリシーや経営判断にも関わります。行政庁等から出されるガイドラインやISO等の認証基準をどう活用するかも課題です。近時、企業の社会的責任への要請の強まりとともに、サステナビリティやSDGsが叫ばれ、ソフトローや企業倫理に配慮する要請が高まっています。

＊戦略的活用

　法令等を受動的に眺め、その適用をするだけでは足りません。次に解説する①予防法務、②紛争解決法務、③戦略法務のいずれの領域でも、法令を当てはめて結論を出すという思考を超えて、いわゆる「攻めと守り」の両方の観点から考えることが重要です。特に、「攻め」においては、法令をどのように戦略的に活用できるかという観点も必要です。このため、時として営業部門や広報部門とも連携して法的な問題を取り扱います。

＊リスク管理の視点

　一方「守り」の面では、リスク管理の観点が必要です。これは、防衛的な面であり、法令違反を冒さないだけではなく、いかに安全に取引をするかという考え方、お人好しにならず懐疑心をもってチェックできるかが重要です。相手方が法令を守ってくれることを期待するだけでは不十分でしょう。

＊業務範囲の拡大に向けて

　法務の仕事は様々でも、能力が不足している段階では業務範囲が狭くなりがちです。法務の対応能力が高まれば高まるほど、その守備範囲も広がります。法務部門がなすべき基本的な項目も、全体を整理してみると、かなり広いことがわかります。直ちに実行できない部分もあるでしょう。

　どこまでやるべきかに正解はありません。ただ、考えられる仕事として本書で掲げてある課題は、目指すべき方向性です。ここでは、基本的な職務領域を中心に、その主な機能ごとに、どのような仕事があるかを整理して解説していきます。現時点で取り扱っていない業務については、将来の課題として検討していただければと思います。

＊法務担当者の日常的な情報収集

　重要領域をカバーする基本書・体系書、テキスト・マニュアル等を手許に揃えつつ、適宜、官庁HPもチェックすることを習慣化し、企業法務向けの専門誌を定期購読し、主な項目には目を通してアップデートを怠らないことが重要です。そのための最低限度の予算は、他の顧問料等と比べれば決して高くないはずです。第11次実態調査によると、528社の法務部門の予算の平均額では、弁護士関係が年2,043万円、備品消耗品が年51万円等であるのに対して、データベース（DB）利用等を含む図書費が年55万円となっていました。

7 法務部門の3つの機能

　現代の企業では、内部統制システムの一環として、法務部門の充実・強化が必要とされています。そこで、内部統制の観点から、法務部門の業務は、かねてから、①予防法務（情報収集・発信と教育・人材育成を含む）、②紛争解決法務（訴訟・トラブル対応等）、③戦略法務の３つの機能に分けて説明されてきました。各機能は一部重なり、明確に区別できない面もあります。例えば、問題が紛争として顕在化した場合、その解決が必要となりますが、それは予防法務や戦略法務とも関係しますから、法務においては縦割り的な発想をすべきではありません。個別の領域ごとに、どの機能の比重が高いかは違いもあるようですが、本書でも、この３つの機能を軸とした説明も交えて解説していきます。

　第１の予防法務とは、様々なトラブルを事前に予防し、さらに企業の健全性を確保するために取り組むものです。医学において、健康体を維持するための予防医学があるように、企業も健全な事業活動ができることを目標とする仕事を広く含む予防法務が重要です。

　第２の紛争解決法務では、問題が発生した場合に、話し合いから訴訟までを視野に入れた問題解決手続、あるいは事実認定を踏まえた、紛争解決を目指します。広い範囲の情報収集から交渉に至るまでの技能、さらには倫理的な規律に配慮した対応が求められます。これは、法務の問題解決アプローチの基本でもあります（115頁参照）。

　第３の戦略法務とは、企業目標の実現に向けて行う積極的な取組みを幅広く含むものであり、長期的な企業の持続可能性に向けられている点で

図表 1-3　法務の機能

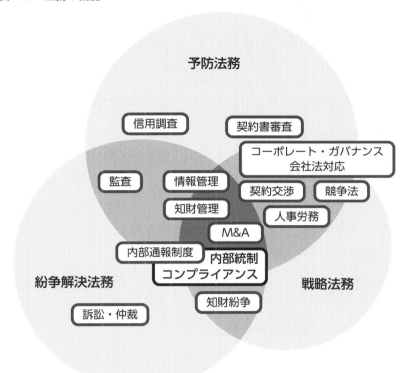

は予防法務とも重なりますが、時には戦略的な訴訟の活用や、業績のさらなる拡大・成長に向けての建設的な提言・助言等をも含むもので、企業活動をサポートする幅広い戦略的な役割に着眼したものです。

　第 12 次実態調査によると、法務部門の役割として重視する業務について代表的と思われる上位 5 つは、1 位が「法律相談・契約審査等を通したリスクの予防」（91.7％で 1,151 社中 1,056 社）、2 位が「重要案件（重要な企画・事業計画等のプロジェクト及び M&A・協業等の重要な契約）への対応」（49.1％で同 565 社）、3 位が「紛争・訴訟への対応」で 41.7％（同 480 社）、4 位が「コーポレート・ガバナンスや内部統制への関与」、5 位が「社内

教育や社内への情報発信」となりました。このうち、1位のリスク予防は予防法務、2位は戦略法務で、3位が紛争解決法務、4位は予防法務と戦略法務、5位は予防法務に含まれると一応整理できます。

図表 1-4　第 12 次法務部門実態調査中間報告―法務部門の役割として重視するもの

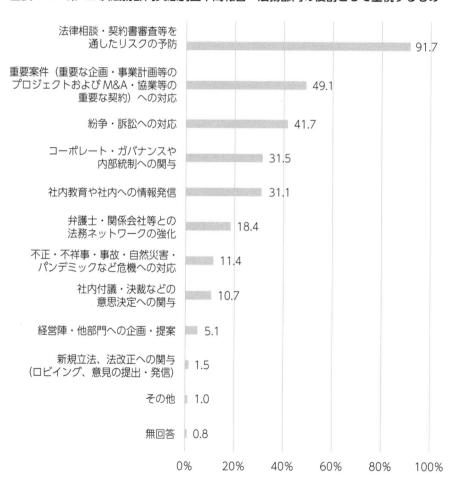

出所：経営法友会「第12次法務部門実態調査」検討委員会『「第12次法務部門実態調査」中間報告』
　　　（本書で「第12次実態調査」と略記）のホームページより引用

(1)　予防法務

　法務部が一般的に広く行っている日常的な業務としては、個別の契約取引（契約法務）や事業活動の適法性のチェック（相談業務）等を行う予防法務が中心となります。新規ビジネスの問題点検討、取引審査や契約書の事前チェック等が代表的なものですが、株主総会運営等各種の文書管理を含むいわゆる「コーポレート法務」等と呼ばれる業務やコンプライアンス関連を含む各種のリスク・マネジメントも、いざという場合に備えての予防法務に位置づけることができます（詳細は 262 頁以下参照）。

(2)　紛争解決法務(クレーム、トラブル対応)

　紛争やトラブルを起こした部門が直接に対応するのではなく、同じ企業内に属する法務部門が関与して、まずは一次的な対応をします。現実のトラブルでは、様々なクセのある相手方や第三者などが登場します。本当のことを言う者ばかりではありません。法律を進んで守ってくれるわけでもなく、前例のないような問題も現れてきます。

　縦割りの弊害が生じないように、特定の専門部署が取り扱うものでない限り、法務部門が初動段階から積極的にバックアップすべきです。企業によっては、法分野（労働法や独禁法、税法等）に応じて迅速に連絡がとれる顧問弁護士を活用することもできるでしょう。どんなに難しい状況でも、外部専門家にも相談しながら、客観的かつ冷静な対応ができることを目指します。

＊初動段階での対応

　企業のトラブルは、業務上のミスに伴う些細なトラブルから、企業の屋台骨を揺るがす深刻なトラブルまで、幅広いものを含みますが、当初の段階では、それが一見して明らかではないこともあります。そこで、日常的に生起する典型的な問題については、基本的な対応方法を定めておくべきでしょう。典型的ケース以外は可能な限り法務部門でチェック・審査する対応が好ましいところです。直ちに特別な対応を要する場合こそ、専門部署があるか否かで、後日の対応の仕方も変わってきます。初動のミスが致命傷となることもありますから、問題発覚から直ちに法務部直轄で対応することが必要です（156頁等を参照）。

図表 1-5　法務の各業務の位置づけと相互の関係

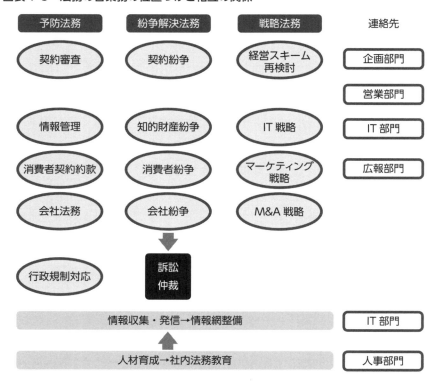

*担当責任者の選定と役割分担

何らかのトラブルが発生した時には、誰が担当責任者となるのか等を含めて、解決の道筋を見通していく必要があります。極めて重大案件であれば、トップの指揮の下に責任・役割を分担して対応に当たります。当該部門の対応事項と法務部門が直接に担当・処理する事項を区分けして、問題を整理することも必要です。

他の専門部署との役割分担は重要です。例えば、労使紛争のケースでは労務・安全衛生部門や人事部門との連携や分業が不可欠となります。また、税務・会計問題については経理部門、財務・金融については財務部門あるいは、開発・製造・品質・PL問題については、研究開発部門や品質保証部門等とも十分に連携することが必要です（**第2章**で解説します）。

(3) 戦略法務(企画法務)

企業の経営目標に向けた営業戦略や投資戦略等を企画し、その方向性や業務プロセスが可能で適切なのか、どうやったら実現できるかを早い段階から法的に検討・構想する法務の仕事があります。この分野では、他の部署や外部専門家等との協働も重要であり、創造力・企画力、高度な経営的なセンスや判断も必要です。予防法務や紛争解決法務に関する基礎的・基本的な経営戦略に係わる部分は、戦略法務に位置づけることもできます。

*新規事業企画

一般的にも、新規事業を企画する場合には、予想される法律問題を押さえておくことが必要です。事業が始まってから重大な問題を見逃していたことが発覚すると、後になってからの損失は計り知れません。場合によっ

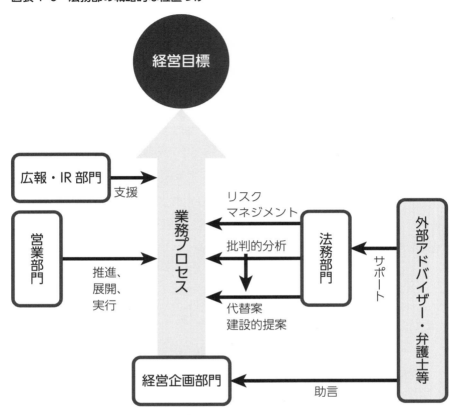

図表 1-6　法務部の戦略的な位置づけ

経営目標

広報・IR 部門 → 支援

営業部門 → 推進、展開、実行

業務プロセス

リスクマネジメント

批判的分析

代替案建設的提案

法務部門

サポート

外部アドバイザー・弁護士等

経営企画部門 ← 助言 ← 外部アドバイザー・弁護士等

ては、経営者の責任問題にまで発展してしまいます。

　実際に新たな事業を開始する場合や、事業を拡大・改革して展開をする場合、「どういう事業体が主体となるのか」「自社が直接に行うのか」「子会社を利用するのか」等が問題となります。他社と連携するのであれば、例えば、合弁事業や事業提携等を行う場合の将来的な見通しや、販売戦略に基づいて、「どのような契約スキームが適切か」「通常の売買か、委託販売か、代理店方式か」等を検討します。

　事業体の受け皿選択も、戦略的な検討を要します。例えば、日本の会社

にも株式会社のほか合同会社があるほか、有限責任事業組合等の選択肢も
あり、海外では、さらに異なった選択肢がありえます。そのスキームの検
討段階で、法令違反やトラブルリスクがないか、税務や予防法務的な観点
からもチェックする等、企画立案には幅広く分析することが必要です。

COLUMN
ガーディアン機能とパートナー機能

　本書のテーマに関しては、経済産業省の「国際競争力強化に向けた日本
企業の法務機能の在り方研究会 報告書」（平成30年4月）と、「国際競争力
強化に向けた日本企業の法務機能の在り方研究会 報告書〜令和時代に必要
な法務機能・法務人材とは〜」（令和元年11月）が公表されており、本書も
それらの提言を十分に踏まえて検討しています。

　両報告書が打ち出す「ガーディアン」（守り）と「パートナー」（攻め）とい
うキーワードは、名著、ベン・W・ハイネマン・企業法務革命翻訳プロジェ
クト訳「企業法務革命―ジェネラル・カウンセルの挑戦」（商事法務2018年
刊）等に由来しますが、本書ではあまり使いません。確かに、「攻めと守り」
というのは、よく使われるコンセプトで理解しやすく、本書でもこれは一部
使っており、その趣旨は大いに参考になります。一方、「ガーディアン機能」
とは、「法的リスク管理の観点から、経営や他部門の意思決定に関与して、事
業や業務執行の内容に変更を加え、場合によっては、意思決定を中止・延期
させるなどによって、会社の権利や財産、評判などを守る機能」とし、「パー
トナー機能」とは、「経営や他部門に法的支援を提供することによって、会
社の事業や業務執行を適正、円滑、戦略的かつ効率的に実施できるようにす
る機能」とされ、そこで説明されている機能は重要な指摘を含んでいます。

　ただ、「ガーディアン」という表現は、ややもすると法的課題を好ましくな
い外敵かのように、そこから守ろうとするようなニュアンスが垣間見え、また、
法務が、経営者と肩を並べるような表現である対等な「パートナー」という

ニュアンスもやや語弊があることを懸念します（法とどう向き合うかの問題については、第7章で本書の考え方を示しているので、そちらに譲ります）。上記報告書は、パートナー機能を、さらにクリエーション機能とナビゲーション機能に分けて解説しますが、やや高尚で、目指すべき理想として高く評価できるものの、下図のように、法務が積極的に果たすべき内容はもっと多様なので、あえてクリエーションとナビゲーションとする表現も重用しません。もっとも、それらの報告書には有益で参考になる情報が盛り込まれており、経済産業省も企業法務強化の旗振り役をしていることが確認できるので、とても有用です。

［法務が果たすべき機能］

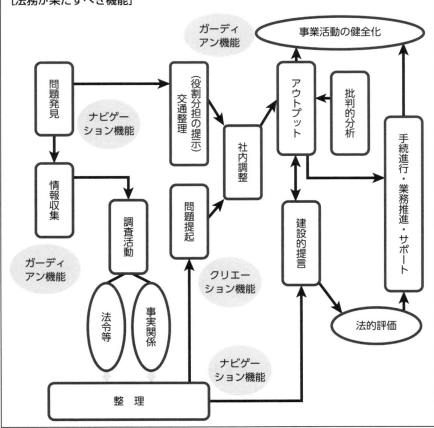

法務の手法
リスク・マネジメントと
クライシス・マネジメントが基本

法務部門の取り扱う契約管理や不祥事対応は、日常的なリスクを想定した管理（リスク・マネジメント）から、非常時における危機的な状況における対応（クライシス・マネジメント）に至るまで、その程度は様々です。

リスクにしてもクライシスにしても、それが単に「ある」という説明だけでは不十分です。可能な限り具体的なリスクの内容、その発生の蓋然性と重大性の程度に着眼して評価・検討すべきです。「蓋然性」（Probability）とは、単に起こりそうであるという可能性（Possibility）よりも、確実に起きるとか、高い確率で起きることを意味します。それに対して、「重大性」は、量的（金額的）な面だけでなく、質的な観点からも実質的な評価をして判断する必要があります。リスク等を回避するだけではなく、蓋然性を低くする方策があるのか、別の代替手段があるのか等、積極的・建設的な検討・助言も求められます。

もっとも、リーガルリスクの評価は事業に精通していなければ難しい面があり、蓋然性といっても、その確実さの度合いを客観的に数字で述べることはできないことも多々あります。とはいえ、蓋然性にせよ、重大性にせよ、論理的な分析と過去の経験等から、どの程度のインパクトが企業や社会にあるのかを合理的に推論して、企業行動に反映させていきます。

＊組織内対応とアウトソーシングの役割分担

①予防法務、②紛争解決法務、③戦略法務のいずれの領域でも、アウトソーシングをした方が効果的・効率的なこともあります。そこに登場する

のが弁護士等の外部専門家です。もっとも、法務の専門性を要しない程度の仕事は、他の部門で処理できる体制の整備が合理的です。アウトソーシングする場合、それをどのように管理するかが課題となります。

＊マニュアル化できない個別的対応とマニュアル化・システム化の役割分担

　法務部門で処理される専門性の高い業務は、全部の機械化まではできません。パターン化できない複雑な事象を、変化する情勢の中で判断しなければならないからです。契約書等の文書・データ作成でさえ、職人仕事のような技能と経験が必要なことがあります。

　しかし、類型的に処理できる部分については、できるだけ効率的に処理する必要があります。そこで、リスクが限定的で、反復して用いられる契約書管理や取引・信用管理等においては、その定式化を図り、可能な限り、典型的な契約書等については標準化を図ることが有益です。こうした標準ひな形は、常に固定的に考えるべきではなく、適宜改善していく必要もあり、外部専門家の助言が有益です。

　業界等で作成したひな形や標準書式を利用することもありますが、その場合にも、それを鵜呑みにするのではなく、自社において問題がないかを検討して、必要に応じて補充や修正をするとか、覚書を併用する等の対応が好ましいケースもあります。

＊リーガルテックの活用

　日本でもリーガルテック企業が登場し、様々なサービスが提供されるようになり、中小企業向けのリーガルテックも使いやすくなりつつあります。性能が良いものであれば、ヒューマンエラーがなく、法令改正にも迅速に対応し、毎日24時間使え、作業時間の短縮化・コスト節減に寄与しうる大変便利なツールです。

　近時は、判例データベースだけでなく、契約書・文書管理システム、電子契約サービスのほか、契約書レビューや反社チェック等も行えるようになり、リーガルテック企業同士やリーガルテック企業と大手企業間の業務提携のほか、大手を含む法律事務所もリーガルテックに参入する動きがあります。既に、リーガルテックの先進国である米国、英国では、既存の法律事務所ではない代替的法務サービス提供者（Alternative Legal Service Providers／ALSP）の提供するリーガルテックが、多くのユーザー企業を獲得して、業務の効率化を進めています。

　ただ、リーガルテックは試行錯誤の段階で、新規参入も多いので、玉石混淆のようなところもあり、どれが適切に使えるのかを選択する必要があります。予算が許せば、リーガルテックの活用が良いのですが、企業の規模や案件数によっては、その導入が非現実的なこともあります。リーガルテックだけで、全部の法務の仕事を置き換えることができるわけでもありません。法務ニーズや法的リスクが企業によって異なる以上、現時点における多くのリーガルテックで使えるのは、自動的・機械的な対応が可能な領域や一般的には汎用的な部分に限られることに留意しながら、今後の動向に注目していく必要があります。

そろそろ御社もこれを検討したらいかがですか？

＊法務の一元管理と分散管理

　法務を一部取り扱う部門としては、総務、庶務、文書、コンプライアンス、審査、調査、監査等だけでなく、情報開示や財務、税務、人事労務等の部門あるいは営業部門があります。各部門で法務を処理できれば、法務部門を独立に設ける必要はないかもしれません。例えば、個人事業者は、法務も含めて全部１人で対応せざるをえません。

　一般的には、企業法務の指揮系統を明確にする観点からも、できる限り

一元的に管理することを出発点とすべきです。法務の責任の所在を明確にしつつ、混乱を避け、その付加価値を効率的に高めるためには、法務部門と各部署における役割分担を整理することが重要です。

　もっとも、一元管理よりも分散管理が好ましい業態もあり、規模が大きくなると、ある程度分散せざるをえない部分があるでしょう（247頁参照）。その場合、各部署が法務に仕事を振れるように、全社的な役割分担について、研修・教育をすることも法務部門の仕事となります。各部署は、典型的な事務対応等を行い、必要に応じて専門性の高い法務部門と常時、気軽に相談できるようにします。各企業の扱う業務内容に応じて、法務と各部署の役割分担を整理し、一定レベルの仕事は各部署で対応できるように整理することが重要です（**第2章**参照）。

9 情報収集・発信と教育・人材育成

　この領域は、予防法務ないし戦略法務としても位置づけることができます。法務部門が取り組む課題上位7つの中で、第10次実態調査で「社内法務教育の推進」をあげた企業が44.7％、第11次実態調査では、「社内研修・法務情報の発信」が48.1％、第12次実態調査でも法務部門の役割として重視する第5位が「社内教育や社内への情報発信」となる等、この点の重要性はかなり広く認識されるようになってきています。

(1)　一般的情報収集と発信

　日頃から新しい法律問題の情報を収集して、必要に応じて関連部門・子会社に注意喚起等、情報発信をします。特に、従業員が多い大企業では、部門ごとに必要な情報を選別して、痒いところに手が届くようなアドバイスが期待されます。

　関係の薄い情報も含めて何から何まで送付し、受領した側で選別しなければならないのでは、すぐにゴミ箱行きとなるため、全く伝達されないのと同じです。一般の従業員は自分たちの仕事で忙しく、新しい法務の動向等を学ぶ等という余裕はありません。そこで、法務部門が集中的に管理し、整理して現場に伝える仕事が必要です。特に期待されるのは、その法務情報を必要とする関係部門や関係者に絞って配

こういう点に注意して対応するのが賢明ですよ

信・配布することです。対象が絞られた内容で、目立つような工夫を加えれば、受け取る側も、自分たちに切実な情報として受け止めることができます。

＊官庁情報の活用

　所轄官庁の HP を定期的にチェックし、問題がある場合には必要に応じて問い合わせて情報を収集します。ただ、所轄官庁は企業に雇われたアドバイザーではありません。また、企業としても自社名を明らかにして照会しにくいケース（これを回避するため、弁護士事務所を使う方法もあります）や個別の案件には助言してくれないこともあります。

　官庁から提供される情報は、専門の係官であれば、かなり信頼性が高いのですが、必ずしもそうとは限らないこともあります。官庁の職員のその場の口約束や一般的な回答は、何の保証にもなっておらず、単なる気休めにしかならないことさえあります。中にはやりとりに誤解があり、法律的には必ずしも正しくない対話となる恐れもあります。その信頼性を識別できるかも、担当者の力量によります。

(2)　社内研修・教育〜社内法務教育

　社内における法務やコンプライアンス関連の研修の企画や運営等では、法務担当者本人が社内講師を務めることもあれば、外部講師の選定や内容のチェックをすることもあります。事業内容やテーマによっては、Ｅラーニング等の活用も考えられ、その会社特有の素材を取り扱う教材作りから実施に至る作業を担当することもあります。近時、紙のマニュアルで教育することは難しくなり、OJT 研修は非効率な面もあるので、オンライン動画等を活用した研修教材の提供も広がっています。オン・ザ・ジョブ・

トレーニング（OJT）の比重を減らして、研修の充実・強化を図ることで、人材育成のレベルアップが図られています。

＊研修項目の検討

　取り上げる項目は企業のリスクによって考えるべきですが、幅広いテーマから、時流に応じて選択していくべきでしょう。例えば、近時、SNSの普及で、アルバイト等の非正規従業員による発信に対しても、顧客のプライバシーの侵害や会社のイメージを損なうリスクがあり、きめの細かい教育が日常的に必要です。

＊研修などでの重要課題（基本方針として）

　多くの現場では、法務部門や弁護士の話は難しく、わかりにくいので、あまり参照しないと見られているのが現実です。このため、何よりも現場や関連部署に理解されるように、わかりやすく簡単に伝える配慮が重要です。「例えば、こういう場合は、こうする」などと、具体的なパターンを示すことが不可欠です。それぞれの箇所で働く人達が何を、どう考えるかに思いを及ぼしながら、社内研修の内容を詰めていきましょう。

(3)　社内法務情報網の構築・運用

　社内の法務情報に関する情報交換のために、法務関係者が参加する社内SNS等を開設し、個別具体的な事案も含めて、広く共有すべき問題提起や相談等議論ができるフォーラムを運用する会社もあります。ただし、参加者が大勢にわたる場合には、秘密性を要する材料は不適切なので、あくまでも大勢で共有できるテーマに限る必要はあります。

それとは別に、比較的オープンな相談室のような社内ネットワークを作ることもできます。営業拠点が分散していて、社内でよくある問題は、業務分野ごとに簡単なＱ＆Ａを整理しておくと便利です。

　以上のように情報共有には、その鮮度や重要度によって、どのようなスタイルを選択し活用するかを考慮することが有意義でしょう。

図表 1-7　社内の情報共有スタイルの選択マップ

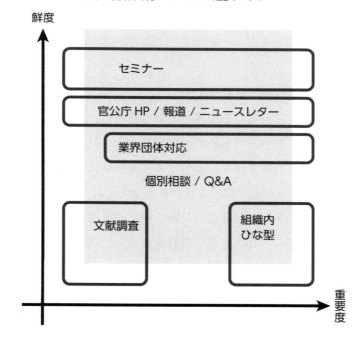

　法務において求められる具体的な法律知識や知恵の内容は際限がなく、どんどん進化発展していきます。このため、個別の法律論や実務上の諸問題の詳細は、それぞれの資料・文献に当たって調査していく必要がありますが、本書では、その一部の重要な基本情報や参考資料を適宜あげながら、法務部門としての利用の視点や考え方等について解説していきます。

第**2**章

法務ニーズへの
役割分担

~領域別の連携方法を整理・改善~

法務部門の位置づけや役割を検討し、他の部署とどのように連携していくべきかを整理しながら、法務部門の具体的な職務内容を検討していきますが、各企業、各部署の実情に応じた対応が必要となります。本章では、各領域ごとに重要なポイントを解説していきます。

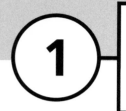

契約取引業務
かなり予防できる契約トラブル

　信用調査から担保の確保に至るまで、営業部門等、他の部署と法務部門が連携して日常の取引の諸問題に的確に対応していくことが、利益の確保のほか、トラブル防止のためにも不可欠です。日常的に法務のチェックが弱いと徐々に不利な取引を強いられ、損失を積み重ねるリスクがあります。ただ、取引に関しては多くの部署が関わるため、その役割分担を基礎として、必要に応じて法務がサポートできる体制が求められます。

図表 2-1　取引業務における法務のサポート体制と主な役割分担

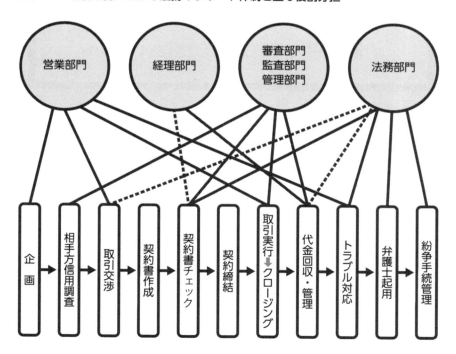

(1)　契約書の作成・審査

　契約書は、単なる形式ではありません。ただ何か見栄えがよい文書を作れば良いというものでもありません。契約書にも実質的な出来・不出来があります。権利や義務の内容を明確に実現できるものにしながら、不合理な内容や不公正で偏ったものにならないような契約書にしていくことが期待されます。

＊実質的なリスク管理＋妥当性のチェック

　契約書は、利益の確保とリスクの管理をするためのカギとなります。トラブルの原因は多様であり、契約書の詰めが甘いためにトラブルになるリスクもあれば、逆に契約書が日系企業（事業者）に有利すぎて相手方（消費者、労働者等）が契約の無効を主張して紛争になるリスクもあるので、妥当性のチェックも必要です。日常的な法務には、慎重な対応が求められる微妙な事案と、迅速に処理することが求められる案件が混在しています。それを手際よく選別して、仕事にメリハリをつけることが重要です。法務部門はこれを効果的に捌いていく役割が期待されます。

　契約書のない取引でも、業界慣行が確立していて、紛争のリスクが低ければ、必ずしも契約書がなくても事業活動はできることがあります。しかし、契約書がないために「言った」「言わない」の泥沼紛争になる恐れがあります。契約書がないために、弱い立場にある事業者等が泣き寝入りをするといったケース等も後を絶ちません。

　そこで、ちゃんとした業界や企業は、紛争を予防する目的で、取引内容を記載した契約書等を作成します。現実的なリスクは営業部門等から取引内容を十分に聴取して確認することが法的な分析の前提となります。

この点は御社でも注意すべきですね

＊取引の合理性を確認する

　取引担当者が見よう見まねで作成する契約書は、時に勘違いもあり、法的に十分であるとも限りません。リスクを見落として契約を締結した後に、とんでもない損失を被ってしまっては元も子もありません。せっかくの仕事も無駄どころか、企業にとっては大きなマイナスとなります。契約書の誤字脱字や「てにをは」等の細かいチェックも、取引を正確に表現して、紛争を回避するために必要ですが、それ以上に重要なのは、取引の実質的な妥当性、バランスがとれているか等の取引の合理性を検証する役割です。

　本来ならば、法務のサポートの下に確固としたビジネス・モデル（取引スキーム）を構築し、それに沿った契約書を取り付けていきます。経営環境が変化すれば、それに対応する契約書の見直し・再交渉などを行っていくことが持続的な収益維持・拡大には不可欠です。

＊一般的な流れ

　契約書審査では、担当者から契約の背景事情を聴いて理解し、必要に応じて顧問弁護士等に相談し、相手方との交渉を要するポイントを整理します。できるだけ、わかりやすく問題点をまとめて、可能な限り納得のいく契約書を目指して、交渉することを面倒がってはいけません。ただ、どの程度まで細かい部分にこだわるかは、取引規模・リスクの度合いに応じて柔軟に対応することも重要です。

＊契約書の起案

　営業・取引担当者から依頼されて新たな契約書を起案する必要がある場合、その取引の内容を契約書の形に落とし込む作業を担います。個別の取引で契約書の完成度をどこまで求めるかは、その契約案件の重要性によって異なります。契約案件が多数ある場合は、マンパワーに応じて、事案の

選別が必要となりますが、できるだけ標準化やシステム化を導入すべきです。適宜、社外の専門家のサポートも受けると効率的になるでしょう。

＊交渉への参加・同席

あらゆる取引案件をチェックしたうえで、さらに付加価値を求めるならば、契約交渉に参加・同席することが望ましいところです。交渉のための下準備、外部との交渉に同席して、交渉を優位に進めるために積極的に問題点を検討し、部門間のコミュニケーションの橋渡しを図ることも重要です。これらの交通整理も法務部門の役割となります。法務の専門的な見地から、交渉の状況に応じて柔軟に対応できることが期待されます。このため、経営陣ないし営業部門等が考えるプロジェクトの目的を正確に理解し、それを実現するための方策を検討し、契約書に反映させていきます。

日系企業の契約交渉チームに弁護士がいることは、海外の企業と比べると少ないのが現状です。法務担当者が参加すると、海外では、Are you lawyer?（あなたは弁護士ですか？）等と訊かれたり、企業法務担当者が「あなたは Qualified されていないのですか」と質問されたりします。もちろん、日本の特殊事情について一応の説明はできますが、世界的な標準からすると、日系企業が侮られる要因の一つとなっていることは否めません。

＊留意すべき事項への注意喚起

契約は相手のあることですから、常に自分たちに都合よく定めることができるわけではありません。交渉を尽くしても、時として不利な条項を受け入れざるをえない場合もあります。その契約関係上の弱点やリスクを営業部門や現場等に伝え、運用で注意することを担当者に理解させ、その点に留意して取引活動をしてもらうといった対応をしていきます。

＊紛争局面まで視野に入れる

　取引上の失敗は、契約交渉のまずさや見通しの甘さから生じます。「何かあっても、誠実に対話すれば道は開ける」といった精神論だけでは通用しないことを前提に、冷静に契約書の証拠としての意味をチェックする必要があります。

　もっとも、情熱や精神論を無視して良いわけではなく、各国の文化により一概には言えませんが、人間が感情の動物であることを踏まえた人間的な相互理解も重要です。

　契約書は取引の証拠として、いざという場合に法的な強制力を持っている必要があります。訴訟や仲裁等に至った場合に、それぞれの条項がきちんと法的に意味を持つか、その通りに効力を有するかどうかを、訴訟実務に即して見通しておくことが重要です。例えば、不合理な条項、意味が不明ないし曖昧な条項は、法的な強制が困難となることがあります。契約書の文言は、裁判官や仲裁人から、どう見られるか、どう読まれるかを意識する必要があります。

＊立証責任の分配も意識する

　最終的に訴訟にまで立ち至った場合に、契約書がどのような効果をもたらすかを読む必要があります。契約書の訴訟での働き方と言えば、紛争が生じた場合に、どちらが立証責任を負うかが問題となりますが、日本の契約書の場合には条文の書き方が重要な目安となることも少なくありません。即ち、原則的な書き方と例外的な書き方に分ければ、まずは原則論が立ち、例外の適用はそれを主張する側が立証責任を負うことになるといった考え方を踏まえて、立証責任上不利とならないかをチェックして、できるだけ不利にならないように工夫します。そのチェックでは、訴訟実務にある程度の理解があれば、それがどういう帰結をもたらすかも指摘できます。

＊変更履歴付きで修正作業を進める

　基本的に、条項の趣旨や意味を明確化するための修正加筆は有益です。疑義を排除する目的での確認条項は、リスク回避にも有用でしょう。また、取引の手順・手続きも整理して明確化することが重要です。例えば、売買契約で、目的物の引渡し、目的物の内容や範囲、危険の移転、検収の完了、履行の完了又は履行の提供（納入等）、代金完済、所有権移転等の順序やそれぞれの期限を整理し、それらに整合性があるかをチェックし、それぞれの要件効果を明確にすることで、代金回収リスクを抑制できます。

　それに対して、手続きを複雑化する修正加筆は有害なこともあり、注意が必要です。例えば、訴訟や仲裁前に事前の調停や交渉を要件とする条項は、手続き上の争いの元になりやすく、事前に定めるメリットが乏しいでしょう。

＊日常的疑問への対応

　日常的な、様々な相談に対応することも法務部門ですが、そこには紛争等のいざという場合に備えるものも含まれています。営業担当者から、印紙税をどうするかとか、バックデートの日付でも構わないか等の細かい質問に的確に対応する仕事もあります。

＊例外的に他の専門部署が取り扱う場合も

　契約書の作成・調整のうち、典型的な部分は他の部署や社外へのアウトソーシングも可能です。しかし、企業戦略も関係する専門性の高い部分は、自社の法務部門でチェックするようにしなければ、重要な法律問題を見落としてしまう恐れがあります。

　一般的には、契約書のひな形や基本契約等は、法務部門が一元管理すべき項目です。それに対して、個別の取引ごとに一部修正をする場合、典型的な事項の修正チェックは、他の部門に委ねることもできるでしょう。例

外的に、技術的な問題等を含んだ極めて特殊な領域の契約については、法務部門が一般的な助言を行いつつも、メインの契約書作成作業を専門部署に委ねるのが適切な場合もあります。

＊定型化したスピーディーな対応

契約交渉に伴う契約書の修正でも、典型的な事項については、一定のマニュアルを作成して処理できれば、法務部門がいちいち関与する必要はありません。そのマニュアルで対応できない場合に備えて、個別に相談できる体制を整備することが合理的です。また、システム化されている場合は、表記のゆれ等の自動的なチェックや、交渉履歴や期日管理等も自動的に管理でき、検索も可能です。法務部門には迅速な対応が求められるため、それを可能にする管理体制やシステムの構築が求められます（47頁以下参照）。

＊現場に過度の負担をかけない

法務部門の専門性が高すぎて、現場がそれを十分に理解できないようなギャップが生じると、折角の法務が逆効果となります。現場担当レベルでは法律的に難しいことは理解できない営業部員がいることも踏まえて、よく人を見て指導・管理することが不可欠となります。

＊立場に応じて異なるチェックポイント

買主と売主、貸手と借手では、立場が異なり、双方で情報交換をする取引における秘密保持契約（Non-Disclosure Agreement ＝ NDA）の締結でも、主として情報受領者となるのか、相手方に秘密情報を守ってもらいたいかによって、守るべきポイントは異なるため、チェックすべき点も異なることに留意してレビューする必要があります。

(2) 秘密保持契約のケース

　近時、情報の重要性の高まりが意識され、事業者間の取引では最初に秘密保持契約を締結することが多くなりましたが、巷には十分に機能しない契約書も多く使われています。中には、どこまで秘密が守られるのか疑問のある契約書もあります。問題となるポイントとしては、①秘密保持義務の内容、②秘密保持義務を負う期間、③例外的に第三者に開示する場合の責任等があり、不用意に解除条項があって、その効果の不明確な契約書は秘密を守る機能が弱くなります。また、「当事者らが書面で合意した場合、有効期間を延長することができる」等の定めは、合意しなければ、契約終了となるので、秘密保持は不十分なものとなる恐れがあります。こうした場合、秘密保持義務が十分ではないことも留意して、その程度の守られ方で足りる程度の情報しか出さない形で対応する企業もあり、厳しくするに及ばないとの考え方で締結されるものもあるため、それを不用意に流用することは危険です。ここでは、秘密保持を厳格に守らせる方向で作成された秘密保持義務契約のサンプルを掲載します。

これを参考にチェックしてみては?

〈サンプル：契約書〉

秘密保持契約書

株式会社＊＊＊＊（以下、「甲」という。）と株式会社＊＊＊＊（以下、「乙」という。）とは、次の通り、本秘密保持契約（以下「本契約」という。）を締結する。

第1条（目的）

1. 本契約は、開示者が受領者に開示する秘密情報を＊＊＊＊の目的（以下「開示目的」という。）のためにのみ利用し、秘密として管理するための取扱等を定める。

2. 本契約は、秘密情報に係わる発明、考案、創作、標章、ノウハウ等の実施（使用）権又は著作物等の利用権（以下「実施権」と総称する。）の譲渡又は許諾を定めるものではない。

3. 本契約において、当事者の一方が相手方に秘密情報を開示した又は開示する立場にある者を「開示者」といい、相手方より秘密情報の開示を受けた又は受ける立場にある者を「受領者」という。

第2条（秘密情報）

1. 本契約において「秘密情報」とは、開示者の技術上、業務上その他の一切の情報（技術情報、技術資料、ノウハウ、顧客名簿、販売計画及び開発予定の機器、開発中の機器、事業計画等をいうがこれらに限定されない。）であって、本契約締結を前提として本契約締結前に開示された情報を含み、本契約の期間中に開示者が受領者に対して秘密である旨を明示して開示した次の情報をいう。

　一．図面文書等の有体物で開示される場合には、図面、文書に記載された情報、電磁的記憶媒体に化体された情報、機器、装置、部品等の有体物の形状・構造・機能・作用等の情報。

　二．口頭により開示される場合には、開示後30日以内に書面化された情報。なお、ここで「書面化」とは秘密情報の開示日時、主要な内容等を記載した書面を開示者が受領者に対して発行することをいう。

2. 前項の規定に拘らず、開示者が開示した秘密情報が以下各号のいずれかに該当する場合には、秘密情報から除くものとする。

　一．既に公知となっている情報。

　二．開示後、受領者の責によらず公知となった情報。

　三．開示を受けた時に既に知得していた情報。

　四．開示を受けた後、正当な権限を有する第三者より守秘義務を負うことなしに入手した情報。

　五．法令により、開示することが義務づけられた情報。

　六．甲乙が秘密情報から除かれることを合意した情報。

第3条（秘密情報の価値）

1. 受領者は、すべての秘密情報が財産的価値を有する開示者の営業秘密であり、秘密情報に関連する全ての権利（所有権、知的財産権を含むが、それらに限定されない。）が開示者に帰属することをここに確認する。さらに、受領者は、秘密情報に対して開示者の有するいかなる権利（所有権、知的財産権を含むが、それらに限定されない。）も一切侵害しないことを約束する。

2．甲及び乙は、相手方に対し、秘密情報を適法に保有することのみを表明・保証し、秘密情報に関して、その真実性、完全性、有用性その他一切の表明・保証をするものではない。

第4条（秘密保持義務）

1．甲及び乙は、開示者から事前の書面による許可を得ずに、秘密情報を第三者に漏洩、口外又は開示（以下「漏洩等」という。）してはならない。万一秘密情報が漏洩等したことが発覚した場合は、直ちに相手方に連絡し指示を受けるものとする。

2．甲及び乙は、開示目的以外のために秘密情報の転写、複写又は複製その他使用をしてはならない。開示目的のために秘密情報等の転写、複写又は複製その他使用をしたときは，その旨を相手方に書面により通知しなければならない。

3．甲及び乙は、相手方の指示又は承諾なしに、秘密情報の改変、翻案、破壊又は改竄を行ってはならない。

4．甲及び乙は、秘密情報を本契約に基づく開示目的以外のために使用してはならず、秘密情報に依拠し又はこれを利用して、特許権、意匠権、実用新案権、商標権、著作権その他これに類する権利の出願、登録等をしてはならない。

5．甲及び乙は、開示目的以外の営利活動のために秘密情報を利用してはならない。

第5条（秘密情報の管理）

1．甲及び乙は、相手方の秘密情報について、善良な管理者の注意をもって、漏洩、開示、公表又は配布を行わないように管理する義務を負い、秘密情報への不当なアクセス、ハッカーの攻撃、又は秘密情報の紛失、破壊、改竄、漏洩等の危険に対して最善のセキュリティ対策を講じなければならない。

2．甲及び乙は、秘密情報の管理責任者（以下「管理責任者」という。）を指名し、その氏名、職責等を相手方に通知する。管理責任者は、秘密情報の受領及び管理を行う責任を負うものとする。管理責任者を変更する場合、甲及び乙は、相手方にその旨を書面で通知し、相手方の承認を得るものとする。

3．甲及び乙は、秘密情報を業務上知る必要のある自社の従業員又は弁護士その他法令上守秘義務を負う者（以下「従業員等」という。）に開示することができる。この開示に先立ち甲及び乙は、従業員等が本契約と同一の義務を負うことを当該従業員等に確認させ、秘密保持義務の周知徹底を図るとともに、適切な情報管理をさせるものとする。

4．甲及び乙は、相手方が事前に書面で同意し、かつ第三者が本契約と同一の義務を負うことを書面で同意した場合に限り、かかる第三者に秘密情報を開示することができるものとする。但し、甲及び乙は相手方に対して、その旨を書面で通知し、事前に相手方の承認を受けるものとする。

5. 甲又は乙は裁判所又は政府機関の有効な命令に応ずる場合には、秘密情報を開示できるものとする。但し、甲又は乙は相手方に対して、その旨を事前に書面にて通知し、最少限度の範囲で開示するものとする。

第6条（問題発生時の対応）

甲及び乙は、万一、秘密情報の紛失、盗難、漏洩、押収等の問題が発生した場合、又はそのおそれが生じた場合には、直ちに相手方に通知するとともに、当該秘密情報の保護のため、相手方の指示（情報の使用差止等を含む。）に従って、管理責任者を通じて必要な措置を講じるものとする。また、当該問題により、相手方又は第三者に損害が発生した場合には、当該問題を発生させた当事者が当該損害を賠償する責任を負うものとする。

第7条（秘密保持期間）

本契約に基づく秘密保持義務は、その秘密性を失わない限り、存続するものとし、期間の経過により終了ないし消滅しないものとする。

※期間の定めのない契約ではなく、秘密性がある限り秘密保持義務を負う期間を存続させることを明記する。

第8条（連帯責任）

甲及び乙は、本契約の定めに違反したことにより相手方に損害が生じた場合、違反者は損害の拡大防止に適切な措置をとると共に、その損害を賠償するものとする。また、その違反者が、当該当事者の従業員等、委託先、その他の第三者であった場合、開示者である相手方に対して連帯して賠償する義務を負うものとする。

※契約当事者の連帯責任を明記する。

第9条（調査権）

甲及び乙は、秘密情報の受領者に対して、事前に通知して、受領者の営業時間中いつでも事業所に立ち入り、受領者の立ち会いの下に、本契約に定めた受領者の義務履行状況を調査できるものとする。

※実際の履行は任意によるほかない。

第10条（協議事項）

本契約に定めのない事項又は解釈上の疑義については、甲乙協議の上、決定するものとする。

第11条（管轄裁判所）

本契約に関する第一審の専属的な管轄裁判所は、東京地方裁判所とすることに合意する。

本契約締結の証として、各当事者の代表者又は本契約の締結権限を有する者が、自ら又は電子署名を行う権限を有する者をして、この電磁的記録を作成して電子署名を施し、各自その電磁的記録を保管するものとする。

(3) 流通関係取引

　相手方の信用に問題があれば、保証金等の担保を十分にとって取引額を抑える等、リスクをコントロールするとか、契約において慎重な対応をするため、法務部門が指導的な役割を果たせば、事前に債権の焦げ付きを防いだり、売掛金の増大を抑えたりできます。ある程度の事業規模になれば、営業部門は営業活動に集中し、法務リスクについては法務部門がチェックする体制を取るのが得策です。

　例えば、「①営業部門が契約を取り付け、②審査部が与信チェック等を行い、③それに関する経理・会計処理を経理部門で処理し、④法的な問題が生じたら、営業部門や経理部門がそれぞれ適宜対応する」といった体制では、法務が後手になり、事前に担保の不備を補ったり、リスクを軽減したりする契約条件を盛り込めない等の支障が生じる恐れがあります。法的知識が不十分で片手間の仕事では、迅速かつ的確に対応するのは困難です。

　債権や不動産等の資産の保全を図るには、支払条件や担保の成立要件や対抗要件等をチェックする必要があります。審査部が与信チェックを行う場合も、典型的なケースから外れた契約条項や特殊な担保の取扱い等の問題は、法務部門に委ねて対応する方が、審査部の専門分野である信用調査に集中できます。全社的なバランスや統一を図る観点から、法務部門で最終的なチェックを一元的に管理することが望ましいこともあります。日常的な取引から戦略的な経営判断に至るまで、企業の収益を確保し、利益を最大化できるようにするには、法務部門と各部署との連携体制の整理・構築が重要です。

（4） 不動産取引や金融取引

　不動産業等の場合には、営業部門が借地借家法、宅建業法等の主要な法令と離れて業務を行うことはできません。金融関係では、融資案件等に法律問題が絡むことも多く、融資部門、管理部門、審査部門等、各部署の役割分担を、法務部門が整理して、漏れがないようにする必要があります。各営業店で法務担当者がチェックすべき問題が生じることもあります。こうした事情から、複数の社内弁護士を採用して業務の質的向上、サービスの向上に取り組んで、注目された地方銀行もありました。

　金融取引の担保については、法的効力や法的な優劣が問題となりやすく、事前のチェックが重要です。典型的な問題は営業部門で対応しますが、その枠からはみ出た事項を法務部がバックアップする形で役割分担します。民法（債権法）・担保法等の知識のほか、倒産や相続等の問題も絡むことが多く、経理・会計や税務とも連携して対応する必要があります。

　専門業者でない企業が、不動産取引や金融取引を行う場合は、法務リス

こういう点に注意して対応するのが賢明ですよ

クが高いので特に注意を要します。慣れない取引ならば、外部専門家にも確認してもらうべきでしょう。

（5） 契約の見直しと再交渉

　既に契約が締結されていると、それで諦めてしまいがちですが、状況の変化に応じて変更の交渉が可能な場合もあります。例えば、代表的なのは賃料減額交渉です。借地借家法には賃料増減額請求権があるように、その

実質的な根拠に基づく交渉により、賃料を合理的に節約することが可能です。いかなる契約も、その経営環境や状況の変化に応じて、合理的に変更交渉ができる法務部門であれば、企業の経費節減や収益の確保に一役買うことも可能です。

(6) 管理業務

　第12次実態調査では、法務部門における契約書の作成・審査の過程への関与や管理方法について、「標準的な取引について、契約書のひな形を作成している」が81.4％（1,151社中937社）、「契約書について法務部門の審査を受けるルールがある」が70.2％（同808社）等となっています。

＊契約の更新・期間の延長
　契約期間が過ぎても、それに気づかずに取引を継続することは好ましくありません。契約の期間満了が迫ってきたら、更新するか、終了するかの選択をする必要があります。契約が自動更新される形は管理が容易ですが、本来は、標準契約書式がアップデートされることから、更新時期を捉えて新しい契約書に差し換えていく方が望ましいでしょう。そこで、契約期間満了前の所定の時期に自動的に教えてくれるシステムを導入する会社も増えています。IT化は、様々な定型的な処理が可能な領域で応用が進んでおり、法務でも積極的な活用が望まれます。

＊契約取引管理からシステム化（IT化）
　最初の段階では、契約取引管理をするため、分野別に契約案件等を一覧表にまとめる等の方法で管理する必要があります。それによって、責任の

所在を明らかにして、役割分担を明確にしておきます。

　企業によっては、①標準契約書（ひな形）提供の段階、②個別取引における修正交渉をめぐる相談・回答から社内決裁に至る段階、③契約書の管理・更新等の段階について、それぞれシステム化を図っています。このシステムは、各企業が独自に開発することもあれば、クラウド型管理サービス等による契約書管理システムの提供を受ける企業もあります。まだ、一般的な契約管理についてシステム化をしていない企業は、法務部門において、アウトソーシングをするか、自社で対応するかを検討すべきでしょう。

　第 12 次実態調査によると、法務業務の IT 化について、「契約書の保管や取引先等の検索、期日管理等のために契約書（文書）管理システムを導入している」が 25.0％（同 288 社）、「電子署名など電子契約サービスを導入している」が 16.0％（同 184 社）、「契約書の作成や審査などに AI 技術を活用したサービスを導入している」が 12.0％（同 138 社）となり、少しずつ IT 化が進みつつあります。

　一見すると、全部アウトソーシングした方が楽であるようですが、企業ごとのニーズや使い勝手等が異なります。コストの検討のほか、パフォーマンス的にも良かったといえるかは、事業規模やリスクの性質によっても異なるため、個別の企業ごとに判断すべきです。

そろそろ御社もこれを検討したらいかがですか？

＊契約書原本は「現業部門の管理」か「システム化」か

　契約書原本の管理は、法務部門が中央で管理するのではなく、営業部門や各支所等、それぞれの部署で行うことがまだ多いようです。個別の取引に基づく債権管理、担保管理は、管理・回収部門や審査部門等に委ねることもあります。

　ただ、実際の契約書管理も、近時は、電子帳簿保存法への対応のほか、

大企業ではシステム化が進んでおり、契約書を原本とデータとで保管するのが望ましいところです。即ち、契約書原本は分量が多いと倉庫で保管することになりますが、必要に応じて迅速に取り出せるように、PDF等のデータでいつでも検索・閲覧できる体制が理想です。そうした体制が整備できれば、契約書管理を法務部門で統括しても負担にはならず、必要に応じて緊急事態に対処できます。

第12次実態調査によると、「契約書を一元的に保管している」と回答した企業のうち、「法務部門が保管」が64.1％（462社中296社）で最も多く、「その他の部署（担当部署等）が保管」が33.8％（同156社）、「文書管理専門部署が保管」は17.5％（同81社）でした。他方、契約書の保管や取引先等の検索、期日管理等のために契約書（文書）管理システムを導入している企業が、どの部署で管理しているかとの点について、「法務部門」が76.7％（288社中221社）で最も多く、「その他の部署（担当部署等）」が19.8％（同57社）、「文書管理専門部署」が13.5％（同39社）でした。

＊電子認証の意味を理解して使い分ける

近時、印紙税節約等のメリットから電子契約が普及していますが、電子署名・電子印鑑等に関するサービスは、その認証の対象や範囲が異なります。紙書類の契約書の場合は、実印の押捺とその印鑑証明書で確実な証拠を確保できますが、電子契約の場合は、利用するサービスによって法的な意味が異なります。電子契約でも商業登記に基づく電子認証制度を利用する方法がありますが、時間とコストがかかります。このため、契約等の重要性の程度、取引金額や利用者間で必要とする身元確認が必要か等を勘案したリスクの度合いに応じて、法務部門が整理して、どのレベルの電子認証サービスを利用するかを使い分けるべきでしょう。

2　コーポレート

（1）　コーポレート法務〜株主総会・取締役会等

　会社法関連の法務の仕事でも、重要な会議の議事録、株主総会の準備、登記等の手続きまで多岐にわたります。ここでも重要なのは、その形式ではなく、実質的な法的判断を伴う仕事です。株主のみならず、多様なステークホルダーの利害に配慮した運営が重要です。特に、上場会社の株主総会対策では会社法等の法令に加えて、コーポレートガバナンス・コード等のソフトローにも配慮して、必要に応じて社外弁護士も活用して、専門的な対応ができる人材を確保したいところです。ただ、総会準備は季節性のある業務となるため、各社の決算期に応じた年間スケジュールを作って、業務計画の繁閑を調整すべきでしょう。例えば、3月末日決算期とした場合のスケジュール計画例は、次のようなものです。

図表 2-2　企業の年間スケジュール

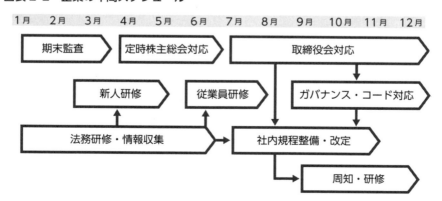

（2）　各部署との役割分担

　コーポレート法務のうち、反復して行われる典型的な業務、作業は、契約管理と同様にシステム化を進める必要があり、総務部等の文書管理的な部門で管理することもできますが、デジタル庁の創設や株主総会資料の電子提供制度の導入等もあり、デジタル化のために IT 部門との連携も必要でしょう。そうした管理を通じて、そのクオリティを維持・向上できます。手慣れた書式であれば、迅速な対応も可能です。スピードが大切な業務では、これらを効率的に管理する体制が重要です。

　法務部門は、法的リスクが顕在化する事項に限定して関与するといった役割分担となります。グループ企業のリスク管理は、コンプライアンス・CSR と同じように、基本的な部分については戦略法務に位置づける考え方もでき、その上に立った日常的な対応を予防法務に位置づけることができます。ガバナンスや IR の改善につなげるような態勢が期待されます。

＊レピュテーション・リスクも視野に入れた対応

　取締役会では、常時、様々な問題が提起されます。各種の利益が複雑にからみあう現代の企業社会では、それぞれの局面で、経営を意識した法的判断が重要です。経営課題を法的にも分析することや、法的判断を意識した経営をすることも求められており、法務部門のサポートが必要となることが少なくありません。

　法務部門としては、直面した事態に応じて、取締役会に対して法律的な問題を提示し、経営陣の義務と責任を整理して伝える必要があります。その際、法務部門としては、レピュテーション・リスクをも踏まえた妥当性の問題や企業倫理の要請にも配慮して情報整理をする必要があります。監

査部門等とも連携しながら、タイムリーに手を打っていくことができるように、日頃から非常時に対する準備をしておくことが不可欠です。その構えなくして、突発事象に対するタイムリーな対応は期待できません。自分たちに都合の良い方針をとって一時的に利益を得ても、ぬるま湯的な体質を温存するものであるとか、他のステークホルダーの利益を害するようなものでは、決して長続きしません。

＊総務・庶務との役割分担

　総務・庶務に関する基本的な考え方は、会社によって異なりますが、総務・庶務が担当する職務も幅広く、時に法務部門が扱うような文書管理や情報管理業務を総括する役割を担うこともあります。ただ、昔の総会屋対応に見られるように、必ずしも適法性や妥当性に緻密かつ敏感に配慮してきたわけではなかったようです。今後の総務・庶務との役割分担・権限分掌は、法務部門との棲み分けを明確にして定めることが重要です。

図表 2-3　コーポレート法務の役割分担

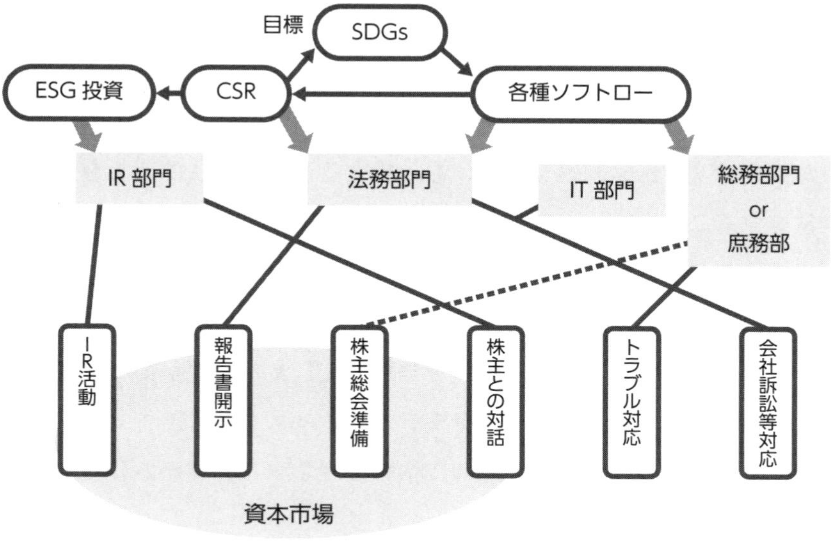

（3） 事業継続計画の策定と実行

　近時は、クライシス・マネジメントの一環として、BCP（事業継続計画）等の策定に携わることもあります。企業は、BCP の実践によって、非常事態における内外の脅威を識別して、事業に対する損害を最小限に抑え、効果的な防止策と組織の回復策を迅速にとることが可能となります。例えば、個別の契約書では、事業の継続が困難になった場合に債務不履行責任を負わされ、遅延損害金の負担によって経済的な負担を増大させないように、不可抗力条項やハードシップ条項を定めておく等の対応をします。

　特に物理的な履行行為を債務とする契約を締結する場合は、自然災害、疫病、テロ等、想定外の事態に備えて、契約書には自らの債務が履行できなくなった場合に債務の履行を免れる旨を明確にしておくことが望ましいでしょう。

　もっとも、BCP を整備しても、あらかじめ決めた対応ができないと、その目標を達成できなくなる可能性が高くなるので、その実行ができるかの確認・検証も重要です。

　これらの課題については、内閣府の「事業継続ガイドライン－あらゆる危機的事象を乗り越えるための戦略と対応－」（令和 3 年 4 月）や、経済産業省中小企業庁の「中小企業 BCP 策定運用指針」（http://www.chusho.meti.go.jp/bcp/）等を踏まえた対応策の策定や運用に関与することも考えられます。

(4) 監査人との連携を含む内部統制

　人間は弱いもので、ミスを犯すこともあります。特に企業社会では、法令等による規律によって、その健全性を確保する仕組みが必要です。その一つとして重要なのが、各種の検査や監査等の制度を含む内部統制の領域です。

　会社法に基づいて会計監査人が行う監査と金融商品取引法において監査人が行う「財務諸表監査」や「内部統制監査」は、一体的に実施されています。「内部統制システムに係る監査の実施基準」は、財務報告に関する「内部統制」の整備に対して監査役として果たす役割にも言及されています。会社法では、事業報告に記載される内部統制システムについては、監査役が相当性を監査することになっています。

　日本監査役協会が定める「内部統制システムに係る監査の実施基準」は、会社法上の大会社を対象として、主として上場会社を念頭に置いた監査役の職責を遂行するにあたっての行動指針でもあります。ここに、会社法が定める法令等遵守体制、損失危険管理体制、情報保存管理体制、効率性確保体制、企業集団内部統制のそれぞれについて、監査にあたって重要な着眼点とすべき重大なリスクが列挙されています。この基準でも、監査役は、それぞれの会社の規模、業種、業態、経営上のリスクその他会社固有の監査環境に配慮して行動することが求められます。

　しかし、従前の日本の企業社会では「性善説」の名の下に、検査のあり方や仕組みが甘くなりがちであり、様々な要因から監査の機能不全に陥って

「この点は御社でも注意すべきですね」

きました。そこで、伝統的な監査役や公認会計士・監査法人のあり方が見直され、一連の改革でその役割や法的責任が重くなっています。虚偽記

	監査の阻害要因	法務から提示しうる処方箋
情報収集段階	・情報伝達体制の不備 ・重要会議等社内情報へのアクセス制限 ・被監査部門の消極的態度や抵抗 ・情報遮断や外部者扱い	・報告体制、内部通報の規律整理 ・社内規程による権限の明確化 ・対応、説明義務の明確化 ・研修等による意識喚起
事実認定段階	・証拠の不十分性 ・未経験、非専門領域への遠慮 ・人間関係に伴うバイアス	・調査人員のサポート ・デジタル証拠へのアクセス権限整備 ・第三者委員会等、外部専門家の起用、活用に向けたサポート
評価段階	・専門的知見の不足 ・妥当性監査への躊躇 ・重大結果への懸念	・外部専門家の活用 ・社内の情報共有、根回し
意見・勧告段階	・将来へのキャリアへの悪影響への不安 ・監査部門の孤立感	・外部監査人・社外役員等の活用

載等の不正を防止し、監視し、不正を追求すべき場合もあります。かくして様々なチェック機能の見直しが叫ばれ、監査には、不正防止の役割も期待されています。

　法務部門に対しては、コーポレート・ガバナンスや内部統制への関与も重要な役割を果たすことが求められています。株式会社の業務の適正を確保するために必要な体制について，監査を支える体制や監査役による使用人からの情報収集に関する体制に係る規程の整備や、それらを運用していくにあたって全体的なサポートをしていく業務もあります。不正、不祥事等がある場合に、その察知や解決を迅速に行うためには、監査機能を高めるとともに、内部通報制度も十分に機能させる必要があります。過誤や不正が早期であればあるほど、小さいものであればあるほど、コントロールも可能です。

　法務部門は、監査役や外部監査人、内部監査部門等とも定期的に情報を交換する等して、予防的な内部統制を推進するだけでなく、何らかの問題

図表 2-4　三様監査と法務部門の連携

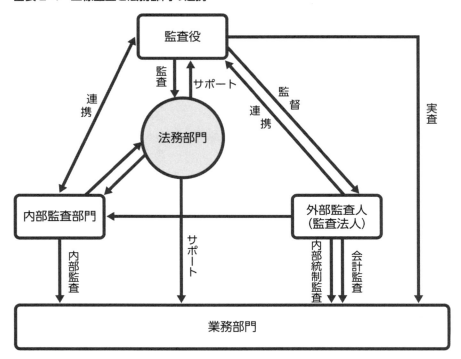

が発生した場合には、その調査や検証にも積極的に関与します。必要に応じて事後検証を行い、効果的な改善を促す運用のためにイニシアチブをとることが期待されます（270頁以下参照）。

＊中小企業のための税務監査証明書

　公認会計士を雇うほどの余裕がない中小企業の場合には、税務監査証明書（税理士法33条の2）を利用できるレベルまで税理士にチェックをしてもらうことが考えられます。この場合、経理と法務の担当者が連携して会社全体の管理レベルをアップさせることが効果的・効率的です。

3 製造・品質管理

（1） 技術開発が収益に結びつくプロセス

　物作りが得意とか、技術力が強いだけでは、収益を確保できません。い
くら知的財産権を多く保有していても、それらを駆使して、国際競争力の
強化や企業の利益に十分につなげることができなければ宝の持ち腐れにな
ります。経営目標を実現するための方策を、法環境等を踏まえて、あらゆ
る角度から徹底的に分析して構築していく全体的な構想力の発揮が期待さ
れます。米国や英国のようにモノ作りが多少弱くても、法務の力が強けれ
ば、市場のルールやビジネス・モデルを上手に構築して、持続的な繁栄を
確保することにつながります。

　製造業の現場は、次々に改正される法令に対応する必要があり、所定の
管理シートで関係法令をチェックして、作業プロセスを改善していく手法
がありますが、その対応が担当者任せでは、対応がまちまちとなる恐れが
あるため、法務部門で客観性を担保する整理が必要です。かつて大きな問
題に発展した検査不正の背景には、人員不足と迅速な処理のプレッシャー
等が指摘されましたが、これらの問題の予防に
も注意する必要があります。

この考え方を参考に
検討してみては？

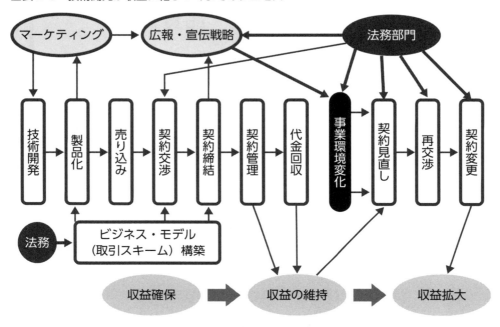

図表 2-5　技術開発が収益に結びつくまでのプロセス

(2)　調達部門における下請業者への圧力

　下請代金支払遅延等防止法（以下「下請法」）の規制にも留意する必要がありますが、現場では成績を上げようと、ノルマ等の圧力から下請業者に不利な取扱いを強いるような事案が起きがちです。下請法の規制内容は公正取引委員会の HP にも解説されており、誰でもわかるようになっています。虚偽報告や検査妨害なども含めて、下請法違反に対しては、厳しい罰則の定めもあり、企業の信用を大きく傷つけます。その適用範囲を拡大する法改正等もあり、会社の利益追求のためという弁明は正当なものとして認められないことを社内でも周知徹底する必要があります。

(3) 業者選定の合理性確保

　取引業者を選定する場合、その選定の合理性を確保するため、相見積も
りをとるほか、取引規模が大きい場合には競争入札を行うなどして、最も
合理的な価格を提示した業者を選定する方法が採用されることがありま
す。その選定においては、価格の問題だけではなく、その技術力や品質、
信用などが重要な問題となることもあり、その審査の公正さや信用チェッ
クも重要なプロセスとなります。選定プロセスを公正・公平に実施するこ
とも重要であり、法務部門によるチェック、指導で事前にトラブルを予防
して、企業の利益を確保することができます。

図表 2-6　製造・品質管理プロセスにおける役割分担

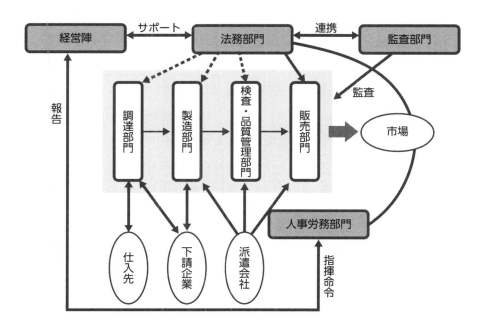

4 人事労務
労働法務、労務・人事管理法務

　従業員を雇用していれば、労働法の分野も重要な領域です。これは通常、人事・労務部門が取り扱ってきた分野であり、社会保険労務士が定型的・事務的に処理できる領域も広く、様々なコンサルタントが登場する領域でもあります。近時、労働法規制が複雑化し、個人情報の問題を含めて、法改正も活発であり、新たな法律問題が次々に出てくるほか、外部専門家の助言によって様々な改革を試みる場面も増えています。このため、法務部門の積極的な関与が必要となります。

（1）　社内ルール整備と役割分担

　就業規則等の重要なルールの整備は、形式を整える作業ではありません。労働法規の遵守は当然のこととして、良好な労使関係を構築し、生産性の向上のために働きやすい職場を作ることが必要です。また、職場の風通しを良くして、ハラスメントのない良好な職場環境の構築のために、その防止ガイドラインを策定・改定する等、労働分野の社会的責任に裏付けられた企業のポリシーを打ち出す必要もあります。これらの課題を総合的

こういう点に注意して対応するのが賢明ですよ

に整理し、社内規程については一元的に管理し、一貫した取扱いができるようにすべきでしょう。

図表 2-7　人事労務分野の役割分担

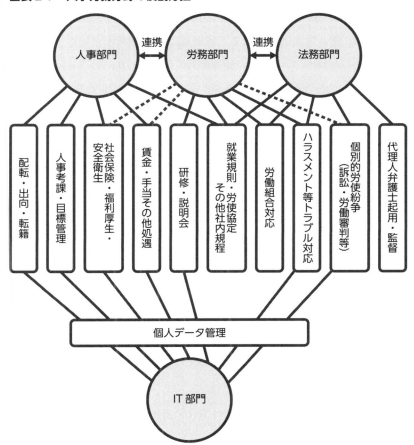

　　就業規則や労使協定、労働契約のあり方が法的な問題となりますが、経営課題としては、各人のインセンティブを高める処遇を考えることが重要です。同一労働同一賃金の問題は、法的な問題として考えるだけでなく、働く側の納得感が重要であり、個別的な説明も重要です。従業員の不満をできるだけ汲み取って、働きやすい良好な職場環境を整備して、各人の生産性を高めることを目指すべきでしょう。

　多数ある店舗の店長等に対して、管理職として残業代を払わなくていいのか否かという問題については、最高裁判例はないものの、下級審には残業代を支払うべきだという裁判例が数多くありました。残業手当の支払いを義務づける労働基準法の定めは強行法規であり、不払いには罰則もあります。行政解釈は、単なる名目だけの管理職は「監督若しくは管理の地位にある者」（管理監督者）（労働基準法第41条）ではなく、実質経営者でない限り、残業代を支払う必要があるとされ、多くの企業は下級審の裁判例や行政解釈に従って残業代を支払っていました。

　ところが、ある有名企業は、店長等が明らかに経営陣とは異なる立場にあるにもかかわらず、「管理職」であるとの理由で残業代を支払っていませんでした。同社は十分な収益を上げており、法定の残業代の金額には及ばないものの、「管理職手当」という名目で若干の金員を管理職に支払っていたので、残業手当は払わないという方針を取っていました。他の中小企業でも、残業代を事実上支払わない企業は多かったので、店長等に残業手当を支払うべきかについては議論がありました。

　こうした状況で、一部の管理職が残業代の支払いを求めて提訴しました。会社はこれを正面から争い、一審敗訴の後、控訴して争う構えを見せましたが、最終的には残業代を支払う内容の和解で終わりました。残業代規制の行政解釈等に従う立場をとりながら、法的に許容される賃金体系を構築するように促すことが倫理的に優れており、より好ましい選択でしょう。いたずらにアグレッシブな見解をベースにした主張で対応したことの妥当性については、リスク・マネジメントの観点からも問題がありそうです。

(2)　採用・雇用(出入り)の対応

　入社と退社の際には、必要に応じて誓約書を徴求することがあります。その両者のサンプルを次に掲げますが、入社時の誓約書が入社時と在籍中の誓約内容であるのに対して、退職時の誓約書は退社後の競業避止義務について明記する内容であり、在籍時の状況を踏まえて退職にあたって取り交わすもので、趣旨が異なります。

　退職時に誓約書を締結しなくても、入社時の誓約書があれば、退職後も効力を維持できそうですが、理屈通りになるとは限りません。退職時の誓約書は、競業避止義務の具体的範囲を明確にでき、その禁止される職務範囲は、在籍時の仕事の内容によっても異なります。

　いずれの誓約書も、任意に提出してもらう必要があります。即ち、当人には、その趣旨を正しく理解してもらい、納得したうえで合意してもらう必要があり、認識を共有できるかを確認する意味合いもあります。入社時、在籍時において、労使双方でビジネスに関する適切な認識が共有できなければ、それなりの処遇によって、適材適所を図ることも合理的な対応であると考えられます。退職時に誓約書をとれるかは問題ですが、退職金上乗せ等との取引交渉で円満解決を目指すべきでしょう。

　もっとも、現実には、これらの誓約書は、従業員に注意喚起をして無用なトラブルを予防することに主眼があり、どこまでの権利行使が認容されるか、あるいは、妥当であるかは、個別の事情に応じて慎重に考慮することも重要です。

これを参考にチェックしてみては?

〈サンプル：誓約書（入社時）〉

誓　約　書

年　月　日

株式会社＊＊＊＊
代表取締役　＊＊＊＊殿

住所
氏名　　　　　　　　㊞

私こと、＊＊＊は、御社に雇用され、御社に労務を提供する職務（以下「本件職務」という。）を遂行するにあたり、次のとおり誓約致します。

1　私が本件職務を遂行するにあたり、第三者に対して守秘義務を負っていないことを誓約します。

2　私が本件職務を遂行するにあたり、第三者に対して競業避止義務を負っていないことを誓約します。

3　私が本件職務を遂行するにあたって、第三者の知的財産権、秘密情報、営業秘密等を御社に持ち込んだり、御社に正当な理由なく使用させることはしません。

4　私は、御社の通信ネットワーク機器を、御社の業務上の目的以外で使用せず、御社は必要に応じて個別のメール等の記載内容について検査ないし調査することがあることを承諾し、了解しています。

5　本件職務遂行中も、本件職務終了後も、御社内部の情報及び顧客情報（個人情報を含む。）、その他これに準ずる情報につき、公知になったものを除き、第三者に開示、漏洩しないこと、自己のため又は御社と競業する事業者、その他第三者のために使用しないこと、また本件職務を遂行する期間において、競業する事業者、その他の第三者のための営利活動に関与することなく、本件職務に専念することを誓約致します。御社が保有する情報に関しては、御社の秘密管理規程に従って、厳格な秘密を要する範囲を理解し、御社の指示に従います。

6　御社が保有する情報に関連して入手した書類、文書等のすべての資料（磁気テープ、CD－ROM、USB、その他磁気媒体等を含むが、これらに限られない。）は、本件職務終了時までに御社に返還し、御社の許可なくこれらの資料を社外に持ち出さないこと、他への交付をしないことを誓約致します。

7　御社が保有する情報及び本件職務を遂行する期間中に業務に関連して守秘義務を負って知り得た第三者の情報については、その守秘義務を御社との雇用契約終了後も厳守します。

8　上記誓約事項に違反して御社に損害を被らせた場合は、御社の被った損害について賠償致します。

9　御社のコンプライアンス尊重の方針を充分に理解し、疑問点がある場合には誠実に御社と話し合い、御社の就業規則を含む社内ルールを遵守致します。

以上

〈サンプル：誓約書（退職時）〉

誓　約　書

株式会社＊＊＊＊
代表取締役　＊＊＊＊殿

住所
氏名　　　　　　㊞

　私は、このたび、　年　　月　　日付にて自己都合にて退職し、御社との契約を
終了いたしたくお願い申し上げます。御社との契約を終了（以下「退職」といい
ます。）するにあたり、下記の通り誓約致します。

記

1　御社を退職後も、御社内部の情報、営業秘密（顧客名簿を含む。）、個人情報
　及び顧客情報その他これに準ずる情報につき、いかなる第三者に対しても一
　切、開示、漏洩、提供等をしないこと、及び自己のため又は御社と競業する事
　業者その他の第三者のために使用しないことを誓約致します。
2　御社が保有する情報、その他御社における事業活動を通じて入手した書類、
　文書等のすべての資料（磁気テープ、CD－ROM、USB、その他磁気媒体等
　を含むがこれに限られない。）は、退職時までに御社に返還し、御社の許可なく
　これらの資料を社外に持出さないこと、他への交付をしないことを誓約しま
　す。
3　御社が保有する情報及び在職中に業務に関連して守秘義務を負って知り得た
　第三者の情報については、その守秘義務を退職後も引き続き厳守致します。
4　私が所有又は占有するPC、携帯電話、スマホ等の私物に御社の情報は一切記
　録されていないことを表明保証します。これに違反して保有しているかどうか
　について御社が調査・確認することを認めます。
5　私は、御社から十分な報酬を得ていたことを踏まえたうえ、今般、退職する
　にあたり、次の内容の競業避止義務を負うことを誓約します。
　（ⅰ）期間　＊＊年＊月＊日から、＊年
　（ⅱ）対象範囲：＊＊＊＊に関する事業
　（ⅲ）対象地域：日本国内
6　上記誓約事項に違反して御社に損害を被らせた場合、御社の被った損害につ
　いて賠償致します。
7　御社に在職中の事項及び今般の退職に関して、私は、御社に対して、今後そ
　の理由の如何を問わず、何らの異議申立、請求もしないことを確認し、御社を
　円満に退職することを確認します。

以上

（3） テレワーク（リモートワーク）対応

　働き方改革の要請に加えて、新型コロナ禍の影響もあり、テレワークも拡大しています。生産性を高めるためには、IT の活用が不可欠であり、テレワークになじむ部分もあります。ただ、テレワークは遠隔で業務が行われるため、会社支給のノート型パソコンのメールをチェックし、サーバーにアクセスできる仕組みやクラウドサービスを利用する仕組みを構築する等の方法により、秘密管理性を十分に確保すること（73 頁以下参照）に留意しつつ、適切な範囲内での活用を目指すべきでしょう。テレワークは、仕事をいつ、どのようにしたかよりも、その結果で評価する成果主義と親和性があります。生産性が高まったことを検証するために、その成果を適切に評価し、測定する必要もあります。

　これを推進するため、各人の職務内容を明確に定め、欧米のような職務内容記述書が必要となり、従業員のパフォーマンスを管理するルールや方針を設けることも今後の課題です。このテーマについては、厚生労働省の「テレワークの適切な導入及び実施の推進のためのガイドライン」（2021年 3 月改定版）や「テレワーク総合ポータルサイト」等が参考になります。そこには、テレワークに関する相談窓口や、助成金等、導入にあたって利用できる制度、資料、セミナーやイベント情報、企業の導入事例紹介等が掲載されています。必要に応じて、適宜、最新の情報をチェックして、良質なテレワークの導入・定着を目指し、望ましい働き方改革につなげることが期待されます。

(4) 労使紛争・トラブル対応

　人事・労務関係の紛争トラブルは、訴訟や労働審判も含めて人事労務部門で取り扱うものとし、法務部門は弁護士の起用・管理等のバックアップに限って関与するといった整理もあります。ただ、紛争は深刻化することもあり、労働組合問題等が全社的な問題となることもあります。解雇やハラスメント等の紛争対応は、法的なリスクが高い領域です。

　また、社会保険関係をはじめとして労働法規のコンプライアンスに関しては、基本的な方針は本社で一元的に決定しますが、個別の対応については原則として分散管理が適しており、また現場での対応で法務との連携が不可欠であることも多くあります。

図表 2-8　民事上の個別労働紛争―主な相談内容別の件数推移（10 年間）

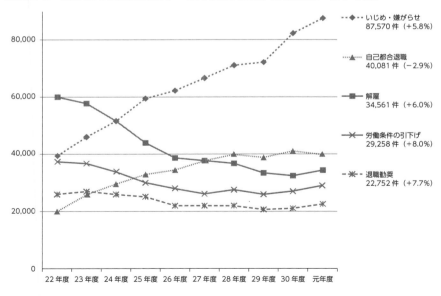

※ （ ）内は対前年度比。

出所：厚生労働省「令和元年度個別労働紛争解決制度の施行状況」におけるプレスリリース

（5） ハラスメント対応

　近時、ハラスメントのトラブルが増えており、解雇をめぐる紛争が減少する反面で、自己都合退職がやや増加気味であったのは、労使のコミュニケーションに問題が起きやすいことを示しています。個人的な私情を持ち込んで組織内の調和を乱すような幹部もいますが、近時はパワハラ（パワーハラスメント）の問題として内部通報も容易になりました。事業活動では生産性を高めることが求められているのに、組織内部で内輪揉めをしていては、士気も下がり、各人の能力発揮も困難です。

　かねてからセクハラ防止の措置義務がありましたが、2020年6月からはパワーハラスメント防止措置が義務化され、これが中小企業でも2022年4月1日から適用となります。このような社会環境で、紛争案件の中でも、ハラスメント問題は、社会的にも注目されやすく、判断が微妙なので、「二次被害」をもたらさないよう、適切な対応が求められ、高度な専門性を要します。ハラスメント被害を主張する側が常に正しいとも限りませんが、だからといって相談者に対して最初から疑惑の目で接するのは禁物です。

　ハラスメント問題は、メンタルヘルスの問題とも絡み、被害者側の心理からすると人事部門に知られたくないという思いが強いことから、人事・労務部門から切り離したほうが良いという見解もあります。必要に応じて「ハラスメント防止委員会」を設置するとか、事務方の専門部署で対応・統括する態勢を整備するか等の問題もあります。

こういう点に注意して対応
するのが賢明ですよ

　「事業主が職場における性的な言動に起因する問題に関して雇用管理上講ずべき措置についての指針」（平成18年厚生労働省

告示第615号）等に定める措置を取るように法務部門が指導し、バックアップすることが、法的リスク・マネジメントの観点からは有益です。特に、厚生労働省「パワーハラスメント対策導入マニュアル」（第4版）を使えば、一応の対応ができ、社内研修教材も含めてほとんど完備されており、相談窓口（一次対応）担当者のためのチェックリストも参考になります。ただし、そこに「相談者が事情聴取を望まない場合は、確認ができなければ、会社としてこれ以上の対応はできないことを説明しましょう」という点は、問題が残ります。その場合でも、パワハラ被害者が弱い立場にあって、積極的な調査を望まないことが多い現実を踏まえると、対象箇所に向けて一般的な指導を強化する措置をとる等の何らかの会社側の代替案や対応に努める姿勢を示すことがベターでしょう。

　明確なハラスメントに対しては、毅然とした対応をとることも重要です。中途半端な対応が厳しい法的責任につながるケースもありますから、いい加減な対応で誤魔化すことがあってはいけません。この点で、管理職には時代の変化を敏感に察知し、その変化に着眼した対応を検討することが常に求められることを忘れるべきではないでしょう。

5 消費者保護法

　消費者を相手に事業展開をする企業においては、消費者保護法の分野も重要な領域です。比較的少額のトラブルが多いことから、軽視されることもありますが、利害関係者が多数に及び、メディアに注目されるリスクも高い領域として注意を要します。近時、消費者庁の動きも活発化し、消費者契約法や特定商取引法をはじめとして、法改正も活発で、規制も複雑化しており、時には海外の消費者との関係も問題になります。新たな法律問題が次々に出てくることから、外部専門家の助言を求める場面も増えており、法務部門の積極的な関与が必要です。

（1）　消費者の利益に配慮したビジネス・モデル

　消費者の要求の高まりに伴って、商品サービス自体の競争が激化しており、本来の競争力（商品自体の品質その他の優位性、価格競争力等）に併せて、消費者の利益に配慮したビジネス・モデルを構築し、効果的なマーケティングを適正な方法で行っていくことが必要です。広報・IRや広告宣伝は、メディアを介在させつつ、消費者や一般社会に情報発信するところ、その表現においては不正競争防止法、景表法その他の法令に抵触しないことは当然として、ミスリードしないようにする必要があり、企画・営業から広告宣伝部門等とも連携することが重要です。

(2) 消費者・顧客トラブル対応

　消費者からのクレームのように最初の窓口対応は「お客様相談窓口」等の部署で対応しますが、その法的リスクの判断を見誤り、その対応が行き届かないとか、対応が遅いといったクレームも受けるリスクがあります。お客様相談窓口での「通常のトラブル」という安易な評価のために、その対応が遅れて被害が拡大したといった理由から、大問題になることもあります。この法務部門の審査が甘くならないように、敏感なアンテナを張ることも重要です。

> この点は御社でも注意すべきですね

図表 2-9　消費者対応の役割分担

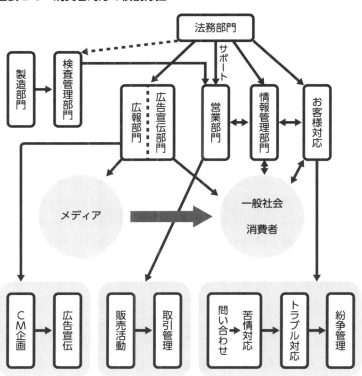

一方、モンスター、クレーマー等が現れても、法的に誤りのない専門的な対応をすることで、業務の効率化・合理化を図る必要があります。

　これらの事象においては、消費者目線で問題発生・察知から迅速な対応を促進することが出発点です。苦情受付窓口や内部通報等を取り扱う場面で発覚した問題に対して、法務部門の直接対応でいくか、社外弁護士を起用して対応するかの判断もすべきです。社外弁護士等を起用するタイミングも問題です。最初から社外弁護士頼みではコントロールできません。紛争経験の豊かな弁護士の方が個別の事件処理には優れていても、依頼企業からの要望や指示によって動き方は異なり、示談交渉なのか、公的機関を利用するか、法的手続にまで及ぶのか、様々な選択肢があります。弁護士に都合の良い手続きや強硬な手段が選択される等して、紛争の方向性が歪まないように注意する必要もあります。消費者問題における深刻な法的リスクを十分に踏まえた、迅速な対応のための連携体制が不可欠です。

（3）保険による対応

　消費者との紛争に限りませんが、万一に備えて、事実関係の究明が困難な場合に、保険で対応することも選択肢に入れて検討できるようにしておくことが有用です。中小企業の場合も、中小企業ＰＬ保険制度等が終了した代わりに、中小企業向けのビジネス総合保険制度（PLプランを含む）があり、PL賠償だけでなく、リコール、情報漏えい、サイバー、施設賠償、業務遂行賠償等の賠償責任、リスクの補償、事業休業の補償、財産・工事に関わる補償を一本化して加入できるものがあります。

　すべての問題で明確に白黒がつくわけではないので、難しい案件では大きなコストをかけて徹底的な事実解明を図るよりも、被害救済を優先して保険を利用することが合理的であることもあります。

6　情報管理とITへの対応

（1）　個人情報保護その他の情報管理

　情報管理は多分に技術的な問題も絡むので、IT 部門等とも緊密な連携をとって、情報管理体制を充実させる必要があります。IT 関係の業務委託又は請負契約を締結する取引に関与する法務担当者は、システム部門等との連携も重要です。情報関連の問題は、憲法、行政法から、民法、刑法、訴訟法全般に至るまで幅広く、情報の対象はあらゆる部門が関係しています。一つの問題解決のために、複数の部署が絡むことも多いので、法務部門は、その交通整理をして、役割分担を明らかにすることが期待されます。とかく IT 問題に対する権限分掌が明確でないことが多いため、詳しい人に仕事が集中する傾向があり、これを調整する必要もあります。

　秘密保持を要する話も多いので、仕切られた会議室や面談室を十分に用意する等の配慮も求められます。プライバシーマークや ISMS（情報セキュリティマネジメントシステム）等の認証を受け、情報管理に関する規程の整備から運用に至るまで、情報をめぐる新たな状況にも対応していく必要があります。

　近時は、SNS による情報発信に対して事前にチェックする体制を整備する企業も増えています。社内のルールやガイドライン（SNS 私的利用ガイドライン等）の策定・運用から微妙な場合の判断・対応に至るまで法務部門によるサポートが望まれます。セキュリティ対策の場面における技術

対応のほか、インターネットにおける匿名での攻撃に対する発信者情報開示請求訴訟等のように、相手方を特定するために法的措置を検討すべき場合もあるでしょう。

米国等の海外事業を展開している企業では、特に米国の e ディスカバリ（257 頁参照）にも的確に対応できるような情報管理をしておくことも重要な課題です。

図表 2-10　情報管理をめぐる役割分担

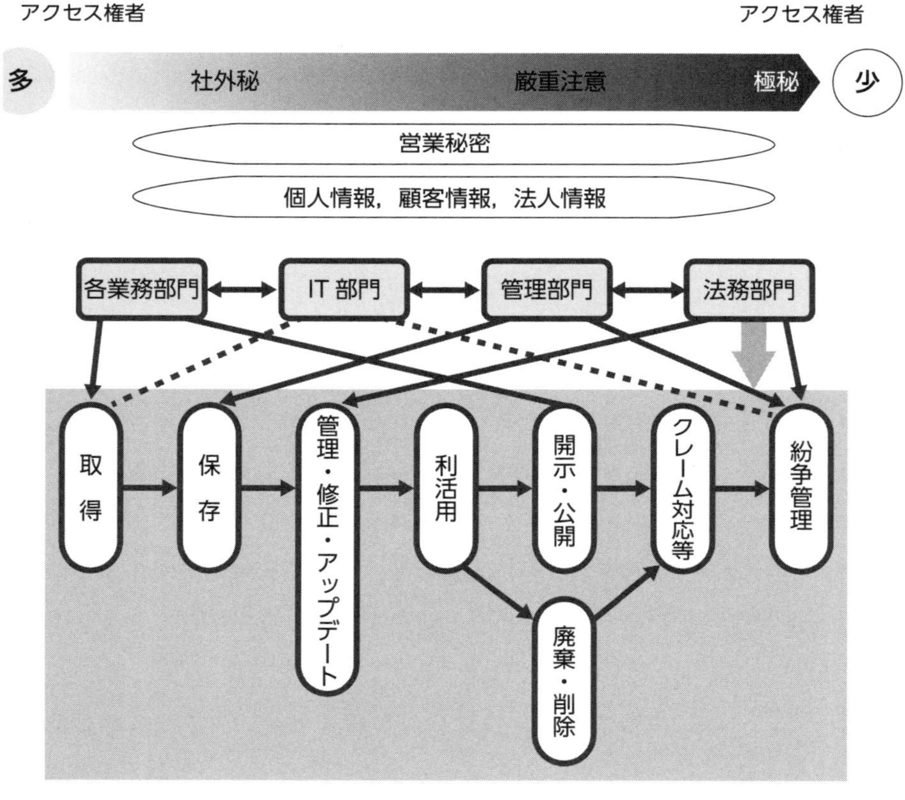

（2） 営業秘密の管理

　一般に、不正競争防止法にいう営業秘密の「秘密管理性」については、どの程度の管理が要求されるかについて形式的なわかりやすい基準があるわけではありません。経済産業省「営業秘密管理指針」は、「不正競争防止法によって差止め等の法的保護を受けるために必要となる最低限の水準の対策を示すもの」にすぎず、漏えい防止ないし漏えい時に推奨される（高度なものを含めた）包括的なものではない点に留意する必要があります。これが裁判所の判断が同じとなる保障もありません。法務の視点としては、裁判所に秘密管理性を認めてもらうために秘密管理性を確保するだけではなく、むしろ現実的な情報漏洩リスクを可能な限り低くするという観点から、情報管理体制を構築すべきです。そこで、経済産業省の「秘密情報の保護ハンドブック　〜企業価値向上にむけて〜」を参考に、営業秘密として法的保護を受けられる水準を越えて、可能な限り秘密情報の漏えいを未然に防止する方策を目指すべきでしょう。

　例えば、「マル秘」等の表示をするのは、他の情報とは区別して、営業秘密に該当する情報であることを明示できるので、情報を取り扱う関係者にとってわかりやすくするために不可欠です。そもそも、マル秘の印だけでは不十分ともいわれており、それさえもないのは危険です。たとえ「施錠できるキャビネットに保管」されていても、営業秘密でない資料が紛れ込んでいると思う人がいるかもしれず、結局どれが営業秘密で、どれがそうでないかの区別ができなくなる恐れもあり、キャビネットから出てしまえば、たちまち区別がつかなくなり、秘密管理性の確保が難しくなります。

　電子データも、紙媒体の情報と同様に、電子データのファイル名にマル秘や厳秘の表示名のみならず電子データのファイル自体にマル秘や厳秘の

表示が望ましいところです。営業秘密管理指針でも、「営業秘密たる電子ファイルを開いた場合に端末画面上にマル秘である旨が表示されるように、当該電子ファイルの電子データ上にマル秘を付記（ドキュメントファイルのヘッダーにマル秘を付記等）」が推奨されています。それをしない共有サーバー上の電子データ（所属部署の従業員は自由に閲覧できる）は、秘密管理性の確保が困難です。加えて、電子データを保存する共有サーバーへのアクセス権を制限（システム上での閲覧制限）することで、秘密管理性が認められる可能性を高め、そのアクセスする関係者からの誓約書や秘密管理規程の遵守の励行、違反者に対するペナルティの実施等を徹底することで、はじめて秘密管理性が確保できます。

　社内メール送付の際に、マル秘のファイル名表示やデータの中身でマル秘の表示を省略する方式は、それだけでも秘密管理性が否定される要因になりえ、アクセス権だけを制限するのでは不十分です。運良く親切な（又は、この点に甘い）裁判官に判断してもらえた場合に限り、保護されるか

こういう点に注意して対応するのが賢明ですよ

もしれないという程度の秘密管理性も確保できず、漏洩リスクが高くなる選択は避けるべきです。

（3） 社内規程のあり方

　社内規程の「情報管理規定」を整備しても、実務上の運用で形骸化しては意味がありません。電子データの秘密度合いの区分表示を実行し、規定のルール遵守が追い付くように実践する必要があります。その区分表示を手分けして行えるように研修教育等を実施することも方策の一つです。情報管理の問題は、何も起こらなければ気にもなりませんが、万一、漏洩事

例が発生すると、そこから管理上の責任問題が現実化します。そうなる前に、できる限りの対処をしておくことが賢明です。

　社内規程が厳しすぎるため社内で遵守できていない状況にあることを理由に、遵守できるルールに変更したいとの要望が出てきても、それに安易に応じて甘くするのはリスクを高めます。実態に合わせて情報管理規程を緩めるのは、方向が逆であり、きちんとした秘密管理性を実施しないことの合理性を説明することは難しく、情報管理を緩める経営判断の責任が問われるリスクがあります。

　もっとも、個別の情報を秘密とする必要があるかの判定は、実質的に行う必要があります。例えば、隠しても仕方がないとか、既にほとんど公知であるような情報まで「秘密」扱いして、必要以上に業務効率を低下させているのであれば、秘密情報を整理する等の対応も考えられます。企業情報として事実上開示しているものやそれに類するもの、一部の社内規程や就業規則のようにすべての労働者に周知しなければならないもの、ほとんどの従業員や外部の人達もかなり知っている情報等は、秘密情報から外せるでしょう。業務効率性とのバランスから、秘密管理性を低くして、いざという場合に秘密管理性を否定されても構わない程度のものを「グレーゾーン情報」として管理する方法もありえます。

　さらに、実際には、個別の管理監督者の責任において、一定の制限解除を認めるが、その責任については明確にしておくといった対応も考えられます。一般に、日本の企業はITへの対応が遅れており、セキュリティにおいて多くの問題が指摘されています。営業秘密として保護されるためには不正競争防止法で要求される秘密管理性の水準をクリアしておくといった低い水準に甘んずることなく、できる限りの情報管理体制を目指すことが重要です。

（4）ITへの対応に向けたシステム構築

　システム開発の取引は、契約締結段階から、その後の協議、開発過程に至るまで、常に法的リスクを孕んでいます。システム開発に取り組む場合には、業者（ベンダー）の選定段階から、開発に伴うリスクを十分に踏まえたシステム開発契約の締結が望まれます。契約書や付属書類の解釈をめぐっては、法廷で激しく争われることもあるため、プロジェクト・マネジメントは、法的観点からのチェックも重要です。基本的な契約条項の意味をめぐって見解に相違が生じるような曖昧な契約では、紛争リスクが高まります。

　ユーザー企業・ベンダー企業間のトラブルを減らし、良好な契約関係が構築できるように、独立行政法人情報処理推進機構が、DX時代に求められるアジャイル開発に関する「情報システム・モデル取引・契約書」＜アジャイル開発版＞を2020年3月31日に公開し、「情報システム・モデル取引・契約書」第二版や、この「第二版」から参照されるセキュリティ基準等公表情報の一例として「情報システム開発契約のセキュリティ仕様作成のためのガイドライン」と「セキュリティ仕様策定プロセス」（以下、「セキュリティ仕様関連文書」）も公開しました。ただ、これらは、そのまま

この点は御社でも注意すべきですね

使えるわけではなく、これをベースとして、リスクに関する協議を当事者間で進めることが重要です。

CASE STUDY 勘定系システム開発失敗で巨額の賠償責任

　有名外資系企業対某地銀事件は、長年に渡って築いてきたベンダーと顧客・ユーザーという関係が、思いもよらぬ形で暗転したものでした。判決文や報道等によると、その有名外資系企業は、某地銀に対して、システムの管理・運用支援等を長年に渡って提供し、それなりの良好な信頼関係があったので、平成12年頃、某地銀は、基幹系システム構築の提案等を依頼し、同年9月から両社はその提案等の検討を進めました。

　平成15年7月、有名外資系企業（以下「ベンダー」）は、某地銀（以下「ユーザー」）に対して提案書を提出しました。ユーザーとしては大きな買い物なので、他の業者からも相見積もりを取って比較検討した結果、海外で実績のあったベンダーの金融機関向け汎用パッケージを選定しました。両社は銀行業務全般を処理する「新経営システム」の開発を目指し、平成16年9月以降、いくつかの基本合意を締結しました。ところが、計画・要件定義作業で明らかとなる開発範囲等を踏まえて締結する予定の最終合意はなかなか固まらず、計画・要件定義による成果を待つことなく、平成17年9月30日、両社は最終合意を締結し、プロジェクトの基本的な運営に関する覚書を

[紛争の経緯]

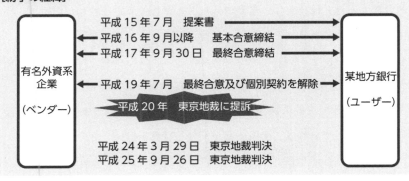

締結しました。その後も進捗は難航し、合意した開発日程通りにシステム稼働できない状況で、ベンダーがユーザーの予期しない提案を行ってユーザーの責任者等を激怒させ、ベンダーへの信頼関係が崩れてしまいました。

　結局、平成 19 年 7 月 18 日、同月 17 日付け内容証明郵便で最終合意及びこれに関連する全ての個別契約は債務不履行を理由に解除され、このシステム開発は中止され、海外製の勘定系パッケージソフトをカスタマイズするシステム開発は失敗に終わりました。これが長く苦しい紛争の幕開けとなり、ユーザーとベンダーとの間で、相互に相手を訴えあう泥沼の巨額訴訟に発展。この開発中止で大損害を被ったユーザーは、本件システム開発の中止につき、ベンダーに対して総額 115 億 8,000 万円とその遅延損害金の支払いを求めました。これに対して、ベンダーも反訴を提起し、ユーザーに対して、投資費用相当額とその遅延損害金の支払等を求めました。

　第 1 審判決は、ベンダーに不法行為に基づく損害賠償責任を認め、約 74 億円の支払いを命じ、ベンダーの反訴請求を全部棄却しました（東京地裁判決 2012 年 3 月 29 日）。これに対して、控訴審判決（東京高裁判決 2013 年 9 月 26 日）は、ベンダーの賠償責任を認めたものの、その損害額を大幅に減額し、第 1 審判決と比べて 6 割未満である約 42 億円の賠償を命じました。しかし、それでも高額の賠償判決であることに変わりはありません。

　このシステム開発の失敗は、決して、ベンダー、ユーザーのいずれかが一方的に悪かったとはいえない事案でした。しかし、双方に生じた損害は、極めて巨額なものであり、その後の紛争費用も含めて、その学習コストは余りにも高いものでした（なお、この事件の解説については、拙稿 "ウエストロー判例コラム第 15 号"「勘定系システム開発失敗で約 42 億円の支払を命じる判決」参照）。

　システム開発の失敗の原因の一つに、契約段階の問題があります。巨額な取引をするのであれば、関係部署が十分な審査を行い、その契約書については、法務部門と IT 部門が連携して、内容を詰めておくことが必要でした。

また、プロジェクトを発注する事業者とシステム開発会社は、相互に協力してプロジェクトを検討していく必要があるので、双方協議における記録の取り方、双方の義務の履行段階でも、法的なチェックが必要です。

　有名外資系企業にはそれなりの法務体制が整えられており、某地銀もそうでした。このケースでは弁護士も契約書作成に関与して、それなりの助言をしていました。しかし、それだけでは十分ではありません。上記のような泥沼訴訟を回避するためには、法務以外の部門との連携のあり方を含めてマネジメントの改善を早期の段階から徹底的に図る必要があったのではないでしょうか（なお、同種事例の解説として、拙稿ウエストロー判例コラム第 171 号「契約によって大きく変わるシステム開発業者の責任、同第 120 号「電子カルテシステム開発失敗でユーザー顧客に約 14 億円の支払を命じる判決」等参照）。

7 知的財産権

(1) 知的財産権・営業秘密の管理

　知的財産権や情報システム等の管理と活用は、日本企業が総力をあげて追及しなければならない重要な分野です。知的財産権法を使いこなすには、知財を効果的に活用するライセンス戦略を立て、民法や国際取引法等の理解のほか、裁判制度や行政手続等に対する広い法的素養を必要とします。このため、知財法務部門を独立させている会社もあります。

　知的財産権の管理では、違法コピー等、他者の知的財産権侵害の防止も必要です。ITへの対応においては、どのように情報を管理し、それを使う従業員の意識を高めていくかも大きな課題です。知的財産権の領域でも、ビジネスを支える契約マネジメントや戦略法務の構想力、集約力、それを支えるリーガル・マインドが国際的競争力を左右することになります。

　知的財産権をめぐる法律問題は、民事責任だけではなく、刑事責任が絡むこともあり、近時はITの進展によってデジタル記録の証拠が確保され

早く対応を検討するのが
良さそうですね

やすくなっています。したがって、知的財産の領域は、攻めと守りの双方を強化することが特に重要です。

図表 2-11 知的財産権をめぐる役割分担

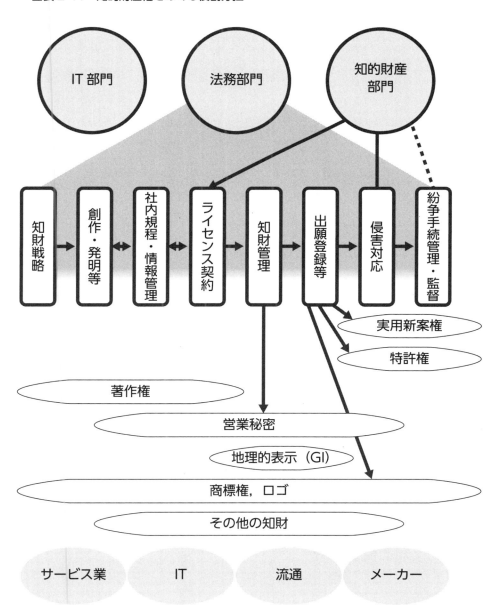

　ソフトウエアの違法コピーを使った企業が、その後、多額の損害賠償を払わされた事件がありました。ソフトウエアの管理に対しては現場任せで、予算が限られているために自前でソフトウエアを持ち込む従業員がいました。しかし、便利に使えることから「どうせばれないだろう」と考えて、上司も見て見ぬふりをしていました。ところが、著作権の権利保護団体が奨励している内部告発が発端となって、会社には弁護士からの警告書が送付されてきました。クレームをつけられた会社側は、顧問弁護士に相談して対応を協議し、とりあえず、違法コピー分を購入して、リーガライズしました（ソフトを買って適法な状態にするのをリーガライズといいます）。

　しかし、そうやって適法な状態にしても、責任が消えるわけではありません。過去の違法行為は残るため、その解決が必要でした。その示談の協議で法外な請求をされたと感じた会社側は、弁護士を立てて交渉を試みましたが、既にリーガライズで賠償金相当の出費をしているため、それ以上の賠償金請求に納得できませんでした。結果として、示談交渉は決裂し、訴訟手続にもつれこみました。裁判所は、違法コピーを認定して、かなりの額にのぼる損害賠償の支払いを認めました。リーガライズしたときに支払った使用料と、賠償金名目で支払わされた金額を併せると、使用料相当の賠償金だけでも１本当たり２倍のコストがかかった格好です。

(2)　知的財産戦略

　戦略的訴訟（251頁参照）の活用が検討されるべき重要領域に、知的財産権の領域があります。知財を保有する立場では、世界中の偽造品業者に

対して徹底した追及をしていくことも重要です。難しいからといって諦めてしまってはやられ損で終わりです。知的財産権の絡む技術やブランドを偽造業者から守るためには、それぞれの地域統括会社が主体的に動くか、本社が促す等して、グローバルな法的課題に対応することが必要です。

　欧米の企業は、知的財産権訴訟を、企業活動における日常的な武器の一つとして位置づけ、マーケットシェアの維持・拡大等の目的のために積極的に活用しています。海外の知的財産権の活用は、単に知的財産権侵害の訴えによってロイヤリティに相当する賠償金を取るという話にとどまるものではありません。

　パテントトロール（特許権を収集して濫用する特許ゴロ）への対策も重要ですが、事業活動をしている会社も、自らの知的財産権を理由に、差し止めの訴えを提起すること等によって、競争の相手方の動きを封じるような戦術が当たり前のように使われています。日本の企業にも、こうした考え方をする企業が現れつつあるようです。しかし、全体としては消極的です。せっかくの知的財産権も使わなければ、宝の持ち腐れになってしまいます。

　世界の企業は、少しでもビジネスを法的に有利に展開しようとして調査活動にも力を入れ、凌ぎを削っています。例えば、欧米の企業に限らず、世界の市場では、競争相手に対して訴訟を戦略的に仕掛けるようなケースがあります。中国、韓国等の東南アジアの企業でも、法務力のアップに力を入れ、知的財産権の戦略訴訟の活用にまで目をつけて実践しています。

　職務発明のインセンティブが健全に機能するように、職務発明規程を整備することも不可欠です。中小企業向けにも、特許庁が発明の推奨と円滑な活用のために、職務発明規程導入を推奨しており、特許庁 HP には、中小企業向け職務発明規程のひな形が用意されています。少しでも可能性がある会社では、その適切な整備・運用が必要です。

M&A取引と事業再編

（1） 主体的な取組みの重要性

　近時は、企業の盛衰を左右するM＆Aから買収防衛対策等、事業再編、提携等に向けた活動が活発に行われています。M&Aについては、近時、投資銀行や各種コンサルタント等からの提案や助言を受けることもありますが、それらを法的に分析して、主体的に検討・判断できるようにする必要があります。簡単な基本合意書でも油断は禁物です。この領域で的確に対応するには、契約法、会社法や金融商品取引法等の知識やノウハウも欠かせません。

　中小企業の場合は特にそうですが、将来的に同族支配を継続していくか、どこかで企業の売却を図るかを想定して、早期からそれなりの準備（定款や株主構成の見直し等）をしておくことが賢明です。必要に迫られた段階になってから慌てて対応しようとしても、不利な条件を飲まざるをえなくなる等、好ましくない形での事業承継となりがちです。

　M&A取引は、規模が大きくなると、そのプロセスも複雑でチェックすべき項目が数多くあるため、法的・経済的メリット、デメリットから、税務上の効果までを計算に入れて問題点を整理し、事業統合後のマネジメントのあり方にも目を配ることが、その成否に大きな影響を及ぼします。自社が主導権を握って、法的な見地から厳格なデューディリジェンスを行

この点は御社でも
注意すべきですね

図表 2-12　M&A の流れと役割分担

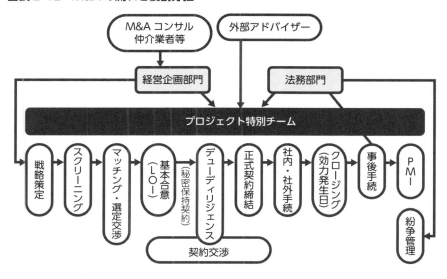

い、その中身を実質的に評価できる法務担当者が、他の専門部署や外部の専門家等とも適切に連携することが不可欠です。

(2)　シナジー効果のためのPMI

　M&A ができても、すぐに期待通りの成果が上がるわけではありません。M&A によるシナジー効果が発揮できるかどうかは企業価値を向上させる統合がうまく行くかにかかっています。M&A 後の統合プロセスは Post Merger Integration（PMI）と呼ばれ、早期の段階から、これを見越して PMI をどう立案し、実行するかが重要な検討課題として意識されるようになりました。統合に失敗すれば、シナジー効果が発揮できないだけではなく、負のシナジー（ディスシナジー）の発生のため、M&A をしないほうが良かった等ということにもなりかねません。M&A そのものが目

的なのではなく、その先にある事業展開をどうするかを十分に考慮にいれた取引をすることが重要です。

M&AのPMIを成功させるには、買収企業のデューディリジェンスを徹底して行う必要があり、安易な交渉は禁物です。実務的なデューディリジェンスに精通した法務担当者を活用することで、アウトソーシングの費用を節減するだけでなく、自社のニーズに特化した対応が必要です。傘下に収めた企業をいかに経営していくか、現場の従業員と良好な関係を維持しながら収益を上げていく手腕が問われます。株式保有で会社の支配権を有しているからといって、従業員が素直に動いてくれるわけではなく、取引慣行や労務事情を含むビジネス法環境を理解したマネジメント能力が問われます。そのプロセスでは、的確なコミュニケーションが不可欠です。

法務担当者は、事業内容やM&Aのリスクを冷静に分析し、主体的に取引をする当事者としての意識を持って、関係する他の部署との連携を支援していく必要があります。

（3） 海外企業M&Aにおける高値掴みに陥る構造

PMIに向けた十分な検討がなされないまま、取引前のデューディリジェンスや契約交渉が不十分なまま、中途半端な表明保証条項しか定められず、安易にプレミアムを上乗せするだけで、リスクが十分にカバーされない取引となっていることも散見されます。資金の貸手や高い報酬を求める仲介業者は、いずれも高額の取引であればあるほど利益を得られるため、どうしても買収価額を高くしようとする方向に傾きがちです。

特に、国際M&Aでは、日本の企業はこれまで期待通りのシナジー効果を得られないどころか、かなり高い買い物のために採算が取りにくく、

負のシナジー（ディスシナジー）を抱える失敗をくり返してきました。これは、時として、企業の屋台骨を揺るがす要因ともなりえます。

　さらに、買収後のマネジメントが想定通りに進まず、有能な従業員や顧客等に逃げられ、事業価値が毀損されて、結果として高値掴みになってしまうケースもあります。

　下記表の通り、M&A の失敗要因は様々ですが、法務部門が提示できる方策は数多くあります。外部専門家の助力も得て積極的な関与が望まれます。

	M&A の失敗要因	法務部門から提示しうる処方箋
戦略策定からマッチング段階	・基本戦略の欠如 ・コンサル契約の利益相反問題	・事業戦略上の位置づけの明確化 ・コンサル契約の審査 ・利益相反チェック
基本合意段階	・経験不足ないし時間的制約による検討不足 ・リーガルチェックの不足	・専門的見地からのリーガルチェック ・Fiduciary Duty（信認義務）も踏まえた独占交渉義務その他の有効な手立ての検討
デューディリジェンスから契約交渉段階	・対象調査の不徹底、収集情報の不足 ・時間的制約 ・前のめり姿勢	・調査チームの最適化、配置、サポート態勢の整備 ・資料へのアクセス権限確保 ・外部専門家の起用・活用
正式契約からクロージング段階	・表明保証条項等の詰めの甘さ ・リスク配分の不徹底 ・条件等の不均衡	・契約条項の十分な検討 ・表明保証保険等の検討 ・不確定要素への備え
PMI 段階	・経営改革方針の不備 ・現地のインセンティブ低下 ・管理・監督体制の不備	・ガバナンス態勢ないし経営陣の強化 ・人事労務体制、処遇の見直し ・牽制・監督機能の強化

　大手銀行グループの合併や統合に対しては、戦後の長きにわたって、行政の指導や介入があり、何か問題が生じると行政に解決を図ってもらうような形になっていました。ところが、今世紀に入って、その状況は大きく変貌しました。

　三井住友グループが、当時、多くの顧客を有しながらも苦境に陥っていた当時の UFJ 銀行グループを傘下に収めようとして基本合意書を締結しました。基本合意書には、「各当事者は，本基本合意書に定めのない事項若しくは本基本合意書の条項について疑義が生じた場合、誠実にこれを協議するものとする」「また，各当事者は，直接又は間接を問わず，第三者に対し又は第三者との間で本基本合意書の目的と抵触しうる取引等にかかる情報提供・協議を行わないものとする」との定めがありました。

　ところが、UFJ グループは、この約束に反して東京三菱グループとの統合に向けた交渉を始めてしまいました。そこで、三井住友グループは、そのような交渉が上記の基本合意に違反するとして、その交渉の差し止めを求めました。東京地方裁判所は、その基本合意書が法的拘束力を有するとして、事業の第三者への移転等の取引に関する情報提供又は協議を禁止する仮処分を出し、さらにその原決定を認可しました（東京地裁平成 16 年 8 月 4 日、商事法務 1708 号 22 頁）。

　しかし、高裁ではこの結論は覆り、差止の仮処分は最高裁でも否定され、東京三菱陣営が UFJ グループを取得しました。その後、三井住友グループは、上記基本書違反による損害の賠償を求めて訴えを提起しました。三井住友陣営は、東京地方裁判所で敗訴しましたが、控訴審における和解解決により終結しました。

　UFJ の吸収・統合をめぐる東京三菱グループ対三井住友グループの訴訟合戦は、当時、それまで保守的であった銀行業界での大きな変化として受け止められました。併せて、上記のような基本合意書をめぐる問題に象徴されるように、大規模 M&A 取引における日本企業の予防法務の脆弱さを浮き彫りにした事件ともなりました。

9 事業再生

事業経営の将来性に見込みがない場合にも、甘い見通しや過去のしがらみ等から有効な対策をとることが遅れがちです。事業再生の必要性をいち早く察知できれば、とりうる手段の選択肢も多いことから、早期に再生に着手することがベターです。遅れれば遅れるほど、事業再生は困難になり、事業価値は毀損されていき、厳しい状況に陥ります。

しかし、当事者は事業再建に向けて積極的に動き出すインセンティブを見出すことが難しく、経営者は先送りの傾向があり、債権者も火中の栗を拾おうとはせず、銀行も先送りの選択しかできず、従業員に至っては、そもそも自分の雇用がかかっているので、インセンティブはほとんど働きません。ただし、閉鎖的企業の場合も含めて、大株主に能力さえあれば別であり、上場会社の場合には資本市場メカニズムが機能するかが問題となります。

図表 2-13　事業価値下落と時間的経過に対する方策の関係

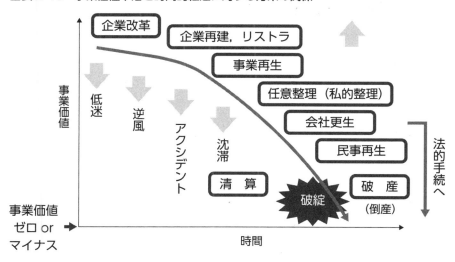

そこで、特に税理士等の企業に近い外部アドバイザーがタイムリーに積極的な助言・指導をしていくことが重要な鍵となります。様々な専門家にも連携を求める等して、企業再建に向けて動き出すことが、すべてのステークホルダーにとって有益となるはずです。

　早期に事業再建に着手できる場合には、M&Aをも活用した事業承継においても、ある程度の利益を確保できる可能性が高まり、デット・エクイティ・スワップ（DES）や会社分割等、様々な選択肢を利用する可能性があるかもしれず、また「経営者保証に関するガイドライン」等を活用して、最低限度の経営者の利益を守りながら、最悪の事態と比べれば遙かに好ましい解決を期待できます。

　それらの早期の対応ができないと、早晩、破産や民事再生等の倒産に追い込まれてしまいます。また、事業が傾いたときに限って、甘い囁きに乗って不適切な選択をすることが致命傷となる事件も散見されます。倒産に絡む法律問題は、専門家の助言を受けて適切に対応することが重要です。

早く対応を検討するのが
良さそうですね

CASE STUDY　破産法違反容疑で日本税理士会連合会の役員を逮捕

　顧問先の破産手続をめぐり、破産管財人に虚偽説明をしたとして、警視庁捜査2課は、税理士の容疑者を逮捕しました。同容疑者は日本税理士会連合会の役員であり、同課によると「虚偽の説明をした事実はない」と容疑を否認していたとのことですが、破産前に口座から約2,000万円を引き出したことについて、破産管財人の弁護士に虚偽の説明をした疑いがかけられました。同課は、知人への借金返済のために現金を引き出したと言うように助言したとみているとのことでした（2016年10月21日、新聞報道）。

　一般に、破産をめぐっては、抜け駆けして債権回収を図ろうとする者が現れがちですが、それは許されません。破産に至った場合には、法的な手続きにしたがって、粛々と進めざるを得ません。

第 **3** 章

法務部門の機能アップ

～将来的な課題の克服に向けて～

本章では、法務部門の側の課題のほか、法務部門を使う経営者側の課題
や、他の部署など現場の課題、そして、法務の品質そのものの課題に分けて、
機能アップのポイントを整理してみます。

法務部門の側の課題
法務部門が役に立たなくなる要因を直視する

1

　法務部門の専門性が不足していても、直ちには問題が顕在化しません。しかし、そこに問題があるということが理解できなければ改善は始まりません。既に法務部がある会社においてさえ、どれだけ、どのように役に立っているのか、その評価があまり芳しくないケースもあります。そこで、過去の教訓から、法務部門が陥りがちな注意すべきポイントを整理して、解決の処方箋を考えてみます。問題の原因は様々ですが、それが問題であると理解することから、改善の糸口が見えてきます。

これを参考にチェックしてみては?

（1）　外部依存

　法務担当が、経営者と弁護士事務所の間での「使い走り」しかしない、できないことがあります。自分たち自身で実質的な判断をしようという発想がなく、社外の専門家に相談し、助言を受け、社内で報告するだけで「事足れり」と勘違いしているのです。弁護士への使い走り程度の仕事しかしないのでは、その役割を果たせません。

　また、助言を受けた内容は、的確に理解しないと、活用できません。法務の専門性を欠いたままでは、仕事の成果にも限界があります。社外弁護士等、外部に依存しすぎること自体にも、弁護士の起用や使い方を巡る様々なリスクを孕んでいます。

　ネット依存で、不用意に信用性の低い情報を鵜呑みにするのは論外ですが、残念なことに、そうしたことが問題となるケースもあります。

(2)　問題意識がおかしい

　外部弁護士の選択・起用に一応の役割を果たしているように見える法務部門でも、問題意識がずれていると、方向性を誤ります。もとより、法務部門は弁護士の選択・起用にも大きな役割を果たす立場にあります。企業が期待する弁護士像とは、ややもすると、法務部門が「ほしがる」、法務部門に好かれる弁護士であるということになりがちです。それで有能な弁護士がきちんと対応するのであればよいのですが、不正をうまく誤魔化そうとか、横車を押すような観点からの対処を希望するようなことでは、健全な事業活動や適切な解決を目指すことが難しくなります。

(3)　当事者意識が乏しい

　法務部員に企業人としての自覚が乏しく、いわゆる「当事者意識が十分でない」と指摘されることがあります。ここで「当事者意識」とは、自らが主体的に関与し、評論家的な存在ではなく、一緒に働く意識のことです。経験が浅いと、業務を推進する当事者意識が薄く、部外者的・評論家的な態度をとりがちです。

　法務部門は、何がどう問題なのかを説明するだけでなく、その解決方法までセットで提示することが期待されます。うまい解決がない場合には、そのリスクを受けるかどうかを判断する材料を明確にして、経営判断に委

ねることになるでしょう。単に何か抽象的な回答をするだけでは、役に立ちません。

　確かに、法務部門が適法か違法かということしか指摘できないのでは、相談している営業部員も困るでしょう。「違法になるかもしれない」とだけ指摘され、代替的・建設的な助言が得られないのでは、事業活動を活性化させるような業績アップには結びつきません。

　これは法務部員だけではなく、社外の弁護士にも一部見られる傾向です。法律の分野は、かつて現実のビジネスとは乖離して発達してきた嫌いがあり、現実のニーズに十分に応えられないと批判されてきました。これは、日本の弁護士だけに限った話でもなく、海外でも弁護士に対する批判として典型的な問題です。ただ、世界的にビジネスローヤーが脚光を浴びるようになり、この辺りの様相はかなり変わりつつあります。

（4）　仕事の目的・意味がわからない

　実益のない机上の空論に時間を費やしているとか、ビジネスの邪魔をするだけであるとか、実務的にも要領の悪い法務部門があったら、企業においてはメリットよりも、デメリットばかりが目についてしまいます。

　形式や体裁ばかり気にして、形を整えるだけを重視するとか、社内政治に引きずられて妙なメンツやら忖度に気を遣うようなベテランが上司にいる法務部門も、肝心な時に役に立ちません。重箱の隅をつつくような細かな辻褄合わせだけで「良い仕事をした」と錯覚しているようでは、将来性も見込めず、有能な部下はどんどん去っていってしまいます。実質的、本質的な問題に踏み込んで対応できるようになるには、本書で指摘しているような問題意識を持つことがヒントになります。

(5) 理屈がわからない、わかろうとしない

　法務部門自体が法理論をきちんと理解できないと、説得力が持てません。営業部門等から（時には不本意に）法務部門に回されてきた担当者の中には、実務経験はあるが、理論はよくわからない、わかろうとしないという人たちが少なからずいます。逆にある程度の理屈や理論が分かるだけで、営業の実務を知らないのでも困りますが、どちらか一方だけではダメなのです。企業法務では実務と理論（理屈）の両方が必要です。

　ところが、「理屈や理論は、お荷物」「細かいことなど言わず、動いてくれる弁護士が良い」「ズバリ結論が知りたい」「頭でっかちな弁護士は困る」とか、「とにかく、どうしたら良いかだけ端的に教えてくれればいい」「難しいことを言われても、説明に困る」等といった趣旨のこと述べる法務部長もいます。あうんの呼吸で、ぴたりと当たることに越したことはなく、結果オーライで成功しているケースもあるので、全部ダメだとはいいません。

　しかし、すべての法律問題がクリアカットに結論が出るわけではありません。法律問題は、理論的な説明が重要です。場合によっては社外弁護士が直接に経営陣に説明することもありますが、ある程度のレベルまでは法務部長が対応すべきでしょう。最低限度の理屈が理解・説明できないのでは、問題の所在を把握して、それを整理し、判断することも困難です。

　日本企業の弱点として、①管理・監督が丼勘定で曖昧である、②経営判断がいい加減である、③管理が杜撰である、あるいは④非合理的で論理的ではない等といった点が指摘されることあります。これらを克服するには、法務の論理的・体系的な思考力が必要です。即ち、①については、管理・監督を法的に分析して、迅速かつ適正（公平）に処理することを考えるべきでしょう。②については、経営判断に資する法的な助言が不可欠です。③についても、法的に押さえるべきポイントを押さえながら、きちん

とした管理を及ぼす必要があり、④については、合理的・論理的な法的ア
プローチが求められます。

（6）　弁護士倫理に違反していることを知らない？

　法務部長の中には、「いろいろな問題を指摘して依頼者を不安にさせる
弁護士は困る」「大丈夫だ！私に任せればうまくやるから大丈夫、と断言
して、安心させてくれる弁護士が頼りになる」等と述べる人もいるようで
す。確かに、依頼者を安心させてくれる弁護士こそ信頼できると思われる
かもしれません。

　しかし、弁護士倫理を定める日本弁護士連合会の弁護士職務基本規程（以
下、「日弁連規程」）29条2項は、「弁護士は、事件について、依頼者に有利な
結果となることを請け合い、又は保証してはならない」として、勝訴や無罪の
請負を禁止しています。さらに、同条3項は、「弁護士は、依頼者の期待する
結果が得られる見込みがないにもかかわらず、その見込みがあるように装って
事件を受任してはならない」と定めます。これは、依頼者を安心させる言動も
誤解を招くばかりで、依頼者に賢明な判断や対応をするチャンスを失わせるこ
とが多いからです。金融商品販売法は断定的判断の提供を禁止していますが、
専門家も証拠や論証を伴わない断言をすることは反倫理的な所業なのです。

　弁護士倫理が依頼者を守るためでもあることを理解して、弁護士倫理に
反する弁護士に依頼するリスクを十分に認識できるように、弁護士倫理の
問題にもアンテナを張っておくことが有用です。倫理感の低い弁護士は、
それが依頼者に不当な利益をもたらすこともあれば、依頼者に対して牙を
向いてくることもあり（167頁以下参照）、その企業自身の倫理観が問われる
だけでなく、実害を受けるリスクが高まることを覚悟する必要があります。

(7) リスクと向き合うことから逃げる

　倫理的な観点だけでなく、リスク・マネジメントの観点からも、リスクを説明しない弁護士を有難がるような感覚では法務部長失格です。一時的に安心できても、深刻なリスクが隠れていたら、それに対して会社が有効な対策を取るチャンスが失われます。結局、状況が悪化し、さらに弁護士にお願いすることが増える「負のスパイラル」に入っていることに気付かないのでは困ります。最悪のシナリオとして訴訟等にまで行きついた場合に、法的な帰結を理解できず、好ましくない話を嫌う経営者に効果的な進言ができない法務担当者もいます。

　社外弁護士に決めてもらえる事項もありますが、すべてがそうではありません。根本的な意思決定、即ち大きな方向性、リスクを取るか取らないか等の重要な事項は、法務で判断材料を収集・整理して、依頼企業側ないし経営者が選択して決めなければならないのです。

(8) 敷居が高すぎて近寄りがたい

　法務が充実していても、近寄りがたい雰囲気が漂っている等、特別な存在として見られるような環境では、気軽に相談しにくくなり、日常的な取引について十分な法的な手当てが困難になります。また、難しい用語で説明されるとか、余計な時間を取られるだけだという評価になると、うまく機能しなくなります。難しい法律問題をわかりやすく解説することが重要です。日頃から法務部門の有用性をアピールし、相談窓口のメールアドレスをオープンにする、周知する等、気軽にいつでも相談できる体制と雰囲気作りが必要です。

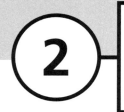

2 法務部門を指揮する 経営側の課題

（1） 法務を利用する意識の問題〈⇒経営側の意識の切り替え〉

　多くの企業で法務部門の評価が低いのは、それを統括する側、使う側の意識に問題があることもあります。例えば、経営者が法の抜け穴を期待しているだけとか、法務部を「文書屋」「文書管理部」くらいにしか考えていなければ、そのレベルの仕事にとどまってしまいます。

　本来、法務部の仕事は、形式を整えるだけの役割ではなく、形式に目を奪われてはいけません。経理部でも、研究開発部門でも、営業部門でさえも、それなりの形式は必要であるにしても、より重要なのは実質的な中身です。法務部門も、それは同じです。実質的な内容が空疎で、形式ばかり考えていては、事業活動に貢献できません。

　法務の専門性に裏付けられた付加価値にもっと目を向けて、その強化を図る経営の方針を打ち出す必要があります。経営陣が法務の実質的な価値ないし戦略的意義を理解し、法務の専門性を使いこなせなければ、これからの法的な問題に的確に対応できません。

　既にグローバルに発展している企業は、法務部門の使い方がうまく、積極的にビジネスの展開や経営判断に関与しています。中国や韓国等の東南アジア諸国をはじめとして、新興国の企業でさえ、欧米企業に引けを取ら

この考え方を参考に
検討してみては？

ない法務の人材育成や態勢整備に力を入れています。日本国内でさえ、これからの競争には法的な備えが必要です。先見性をもった経営者

は、法務に高い関心を持ち、有能な専門家や弁護士等を雇い入れ、いち早く自前の法務部門の強化に努めています。

(2)　法務の組織改革〜法務担当のトップ

　法務部門のレベルアップをリードするのは、経営者ですが、そのアドバイザーも必要な具体策を提言・指南することが期待されます。組織内部で法務部門を指揮するのは、法務部長や法務担当役員となりますが、その指揮のあり方によって、法務部門の仕事の質も左右されます。

　欧米企業における経営陣の顔ぶれには、必ずといっていいほど弁護士等の各種専門家が含まれています。日本では有資格者がまだ比較的少ないようですが、海外の主要な企業では、法務責任者が有資格者であることが基本です。外資系一流企業のジェネラル・カウンセル（general counsel）ともなれば、相当な権限があります。これは法務部長等とも訳されますが、実際には単なる従業員幹部ではなく、もっと権限が強く、実質的にはナンバー 2、ナンバー 3 に匹敵します。即ち、欧米企業のジェネラル・カウンセルとは、経営陣の一員である役員（corporate officer）であることも多く、法務部門を統括・管理する責任者です。他の社内弁護士等を指揮監督し、社外弁護士を起用・監督する役割を担い、企業法務を遂行する仕組み作り、法律文献やデータベース、システム等の関連資産を管理し、法務スタッフの採用、能力開発、キャリア開発、これらの品質・コスト管理等まで統括します。欧米企業で、こうした先進的な態勢がとられるのは、特に訴訟社会における法務の戦略的重要性があるからです。

　社内弁護士について、世界的団体である Association of Corporate Counsel（以下「ACC」）の 2021 年調査報告（44 カ国の 21 業種、947 名の

アンケート）によると、組織内で最高位の法務担当者の称号がジェネラル・カウンセルとするのが65.9％、チーフ・リーガル・オフィサーとするのが16.6％等となっており、直接の上司がCEO又はトップであるという者が、約8割に及んでいるということです。なお、ACCの調査によれば、2020年のACCのメンバーは世界84カ国で、約4万5,000人に及び（2014年頃は、世界75カ国、2万9,000人）、急速な拡大傾向が見られます。

　日本でも、執行役員制度を活用して、広範な業務執行権限を付与された法務担当執行役員（チーフ・リーガル・オフィサー＝CLO）という肩書きで、ジェネラル・カウンセルのような役割を担い、そのバリエーションとして、コンプライアンス担当役員（チーフ・コンプライアンス・オフィサー＝CCO）となって、経営の一翼を担って法務コンプライアンス機能を強

図表 3-1　組織的な法務の位置づけ

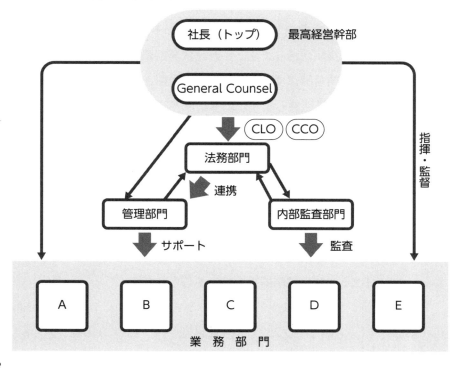

化する動きも見られ、組織横断的に法的リスク・マネジメントを行える体制整備が進みつつあります。

　近時は、経営陣の構成でも法務の人材を含めた多様な分野から英知を結集できる態勢が求められます。取締役会に付議された取引案件や事業活動における法的リスクに対しても、有能な法律実務家であれば適切かつ効果的な判断をしていくことが期待できます。既に、日本の多くの大企業では、社外取締役や社外監査役として弁護士や公認会計士等の専門職を入れており、取締役会の機能強化が図られています。

　もっとも、弁護士が社外役員になっても、企業統治が良くなる保証はありません。弁護士ならば誰でも良いわけでもなく、その役割・使命を深く理解して、企業の直面する問題を解決できる能力が問われます。その能力は国家資格だけでは測れませんが、法律問題を体系的に理解していることは、重要な出発点ではあります。国際派と国内派に分けるとすれば、企業活動のグローバル化に伴い、国際的なセンスが求められることが多く、一定の規模を持った企業では、そうした知見も重要です。

(3)　様々な有資格者が法務をレベルアップする

　法務の仕事が幅広い領域をカバーすることから、様々な有資格者が法務をサポートして、そのレベルアップを図ることも重要です。将来の日本の法務部員を世界に通用できるようにするために、確固とした人材育成・資格付与システムの利用・充実も必要です。

　もとより、法務の人材の給源となる有資格者の中には、法曹有資格者とも呼ばれる弁護士のほか、司法書士、弁理士、税理士、社会保険労務士等がいます。これらは弁護士の「隣接職種」とも呼ばれ、企業法務部門の有

力な人材供給源となります。隣接職種の人たちは伝統的に弁護士と同様に独立開業することも多いのですが、組織に勤務する人たちも増えています。その能力の個人差が大きいのは、他の資格と同じです。

いずれの隣接職種も、近時のIT革命や競争激化によって、新たな職域開拓に迫られており、高度な法的サービスを提供できるかが勝負となります。その実力は、その資格を取得するために、どういう訓練がなされ、どの程度の法的素養があるかによって異なります。

資格者は、国内の資格者だけではなく、海外の資格者もいます。特に、日本の弁護士と比べて、「外国弁護士資格者」はグローバルに通用する人材として期待され、有力な給源となります。この中には、留学して外国の資格を取った日本人もいれば、外国人もいます。

ちなみに、日本人でありながら日本の弁護士資格を取らず、外国の弁護士資格を取っている人数も、かなりの人数に達しています。第12次実態調査によると、法務部門に外国の弁護士資格保有者がいる企業が、13.4%（1,151社中154社）、計634名（うち日本人398名）に及んでいます。

外国人の有資格者については、企業の組織文化になじむかどうかの問題に加えて、どのような能力を買って採用するかも考慮を要します。往々にして、言語能力に目が奪われがちですが、本来は法的な分析能力や経験の方が重要です。ネイティブであれば英語ができるのは当たり前です。問題は、その英語の質であり、契約書や訴訟書類等の法律文書の読み書きを的確に操る能力です。外国弁護士の場合、同じ有資格者でも、その実力には大きな差があります。法的な分析能力や的確な表現力を備えている人材を採用できるように、契約書や法務関連のレターを修正させるテストをすることで、法的表現力をチェックして採用を決めるべきでしょう。

一般的に、弁護士も含めて各種の外部の専門家に相当な報酬を払うよりも、社内に雇い入れたほうが、その事務所経費等が企業の一般経費でまか

図表 3-2　有資格者の内部化による効率化

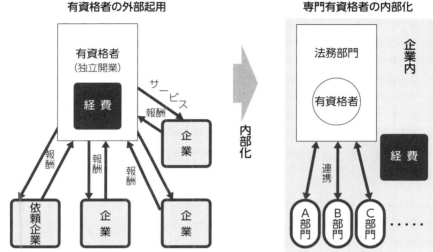

なえることから、全体として経費の効率化が図られ、全体としてコストを合理化でき、双方に経済的メリットがあるという計算が成り立ちます。

　本書では、筆者の属性から、外部専門家として弁護士に関わる話が中心になりますが、他の士業についても、同様又は類似の考え方が当てはまる部分が多分にあります。以下、他の専門士業については別々に論じませんが、弁護士に関する記述を参考にしていただければ幸いです。

（4）　社内弁護士（インハウス・ローヤー）の導入〜有資格者の内部化

　有資格者を社内スタッフとして採用して、組織強化を図ることは、経営者の仕事にほかなりません。そこで、社内弁護士等の有資格者の内部化に向けた課題は、経営側の課題として、ここで取り上げます。

　近時、日本の企業も、海外の企業と同じように社内弁護士が増えてきま

した。日本の司法試験合格者もかつてと比べて増加して、雇用しやすくなった時期があり、それを契機として社内弁護士を採用する会社が大幅に増えました。弁護士資格者を雇用する日本の企業は、まだ少数派のように思われるかもしれませんが、現実は急速に変化しています。

日本組織内弁護士協会のHP（https://jila.jp/）で、社内弁護士に関する最新のデータを確認できます。これによると、組織に所属する登録弁護士総数は、2021年6月には2,820名に及びます。弁護士登録している社内弁護士だけでも、法科大学院の創設時の2004年の109名から比べると、約26倍もの人数に相当します。この統計にいう「企業内弁護士」とは、「日本法に基づく会社、外国会社の日本支社、特殊法人、公益法人、事業組合、学校法人、国立大学法人等、国と地方自治体以外のあらゆる法人に役員又は従業員として 勤務する弁護士のうち、当該法人の所在地を自身の法律事務所所在地として弁護士登録している者」です。実際には、弁護士会費負担回避等の理由から弁護士登録をしていない有資格者もかなりいるので、企業にはもっと多くの有資格者が勤務していることになります。

第12次実態調査では、法務部門に日本の弁護士登録までしている者が在籍している企業は、28.1％（1,233社中346社）でした。前々回調査（2010年）の9.2％（1,035社中95社）から前回調査（2015年）の24.3％（960社中233社）への2倍以上の増加と比べると、増加ペースは鈍化していますが、全体的な在籍企業数・人員ともに、一貫して増加しています。

かくして、日本でも一部の大企業は、人数的にも中堅法律事務所並みの陣容になってきました。企業内弁護士が多く所属する企業を見ると、金融・商社が先行し、情報通信、大手メーカー等が追随している状況であり、ニーズがある企業から組織内弁護士が広がってきています。これらの先進的な企業では特に社内弁護士の有用性が認識されているからでしょう。

図表 3-3　企業内弁護士数の推移（地方別）

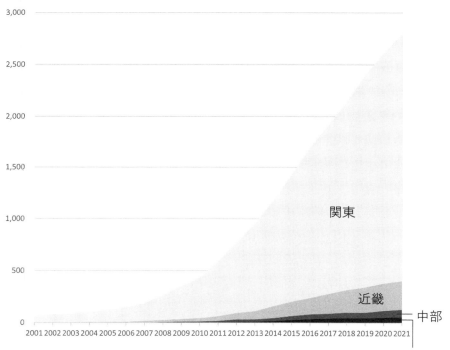

出所：日本組織内弁護士協会HP（https://jila.jp/wp/wp-content/themes/jila/pdf/transition. pdf）より作成

　なお、本書で「社内弁護士」とは、社外弁護士に対する用語です。日本組織内弁護士協会という団体名に使われている「組織内弁護士」とは、企業内弁護士以外に、行政組織で働く弁護士も含む、より広い概念として理解され、日弁連規程50条は「組織内弁護士」という用語で規律しています。日本組織内弁護士協会のアンケートの表題が、「企業内弁護士に関するアンケート調査集計結果」と表示されているため、「企業内弁護士」という呼び方もありますが、社内弁護士と同じ意味です。

①　有能な社内弁護士が望ましい理由

　社内弁護士が定着すると、その弁護士による業務の継続性が確保されます。社内弁護士であれば、日常的に社内の法務問題にも常時対応してもらえます。企業に専属するため、利益相反の問題を心配することなく、特にセンシティブな問題も、早い段階からチームの一員として働いてもらえます。社内弁護士は、その会社の業務に精通して、深く理解し、その職務に専念でき、個別の企業のニーズに即応した活躍が期待できます。

　もとより企業側の弁護士へのニーズは、自社の文化、事業の内容、市場の状況まで踏まえた助言をする弁護士がほしいというものでした。このニーズに対しては、社内弁護士こそが最も適切に対応できるはずです。これは外部の弁護士には限界があります。

　もっとも、社外であるが故の岡目八目もあるので、他社事例も知っている点で、社外弁護士が優れている面もあります。ただ、内部者の方が当事者意識を持って、ビジネスに対する深い理解と本質を見抜く洞察力や、組織に順応した智慧を磨きやすい点では、優位性があります。企業の法的判断能力を補強するため、社内弁護士の活用が有用なのです。

　他方、企業内部で弁護士の本来の生態を理解できないと、社外弁護士に何をしてもらえるかわからないという事態になる恐れもあります。弁護士業界で市場原理が働きにくかった主要な原因も、弁護士の仕事の質が容易に判断できない点にありました。良い仕事をしてくれているのか、大した仕事ではないのか、まったくのお任せで信用するしかないというのは不安ですが、その問題を克服する有力な方策が、社内弁護士の採用による法務部門のチェック機能の強化で、法務部門が弁護士をうまく使いこなすための切り札なのです。

　社内弁護士の働きで企業法務が洗練され、弁護士の倫理と、外部の倫理的な要請が相乗効果を発揮することも期待できます。その意味で、社内弁

護士は、事業体を支える社内スタッフであるだけでなく、効率的で公正な組織運営を促す存在ともなります。

　結局、同等の価値を外部弁護士に依頼した場合と比較すると、社内弁護士がいることには更に次に説明するような様々なメリットがあり、その法務コストは総じてより合理的なものとなるはずで、欧米の洗練された企業ではそうした考え方が一般的です。

そろそろ御社もこれを検討
したらいかがですか？

② 「非弁護士・社員」と「弁護士」の違い
〜弁護士に認められた特別の権限

　企業が弁護士を従業員等に採用するメリットを、形式面と実質面で区別して整理しましょう。先に形式的な側面から容易に区別できる5つのポイントは、次の通りです。

　第1に、弁護士登録をすると、企業を代理して訴訟活動ができます。裁判所での訴訟代理人や調停手続の代理人の業務は、社外弁護士に依頼するとコストが高めになる傾向があるところ、社内弁護士であれば、弁護士費用がかなり合理的に節約できます（219頁参照）。

　第2に、その必要性に応じて、個人の住民票、戸籍謄本等の取り寄せを職務請求で行えます。これにより、探偵や調査会社等を利用するためにかかる費用も節約できます。

　第3に、弁護士法23条の2に基づく弁護士照会も事実調査に使えます。弁護士照会とは、公私の団体に対する質問であり、これに対して回答することは公的が法的義務とされます。

　もっとも、上記の弁護士の特権を社内弁護士が行使できるかという点については、解釈上の疑義もあります。即ち、この職務権限を行使する場面では、職務請求として正当なものか否かを吟味する必要があります。その

図表 3-4　非弁護士と弁護士の違い

	非弁護士・社員	弁護士
形式面	・企業の訴訟活動には代表権又は支配人の権限が必要 ・戸籍謄本等の職務請求は認められない ・事実調査の法的権限弱い ・従業員の秘密保持義務の限界がある	・企業を代理して訴訟活動ができる ・住民票、戸籍謄本等の職務請求ができる ・弁護士法23条の2に基づく弁護士照会による事実調査ができる ・法律事務独占による税理士・弁理士等の職務が可能 ・弁護士の守秘特権や秘匿特権の活用ができる
実質面	・教育プロセスは自己責任（企業負担又は従業員負担） ・経営法友会等のネットワークを利用した研修が可能 ・弁護士に対する評価に限界がある ・ジェネラリスト志向	・弁護士となるための正式な教育プロセスと訓練を体系的に受けている ・弁護士会の研修に参加でき、弁護士会でのスキルアップの機会もある ・弁護士会等のネットワークを利用した外部の専門弁護士の選別・評価・コネの活用ができる ・弁護士に対する同業者としての評価ができる ・専門性・独立性、能力向上の意議を持った自立心を涵養するスペシャリスト志向

要件さえ満たせば、一般的に弁護士はそれらの特権があり、社内弁護士が使える場合もあります。弁護士会の監督下で、社内弁護士の有用性を高めるには、これらの権限を必要以上に制限するべきではないと考えられます。

　第4に、日本の弁護士と他の専門隣接職種との関係においては、法律的に許容されている範囲が異なり、弁護士が圧倒的にオールマイティーの職務権限を有しています。

　第5に、弁護士の守秘特権や秘匿特権の活用が考えられます。ここで、「特権」privilege とは、特定の地位に基づいて特別に認められる特権です。これは、「権利」（一定の要件に基づいて発生する法的利益、請求権で、基本的にすべての人に平等に付与されるもの）と区別されます。

　海外では、弁護士・依頼者間の秘匿特権等を行使できる可能性もあります。ただし、この点は、法域によっても異なり、それが認められない限界もあります。例えば、EU競争法の強制調査では、企業内弁護士の秘匿特権が否定された事例があり、米国でも社内弁護士の秘匿特権が制限されることがあります。もっとも、有資格者による法的助言を得るための相談を保護する趣旨から、秘匿特権が認められる可能性にも大きな意義があります。

　本来、社内弁護士に秘匿特権を認めるべきかは、弁護士倫理とセットで検討すべきです。即ち、弁護士登録を認めて弁護士倫理に服させる代わりに秘匿特権を認めるか、それとも弁護士登録をさせないで弁護士倫理にも服さない、秘匿特権がない、という2つの道の選択になるべきでしょう。どちらかと言えば、弁護士倫理の網をかけて、弁護士としての自覚を持たせる代わりに、それなりのメリットを持たせる方向で考えるべきです。弁護士登録のメリットと法曹倫理の維持・向上を連動させて進めていくことが、企業法務の実力を高め、ひいては国際競争力の強化につながり、長期的にも得策でしょう。

③　弁護士有資格者のメリット

　弁護士の場合も個人の能力や環境によって異なりますが、一般的な有資格者のメリットとしては、次のようなことが考えられます。

　第1に、弁護士になるまでの正式の教育プロセスと訓練の内容に特徴があります。弁護士養成プロセスにも個人差がありますが、問題解決のアプローチ（115頁参照）を理解しているはずです。

　第2に、弁護士の持っているネットワークを利用して、外部の専門弁護士をうまく起用し、より有効・効果的に使えることが期待されます。本来、弁護士を使うことは、好き嫌いの問題で片づけることができません。弁護士を使いこなすためには、技能と経験が必要です。弁護士自身による外部の弁護士の評価・監督機能を果たすべく、顧問弁護士や外部弁護士からの意

見書・鑑定書や各種アドバイスに対するチェックができます。弁護士の経験や同種の教育訓練を受けてきたことに基づいて、弁護士の生態を感覚として理解できるため、外部の法律実務家をより上手に使い分けやすくなります。

　第3に、弁護士としての専門性・独立性、能力向上の意識を持った自立心が重要です。専門性・独立性は、有資格者の自立心の支えともなります。独立したプロは、誇りや気概を持ち、能力向上の意識が高くなければ、第一線で活躍し続けることが難しいという現実によって鍛えられるのです。これに関連して、弁護士登録をしていると、弁護士会の研修に参加できる等、様々なスキルアップの機会があるということもあります。

　第4に、弁護士会等に様々な法律家のネットワークがあるので、有資格者は弁護士会に登録した方が有形無形のメリットがあります。第10次実態調査によると、社内弁護士が在籍している企業で、法曹界人脈を活用した情報収集・ロビイング活動やネットワーク構築の役割を活用するという企業が34.5％（第11次実態調査では日本有資格者で14.6％）に及びました。「法律家として大切な資質は、分からないことを気楽に訊ける専門家の知り合いを沢山作れることだ」との指摘もあります。個々の法律家の能力には限界があります。それを補充し、統合するマネジメント能力が重要なのです。

　第5に、社内研修の講師やコンプライアンス関係の指導・助言等を行い、他の従業員全体のリーガル・マインドのアップに貢献する人材でもあります。第11次実態調査では、日本の社内弁護士が在籍する企業で、社内研修の講師として活用する企業が40.8％（第10次で50.3％）に及び、コンプライアンス関係の指導・助言に活用するという企業も31.8％（第10次で40.7％）に及びます。

　第6に、欧米の法務部門で勤務する場合、弁護士資格は周囲のスタッフから軽く見られないためにも不可欠です。弁護士資格がないと、海外の

法務部門では格下に見られる恐れがあるのです。世界的にはロースクール卒業が当たり前の欧米の法務部門の感覚は、日本の実情とはかなりズレがあります。弁護士資格は、一応の能力を裏付けるものとして、欧米の法務部員とスムーズにうまく働くためにも重要な意味があります。

④ 個人差の大きい専門職の実力

　もちろん、弁護士ならば誰でもいいというわけではなく、他の資格者等と同様に、それなりの能力と意欲を持った人材である必要があります。これまで、企業側からは、法曹有資格者の会社員としての能力・姿勢（コミュニケーション能力、プレゼンテーション能力、社内調整力、語学力、当該企業を良く知ろうとする姿勢等）等について、組織の一員として求められる能力が不十分ではないかとの懸念が示されてきました。特に、グローバル法務のコミュニケーションは、世界的に英語が主流となっており、語学力は重要です。法務は言葉を介在させる性質上、言葉の壁を打破しないと、グローバルな展開にも限界があります。

　このため、入社後に、学部卒者と同様の教育が必要となる点を、法曹有資格者等のマイナス材料として考える向きもあります。特に、英語ができないと、海外案件を扱う割合が高い企業では使えません。この点は、各人の努力が期待されるところです。英語のほか、会計知識など、企業の活動に不可欠の基本的な学習は、法務に携わるすべての人たちに期待される素養です。また、「どうせ入社後に教育するのであれば、早く鍛えた方がいい」という考えから、30歳近い資格者よりも、25歳より若い学卒者を優先するという企業もあります。

　しかし、問題は、入社後のスキルアップの見込みです。これは、基礎的素養で大きく変わります。基本的な土台が狭ければ、その上に積み上げることができるものも限られます。個人差があるとはいえ、有資格者の場合

には、一応の基本的素養による土台の広さと、マインドとスキルをベースとした成長の速さが強みです。そうした有資格者の有用性が評価されるような専門職大学院教育の展開が注目されます。

　将来的には、有資格者として、それなりの基本的な実力を備え、能力アップのための研鑽を積んでいくにつれて、給与や待遇に差がついていきます。それは、弁護士の間だけではなく、非弁護士との比較でも、最終的には本人の努力次第で変わります。重要なのは、実質的な能力であって形式的な資格ではないことは、世界共通です。

　とはいえ、将来有望な基本的な素養を備えてきたことには、それなりに重要な意味があります。何よりも本人が資格の重みを自覚し、職能団体での研修・教育等による意識づけもありますから、それらの材料についても評価すべきでしょう。

⑤　裁判実務を知っておくメリット

　ここで弁護士となるために訓練を受ける「問題解決能力」とは、どういうものかについて補足しておきます。弁護士が考える問題の解決への流れは、最初は当事者同士の交渉から始まり、それが功を奏しなければ調停を試み、最後には裁判という手段が控えているといった発想がベースにあります。つまり、紛争がこじれた場合の最終的な局面も視野に入れつつ、最善の手を打つことを考える素養が大切です。

　実際にも欧米の弁護士のほとんどは法廷専門家ではなく、訴訟経験のない弁護士も大勢います。それでも、ロースクールでは訴訟法等の裁判科目が必修科目であり、それなりの学習をしています。欧米の社内弁護士は、基本的な素養として民事訴訟や刑事訴訟について理解しているからこそ、日常的な取引でも紛争案件でも、法廷弁護士を使いこなし、外部の弁護士に的確な質問を投げかけることができるのです。

　しばしば企業が法科大学院修了生を敬遠する風評被害のような問題として、「法律家の思考パターンは、過去に起きた事象をどう解決するかといった後ろ向きのものだ」とか、「法学教育が、法的安定性を重視した保守的な思考」という指摘があります。確かに、過去に起きた問題をどう解決するか、どのような責任があるか、といった問題も重要です。

　しかし、法科大学院教育は、「どう権利を実現するか」「どう正義を実現するか」という問題解決の手法がテーマであり、リスク管理の考え方に関する論理的な思考も取り扱われます。法科大学院では、予防法務等、前向きの法的思考力も重要な教育課題で、内部統制をどう構築していくかといった課題に取り組む授業もあります。過去の古い判例を打ち破るような弁護士育成を目指す法科大学院は、司法研修所教育の限界を克服しようという狙いもありました。

　訴訟に対する理解は、企業法務でも大いに役に立ちます。例えば、契約書の文章が、裁判になった時の立証責任にどういう影響を与えるかを考えて起案するといった点（38頁参照）についても、それができる人材であれば、その思考パターンが「裁判以外に使い物にならない」とか、後ろ向き

図表 3-5　法務の問題解決アプローチ

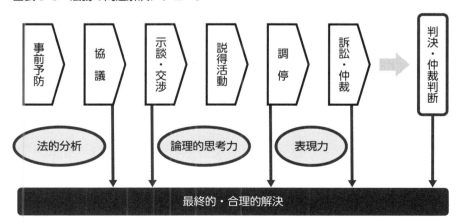

である等ということにはなりません。裁判実務に関する基礎的な素養がなければ、企業の契約交渉や予防法務等も表面的な理解に留まってしまいます。

　ただし、法廷実務専門の教育だけでは不十分です。中央省庁や日本銀行等の一部の企業では、司法試験合格者の採用者に司法修習を受けさせず、組織独自の育成に入るといいます。司法試験合格者があえて司法研修所に行かず、企業法務で働いて弁護士資格を取得するというルート（弁護士法5条2号）もあるため、それを見越した採用方式もありえます。

⑥　従業員としての弁護士の増加

　弁護士資格を有する者から見ても、社内弁護士は、本当にやりがいの大きい、面白い仕事として、有力な選択肢となりつつあります。昨今は、経済面で不安な法律事務所で働くよりも、生活の安定が得られるといったメリットも無視できない社会情勢になっています。

　社内弁護士は、会社の社内取締役と従業員である弁護士の両方を含み、取締役になる社内弁護士は、1本釣りで入社するケースが多いようです。社外役員の選任義務がある上場会社では、社外取締役や社外監査役となる弁護士が増えています。こうした役員クラスには、ある程度の実績のある中堅以上の弁護士が就任することが通常です。会社との関係は委任となります。ひと昔前までは、どちらかと言えば、社内弁護士は、こうした取締役や執行役員等の高い職位での採用が主流でした。

　しかし、最近は雇用型が増えており、中には非正規雇用での採用もあります。特に、若手の弁護士が従業員として会社に雇われ、雇用関係に入る弁護士が多くなりました。従業員の社内弁護士とは、法務担当の平社員から法務部長クラスまでが含まれます。雇用型といっても、終身雇用的なものもあれば、任期付もあり、更新を繰り返し、正規従業員になる形もあり、複数の企業を社内弁護士として転々とする弁護士もいます。

データで見る社内弁護士の会社での地位の変化

　社内弁護士の中に占める従業員弁護士の割合を見てみると、従業員弁護士として採用される比率が高くなっており、第9次実態調査（平成17年）に38%（97社中68人）だったものが、第10次実態調査（平成22年）で63.8%（149社182人）と大幅に増えました。日本組織内弁護士協会の2014年2月実施のアンケート調査（有効回答数：272人。以下、「日弁協2014年調査」）では、社内弁護士のうち一般従業員が61%、管理職が34%、役員等が5%でした。これが2020年2月実施の同調査（有効回答数：276人。以下、「日弁協2020年調査」）では、社内弁護士のうち一般従業員が53%、管理職が41%、役員等が6%となっています。

　これらのデータは、かつて企業が弁護士を社内に招く場合に取締役や役員等、かなり高いポジションを用意していたのに、急速にそうではなくなったが、最近は、管理職や役員になる弁護士も若干増えていることを示しています。ここに企業と弁護士の関係の変化を垣間見ることができます。

　一方、第11次実態調査によれば、弁護士資格有資格者で一般の正社員と変わらないというのが、法実務未経験者では、弁護士会非登録者で59.8%、弁護士登録者でも46.6%であるのに対して、法実務経験者になると弁護士会非登録者で49.7%、弁護士登録者でも36.3%にも及んでおり、有資格者だからといって特別扱いをしない企業もそれなりにあったようです。

　しかし、年収を見ると、日弁協2014年調査では、500万円以上750万円未満とする者が最多層の31%を占め、続いて750万円から1,000万円未満が19%、さらに、3,000万円から5,000万円未満が11名（4%）、5,000万円以上も5名（2%、ただし全員が金融業界）でしたが、日弁協2020年調査では、最多層は750万円から1,000万円未満の28%、次に1,000万円以上1,250万円未満とする者が23%を占め、500万円以上750万円未満とする者は22%となり、全体としては社内弁護士の中途採用の増加に伴って少し年収がアップしている傾向が見られます。

⑦　社内弁護士の採用方法

　社内弁護士の採用の経緯について、第12次実態調査によると、法実務未経験者は、新卒・中途採用の採用活動に対する応募が多く、「人材紹介会社から紹介」が法実務未経験者では比較的少数であるのに対して、法実務経験者では過半数に及びます。ただ、法実務経験者でも、人材紹介会社によらない通常の採用プロセスが多く利用されています。

⑧　社内弁護士の処遇

　近時の法曹増員の結果、新人弁護士や法科大学院の卒業生の給与体系をみると、特別な高給ではなくなっています。全体のコストパフォーマンスを加味すると、合理的に高度な法務態勢を構築することも可能でしょう。

　新人の弁護士の能力は未知数なので、待遇面でも特別扱いをする必要はなく、経歴等を踏まえ、大学院卒と同等とする例も少なくありません。例えば、「1年は嘱託採用、その後、双方が希望すれば正社員での採用」といった形も一つの選択肢です。その場合、1年目の活動に対しては遠慮なく経営側から積極的に要望、注文を出していくべきです。各人の実力には個人差もあり、教育スケジュール等も決まりはなく、先輩や社内弁護士の仲間等との交流も含めて成長を促していけます。ただ、その後の実力の成長に応じて、処遇を上げていくべきでしょう。

　これに対して、法律事務所の勤務経験者の場合は、その経験年数や報酬等によって移籍するかどうかを検討するため、当然のことながら、そのレベルに応じた処遇が期待されます。日弁協2020年調査では、過去に法律事務所で弁護士としての執務経験がある割合が63％を占め、前よりも増えています。企業によっては高額の俸給を得ている数千万円を超える弁護士もいるように、その貢献度に応じた処遇が必要です。

　もっとも、やや保守的な弁護士は、先輩弁護士のいない企業に新人弁護

士が飛び込むことをあまり勧めないかもしれません。しかし、既に充実した法務を展開している企業は、普通の法律事務所を上回る態勢を備えつつあり、新人弁護士にとっても魅力的な就職先です。

　近時、社内弁護士が増えて、その社会的役割や仕事のやりがいが認識され、待遇も向上したことに伴って、キャリアアップを図る新しい企業人のスタイルに興味を示す学生の数も増えつつあります。

この考え方を参考に検討してみては?

⑨　企業内でも「弁護士登録」は必要か

　会社の従業員に弁護士登録が認められるか否かは、そもそも国によって制度が異なります。ヨーロッパの一部の国では、社内弁護士としての弁護士登録が認められていません。これに対して、日本や米国は、社内弁護士に弁護士登録を認める制度になっています（ただし、米国は組織内弁護士の登録による規制が州によって異なるようです）。

　企業の立場からすると、弁護士登録をさせることで、弁護士の特権を利用し、弁護士倫理の網に服するのが規律維持の観点から望ましい面もあります。この点では米国が先行していたところ、日本は米国型の制度を追いかけているような恰好です。

　しかし、米国では弁護士登録費用が安く、例えば、ニューヨーク州の弁護士登録料は2年で375ドル（1年当たりの平均は2万円以下）です。これに対して、日本では弁護士会費が1ヵ月だけで地域にもよりますが、約3万円から6万円以上もありました。加えて、日本の弁護士は、公的義務としてかなりの義務が課せられます。米国でも社会貢献のボランティア活動（プロボノ）や各種団体への寄付等がありますが、その負担は比較的軽く、社内弁護士の弁護士登録がしやすい状況にあります。

　もっとも、弁護士でも企業の従業員となれば、就業規則の適用を受け、

競業禁止の規制等に服します。職務専念義務については、日本の弁護士会の義務との関係で例外を認めざるを得ないこともあります。弁護士会ごとに規制が異なりますが、例えば、1年生弁護士は国選弁護、研修、当番弁護等が義務とされがちです。そこで、上司の許可制等で認める形や、一定の範囲で自由裁量を認める形、個別の契約で定める方法等があります。

　弁護士会の公的活動については、弁護士を雇用する企業側が、業務に支障がない限り、認めていることが多いようです。しかし、弁護士登録をしなければ、こうした問題を回避できるため、弁護士登録を認めない会社もあり、また地位によって区別する会社もあります。

　本来の弁護士の特権は法廷での活動ができる点にありますが、企業法務の圧倒的多数の仕事は、法廷活動ではありません。このため、弁護士資格は不要だという割り切りもありえます。そう考えると、司法試験には合格できなかったが法科大学院でまじめに勉強して実力をつけた法科大学院卒業生を相応の待遇で採用することも合理的です（302頁、308頁参照）。

⑩　弁護士会費を誰が負担するか

　日本では、法務部門に入る法曹有資格者でも、弁護士登録をする場合と、あえて弁護士登録をしない場合とに分かれます。司法試験を合格しても司法修習を受けず、弁護士登録をしなければ、弁護士会費の負担を免れることができます。それに対して、弁護士登録をする場合、弁護士会費分を給料とは別に企業が負担してくれるかどうかが、問題となります。

　第10次実態調査（平成22年）では、実際に社内弁護士が在籍している企業の中では弁護士会費を全額会社が負担するという企業が56.6%であり、全額本人負担とする企業は21.4%でした。しかし、経営法友会の平成25年調査では、弁護士会費の全額会社負担が77.6%となり、日弁協2020年調査では、弁護士会費を所属先が負担するというのが85%、弁護

士自身とするのが15％となっています。近時の傾向では、弁護士登録を認める場合には、企業側が負担するケースが多く、弁護士会費は弁護士を雇う経費と理解する企業が増えています。

会社の仕事だけに職務専念義務を負わせ、他の仕事を原則として禁止するのであれば、弁護士として自由に活動できないので、個人がそれを支払う合理性は乏しいはずです。他方、仕事のスタイルとして弁護士として名乗りたいということがあります。会社がそれにただ乗りする形は合理的でもありません。その意味で、弁護士登録を認める以上は、会社が弁護士会費を負担する実務が望ましいでしょう。

それに対して、弁護士登録をしなければ、弁護士会費負担もなく、企業の仕事に専念させることもできるので、弁護士登録を認めない企業もあります。この場合は、弁護士有資格者ではあるが、弁護士ではないので、非弁護士の従業員となります。

ちなみに、弁護士資格さえあれば、一時的に弁護士登録をしなくても、いつでも登録は可能です。定年退職してから改めて登録・独立することもできます。実際に長年にわたって組織内で勤務し、退職後に弁護士登録して、法律事務所を独立して構える弁護士もいます。

(5) 法務のコスト管理

法務のコストには、その人件費のほか、研修費用、文献・資料やデータベース等のほか、社外弁護士等に支払う報酬等があります。このうち、従業員の人件費はシビアな問題であり、法務部だけを特別扱いすることは難しいところです。

ただ、法務コストは予算化が難しく、日系企業は概して欧米企業と比べて弁護士や公認会計士等に支払うコストが少ないと指摘されてきました。

今後の日本の法務を強化していくには、専門的なサービスに対する適正な対価も必要不可欠です。応分の経済的な手当てをしなければ、有能な人材を維持できません。この点は、どの分野でも同じですが、専門能力の対価が適正に払われなければ、その実力を高めることも難しくなります。コストが抑制されすぎて、有能な人材に逃げられるのでは本末転倒です。競争力強化の観点から、合理的な予算の手当が期待されます。防衛予算のように、例えば、収益の何％を目安とするといった決め方もありうるでしょう。

　法務部員を1名増やすことで具体的に社外弁護士のコストをいくら削減できるのかを計算することを求める会社もあります。ただ、これは前提として、適切に社外の弁護士を使い、法務部員が社外弁護士の代わりになる仕事ができることが必要です。

　ここで削減できるコスト計算としては、社外弁護士の報酬分に加えて、法務部員の活躍によって回避できた損失・損害やトラブル対応等で忙殺される従業員の人件費も算入すべきでしょう。有害無能な弁護士を起用することに伴う損失や損害の回避も考えられます。

　法務部門のスタッフは、表舞台で目立たず、表に出ないからこそ価値があるという面もあります。営業成績のように数値には現れにくく、有利な取引条件で利益を確保し、あるいは不利な取引での損失を回避する形でメリットがあるのです。巨額な賠償責任、罰金、倒産等のリスク回避のメリットは、金銭的な価値に換算すると大変な額となるかもしれません。

　第10次実態調査では、法務担当者を増員して権限・業務領域を拡大すべきだという企業が31.3％、増員すべきが26.4％と、併せて約6割の企業が法務部門の拡大に前向きでした。とはいえ、現状維持とする回答も23.5％にのぼり、第11次実態調査では、5年前と比べて法務担当者が増えた企業が48.7％（平均増加員数は3.2名）、不変が37.3％で、減少した企業は12.5％でした。

　全体としてのコスト節約を目指すのであれば、限られた人員で、どうやって質の高い法務を確保していくかを考える必要があります。実際には、有能な弁護士を採用することで業務効率がアップし、企業への貢献度もアップします。それらの法務部の役割を評価する経営側の目がなければ、そのコストの価値を正しく理解することは難しそうです。

(6)　コーポレート・ガバナンスの課題

　日本のコーポレートガバナンス・コード（「ＣＧコード」2021年改訂版）も、法務の強化を促しています。例えば、その【原則4-11. 取締役会・監査役会の実効性確保のための前提条件】として、取締役に「ジェンダーや国際性、職歴、年齢の面を含む多様性と適正規模を両立させる形」での人材の登用を求め（248頁参照）、また、監査役には、適切な経験・能力及び必要な財務・会計・法務に関する知識を有する者が選任されるべき」であるとします。また、補充原則5-1②では、株主との建設的な対話を促進するための方針として、「（ⅱ）対話を補助する社内のＩＲ担当、経営企画、総務、財務、経理、法務部門等の有機的な連携のための方策」を求めています。

　ＣＧコードでは、「市場における短期主義的な投資行動の強まりを懸念する声が聞かれる中、中長期の投資を促す効果」が期待され、着実に企業が社会的な信頼と信用を勝ち取るため、「健全な企業家精神」を求め、社会・環境問題をはじめとするサステナビリティー（持続可能性）をめぐる課題にも適切な対応を求めています。この対応は重要なリスク管理の一部でもあり、近時、ESG投資の活性化に伴って、その課題に対する要請・関心も高まりつつあります。ガバナンスがうまく機能することで健全な企業風土が醸成されれば、従業員の士気も高まり、サステナビリティ課題に対応したイノベーションを生み出しやすい環境を整え、長期的にも高い生

産性を期待できます。こうした観点からも、企業法務の充実・強化が求められます（**第7章**参照）。

COLUMN
司 法 制 度 の 有 用 性

　法務部門があまり機能してこなかった企業が多いのは何故でしょうか。その1つの要因として、これまでの日本の法務部門では部門長の権限がそれほど強くはなく、社内弁護士等の有資格者が欧米に比べて少なく、法務部が必ずしも十分な専門性を備えているとは言い難い面がありました。古い体質の企業では、法務部門の専門性や実力等はほとんど問題にさえなりません。日本的な慣習の中で事業活動が完結し、法律のお世話になる必要性はそれほど高くもありませんでした。これが日本企業の戦略的視点の欠如ないし脆弱性とあいまって、日本の法務の出遅れを招いたようです。

　これまでの日本の企業社会は、訴訟社会ではなく、戦後長らく法務の重要性が認識されませんでした。かつては、法律が問題の解決手段としてあまり有効ではなく、法務部門を設けても、あまり企業にメリットがありませんでした。その背景には、日本の司法制度に様々な問題があり、使い勝手が悪く、非効率的で、非効果的だったこともあります。日本国内では「仕方がない」ということで法的なけじめがつかずに放置されがちでした。

　しかし、1990年代以降、司法制度改革が進められ、企業社会も法による規律が重視されるように変わってきました。欧米化が進み、社会が成熟し、企業社会でも訴訟リスクは大きくなってきました。大手銀行間の紛争でさえ訴訟沙汰となる時代です（90頁参照）。上場会社の支配権を経営陣が維持するために行われる「第三者割当増資」に対しても、数多くの仮処分申立てや訴訟が提起されるようになっています。近時の一般社会と企業社会の変化は、法務部門の強化・充実を不可欠としています。海外での事業活動ともなれば、さらに企業の紛争リスクは高まります。

3 法務部門を利用する 他部署・現場の課題

(1)　日常的にどこまで使いこなせるか

　現場では、時として問題意識の欠如から、何の悪気もなく、むしろ悪いとはわからないままに誤った対応をしていることがあります。従前から引き継いできた仕事のやり方に何らの問題も感じないのは無理からぬ面もあります。しかし、法環境の変化に応じて改めるべきことが増えています。例えば、個人情報の取扱い、ITへの対応、海外の人権問題など、かつては無関係でいられたことまで配慮しなければならない様々な課題が現れています。縦割り的な傾向に陥っている企業では、注意喚起をすることで意識の変革を促す必要があります。

　法務部門を使っても使わなくても、事業活動やビジネスの結果に大差がなければ、コストをかけるだけになってしまいます。法務部門や顧問弁護士を、しっかりと使いこなせる問題意識を持ってもらい、トラブルを回避できるようにする必要があります。たまに気が向いた時にしか使わないというだけであれば、フルタイムで誰かを雇うよりも、顧問弁護士に相談した方が安上がりです。日常的に使いこなすことが、イザという局面にも自然と相談する行動につながり、法務部門や顧問弁護士への早期の段階における気軽な相談が、問題の早期発見・迅速解決に導きます。

この点は御社でも
注意すべきですね

（2）　全体的なバックアップに向けた連携の強化

　法務部門は、日常的に、一切の法律・内規ないし規範にかかわる問題の相談に対応し、解決に向けた道筋をつけ、必要な仕事の割り振りを行います。縦割りの弊害が生じないように、いずれの部門が取り扱うのか明らかではないものもバックアップする必要があります。最小限度のことは、あらかじめ対応をマニュアル化しておき、適宜、リスクに応じて、法務部門から現場に向けて注意喚起をすることが対策となるでしょう。いずれも、法務担当者だけではなく、その活動の内容に精通した他の専門部署との連携と協働が必要です。細部にわたる日常的な事務処理や典型的な問題は、その部署で対応することが基本なので、その部署だけでは対応できない複雑・重要な問題が生じた場合に、法務部門が交通整理して対応します。

（3）　敷居の低い窓口対応

　現場で法務上の疑問が生じた場合には、いつでも相談できるように、メールでの質問にも対応できる旨を常時明示しておくべきでしょう。一般的な回答の目安を遅くとも2〜3日程度としても、緊急を要する場合には電話対応も受け付けるべきです。法務部門でそうした対応をしていることを組織全体に十分に周知する必要があります。

　会社の状況によっては、法務部門の側から、他部署で困っていることはないか、想定できるリスク等を例示しながら、「御用聞き」をする等して、敷居の低さをアピールする機会を作るのも一案です。

4 法務の品質自体の課題
付加価値アップの重要課題

(1) 付加価値アップの主要ポイント

　法務部が必要とされるのは、単に不祥事防止といった消極的な面だけではありません。法務の仕事は、単に事務的、文書屋的なことがメインの仕事なのでもなければ、弁護士への使い走りをするだけの仕事でもありません。現代の企業にとっては、頼りになる強力な法務部は、利益の極大化のためにも機能を発揮します。

　リーガル・リスク・マネジメントは法務部の核となる領域ですが、それに加えて、企業の収益力を強化するための法務部の付加価値アップの主要なポイントをまとめると、次のようになります。

　第1に、日常の各種の取引では、いかに有利・有益な取引に導くための交渉力・分析能力・問題解決能力を発揮できるか。

　第2に、企業経営の効率性やガバナンスの強化を図るために、平時において、どのように社内体制の安定・強化に貢献できるか。

　第3に、事業活動における損失を回避・軽減するために、不祥事が発生したケース（有事）でも、いかに先手を打って有効な対策・解決策を取れるか（法務危機管理の問題）。

　第4に、自社のビジネス・モデルを、高い収益性を目指しながら、法的にも担保されたスキームに洗練させていけるか。

　第5に、グローバル化した企業社会に対応しながら、新しい領域にも

積極的にトライし、企業の世界的な活動領域を拡大することにどこまで貢献できるか。

　いずれの局面でも、適法・適切に問題を解決する方法を提示する等、建設的なアドバイスをすることが期待されます。自社の実情に即応した手段・方法を提示するだけではなく、その妥当性やビジネス・メリットの追求が課題となります。かくして、法務部門は、法化が進んだ現代の競争環境に順応するための経営参謀としての役割を担うのです。現実にこれらを実現することは難しそうに見えても、まずは自社における課題を整理して、目標を意識することから出発することに意義があります。

これを参考にチェックしてみては?

(2)　戦略的視点の重要性

　自社が現在置かれている状況から、「健全な事業経営の実現」という目的に到達する道筋を考える必要があります。健全な事業経営の内実は、企業によって異なり、現在置かれている状況も様々です。多くの企業アドバイザーは、それぞれの専門的な見地から助言を行うことが期待されています。プロと呼ばれる専門家は、そこで共有すべき基本的な前提や手法、ノウハウを開発してきました。企業側も、外部からサポートする側も、企業価値の向上に貢献するためには、その戦略的な意義を共有し、相互の理解を深めていくことが重要です。

＊「後向き」思考から前向きの戦略的思考へ

　伝統的な法学の中心は、どちらかといえば、過去の事実に法を当てはめるという問題を取り扱うことが基本なので、後ろ向きの分析・思考をするイメージが強くなります。大学で法学部の学生が学習する多くの問題は、

既に起きた事件を前提に、責任があるかないかを論じるとか、どちらに権利・義務があるかについて二者択一的に結論を導くものでした。これに対して、企業法務では、所定の法環境において、どう行動すると、どうなるかを逆算して考える構想力が必要となります。

　もちろん、与えられた事実を前提に、与えられた法律をどのように解釈するかということをきちんと理解すれば、それはそれで立派なものです。ただ、法学部では、それさえも中途半端にしかできない学生が多いのも現実です。現代の法学は、そのような解釈論ばかりをやっているわけではありません。立法論は、どうやってルールを作るのかという話であり、契約は、どうやって当事者を規律するルールを作るかという問題です。

(3)　最適のビジネス・モデルの模索・構築(新規事業の開発プロジェクト)

　企業戦略として、どのように営業収益を上げていくかは切実な課題です。強力な法務部門は、新しいビジネス開発の領域でも力を発揮します。単に良い商品を製造しさえすれば、自然に売れるほど甘くありません。世界の企業は、法的手法も含めて多角的に分析して、製品の特質に適合したビジネス・スキームを目指して凌ぎを削っています。

　最近は、ユーザーのニーズも多様化し、その販売方法も１つの方式だけが絶対的に有利とはなりにくいでしょう。きめ細かい観察とそれに対する対応が求められ、それを契約に具体化させる技能がついていかないと、ビジネスとしては完成しません。例えば、コンテンツのライセンス・ビジネスで収益の不均衡がなかなか打破できない場合に、別の販売方法を検討し、情報通信企業と直接タイアップしてオンライン販売等を活用することによって抜本的な解決策を見出したといった例があります。

＊ブレイン・ストーミング

　アイデアを絞り出すには、営業・企画部門の提案を受けて、一緒にブレイン・ストーミングをすることも有用です。そのためには、法務部員も日頃から事業活動の内容に強い関心を持つことが必要です。経済活動に即したリーガルリスクの軽重を見極めることも求められます。

＊リーガルリスクのチェック

　可能な限り、あらゆるリーガルリスクを洗い出し、そのリスクを評価します。業務プロセスにおいて、危なそうな部分、不安を抱く問題点、あるいは不合理な慣行等にリスクがあります。そのリスクの評価では、蓋然性と重大性（25頁参照）から判断し、法的な側面から解決策を提案し、時間的な制限、手続きの条件、その他の制限等から現実的で最適な解決策を導くための助言、さらには職責や部門の垣根を超えた対応に踏みこむべき場合もあります。

＊時間との闘いと交通整理

　ビジネスは時間との闘いであり、できるだけ臨機応変にスピーディーに進めていくことも必要です。のんびりと研究している余裕はありません。検討すべき事項が多ければ、優先順位をつけて、適切に手分けをしてメリハリのある動きをしないと、効率的に処理できません。ここで、法務担当者がリーダーシップを発揮して交通整理をする役割を果たしたいところです。

＊営業秘密（ビジネス・ノウハウ）としての保護

　新たな法的手法は、知的財産として保護することが難しいこともあります。秘密管理は大前提ですが、知的財産権の管理を万全にするとともに、他の企業では容易に真似ができない個別の企業ビジネスノウハウと鍵となる人材をしっかりと育てることで、簡単に他社に奪われない組織の構築を

目指しましょう。

＊模倣・輸入依存からの脱皮

　法務を戦略的に展開してきた欧米企業は、ファイナンスリースからMBOやプロジェクトファイナンスに至るまで、新たなビジネス手法を次々に編み出してきました。日系企業は多くの手法を海外から一方的に真似をしたり輸入したりする側だったのは、戦略法務が弱かったためでもあります。法務部門も智恵を出して、社会的課題を解決する新たなビジネスモデルを生み出すことを試みればよいのです。最終的な経営判断は、経営陣によって行われますが、現場や法務部門においては、親密なコミュニケーションを図りながら建設的な提案をすることが期待されます。

(4)　ロビイング等、立法対応(政策法務)

　各企業は自分たちの営利目的で事業活動を行うだけで、立法活動に企業が関与する必要はないという見解もあります。そうした規制改革は、業界団体等が取り組むもので、個別の企業法務とは無関係ではないかと思っているのでしょう。自社の仕事だけでも手一杯なのに、法令の改正にまで首を突っ込む余裕はないという企業も多いかと思います。

　しかし、その経営環境について発信していくことは、個々の企業にとっても重要な課題です。新しい規律の中身は、最終的には将来の自社のあり方にも大きな影響を及ぼすものであり、企業市民としての矜持を持って行動することが期待されます。

　会社法改正や民法改正等のテーマは技術的な議論も多く、一部の学者や大企業のエリートが中心に議論していますが、企業等から立法担当者への

発信は弱いことが多く、受動的な形になりがちです。こうした状況を克服
し、各企業の法務部門が、広くそうした議論に積極的に参加することも期
待されます。法改正の動向は、企業社会の将来に関わる問題であり、戦略
法務に位置付けられます。各種の研究会やパブリックコメント等にも積極
的に参加して情報収集と議論・発信をしていく活動が、実は現状を正しく
理解するためにも役に立ち、長期的な意味を持ってきます。

＊法規制のあり方にも関与

　企業の健全性を確保するには、個別の企業が努力するだけでは不十分で
す。環境整備に向けた立法の動向や競争ルール・政策立案等にも積極的に
関与することが必要です。特に、企業活動の支障となる極めて不合理な規
制もあります。合理的な理由でやむをえない規制であれば、企業も社会の
一員として遵守すべきですが、必ずしもそうではないこともあります。

　例えば、単に既得権益を保護するためだけに、許されるべき取引が妨げ
られている場合、その不合理な規制を改革することは、社会全体にとって
もプラスです。その規制を回避するだけでは、問題の解決とはなりませ
ん。いかに悪法でも、法のままである限り、不満を抱くだけとか、こっそ
り違反するだけでは、企業の姿勢としても不適切です。企業としては、法
令の問題点を指摘し、その規制の是正に向けて取り組むことが先決です。
望ましい企業社会の構築に向けて企業が寄与することは、社会的に重要な
活動でもあります。

　もっとも、実際には既に経済団体等が大きな影響力を及ぼしており、大
企業は、今更あらためて言うまでもなく、実践しています。大企業は経済
団体や業界団体に人材を派遣し、多くの企業からの要望をとりまとめて、
それを集約するという活動をしています。

　今後は、これに加えて、まだ政治的な影響力が必ずしも十分に及んで

ない中小企業や個別の企業が直面しているような立法課題や、より公正な企業社会の構築へ向けたアプローチをどのように政策形成過程に反映させていくかという課題も検討すべきでしょう。

　一般市民や各企業は、いずれも法的規制がどうあるべきかを考え、意見を表明していくことが認められています。大企業だけでなく、多くの企業がそれぞれの立場で、企業社会の規律に関する不合理を是正するために働きかけ、行動する知恵と能力を持つべきなのであって、政策提案や立案にも取り組める法務部門の貢献が期待されます。

　ただし、企業の発信やロビイングに対しては、社会が厳しい目で見ていることもあります。あまり手前勝手な主張は、かえって逆効果です。例えば、日本を含む先進国では、「安全・安心」の確保が求められており、消費者・生活者保護や環境保護のニーズも高くなっています。そうした経営環境で、それと逆行するような規制緩和を求めることは、消費者・生活者等の反発を招きかねません。過去の歴史を振り返れば、事業者に甘い制度が、事業者を強くしてくれたわけではありません。

　むしろ、海外の市場を含めた競争では、鍛えられた市場のほうが強くなることができ、逆に、緩い規制等で甘やかされた分野は、世界的な競争で苦しい状況に陥っており、将来の見込みも暗くなっています。

＊自分たちの規制環境を考える

　すべての企業活動は、その規制環境で行われている以上、どのような法規範が望ましいのかは、自分たちの問題にほかなりません。その規制改革は、企業社会のルールをどのように組み替えていくかという問題です。

　近時のグローバル化は、日本の規制改革を活発化させています。既に21世紀初頭から企業社会に対する規律の大きな変革期を迎え、会社法等、ビジネス関連の法改正の動向は、目を離せません。企業の法務部門も、望

ましいガバナンスや取引秩序の形成に向けて、積極的に意見表明をする役割が期待されます。法改正は、社会の変化に伴って不可避ですから、これからも新たな課題が次々に登場することでしょう。

　それぞれの企業レベルでも、公正な競争環境整備に向けた立法の動向や競争ルール・政策の立案と実現に積極的に関与できれば、グループ企業や業界全体の健全性を高めていくことに貢献できます。公正な法的規制の整備は、企業社会全体の問題です。企業社会で不正が規制されず、野放しされるようでは、真面目な人々が意欲をなくし、社会への信頼も失われ、モラルが荒廃する等して国力も衰退してしまいます。インサイダー取引や談合等、企業社会の不公正を許すような環境を放置して、正直者がバカを見るようでは、持続的な発展も危うくなります。不正がばれることを嫌って、その不正のもみ消しや責任回避のための活動といったものは、コストばかりが嵩み、挙句の果てにひどいしっぺ返しを受けるだけです。海外の企業との競争力を高めるためにも、健全な企業社会の構築に向けた取り組みが求められます。

　そうした環境の整備が、さらなる日系企業の競争力のアップにつながるように、法務部門としても可能な限り広い視野をもって取り組むことが期待されます。将来的には、そのような活動が、国際的なルールや外国における立法にも様々な形で影響を及ぼしうる実力をもった部門に成長していくことを目指すべきでしょう。法務部門は、自社の企業価値の向上だけでなく、持続的発展のためのロビイング等のルール作りまで、幅広く関与することになります。

第**4**章

専門士業との連携における諸問題

～賢い依頼者になるための留意事項～

本章では、専門士業との連携のあり方について、特に専門職の倫理にも言及しながら、どのように起用し、使いこなしていけばよいか、外部専門家との連携において着眼すべき重要ポイントについて解説していきます。

外部専門家に依頼する機会の増加

（1） 外部専門家の有用性

　多くの企業で、ほとんどの法律問題は、その会社の社長か番頭格の重役が取り扱い、それで手に負えない問題が起きたら、個別に弁護士等に依頼することで対応しています。この場合、雇った弁護士が運よく有能であれば良いのですが、常にそうとは限りません。たまたま出会った外部の専門家が必ずしも十分な能力を備えていないと、かえって困った事態に陥ることもあります。他人を見る目のある経営者であれば、有能な弁護士等を雇えますが、たまたま運が良かっただけかもしれません。

　慣れない担当者が弁護士に相談して助言を受けても、本当に理解して対応できているのか定かではないケースもあります。現代のビジネスでは、様々な外部のコンサルタントや専門士業等を利用する場面が増え、企業法務における弁護士等との協働の度合いが高まりつつあります。この背景には、企業法務需要の高まりがあり、法務部門が発達しても社外弁護士等の必要性に変わりはありません。

　法務部門でわからないことや対応が難しい領域、他部門と見解が異なる場合には、外部の専門家に相談して助言を求めるべきでしょう。法務部門内部のスタッフだけでは時間や手間暇がかかる上に、的確な情報が得られるとは限りません。外部の専門家を活用した方が、遙かに効率的・効果的に必要な情報を得て、的確な対応ができます。社外弁護士と社内弁護士と

では、やるべき仕事の質も量も異なり、全部を社内弁護士に置き換えることはできず、ある程度外部の弁護士を使うのが賢明です。

(2) 企業と弁護士の新たな関係

　企業行動への弁護士の関与形態は多様化しています。近時、従業員としての社内弁護士が増えていることは前章で解説したとおりです。これに対して、社外の弁護士は、顧問弁護士となる場合もあれば、顧問にまで至らない継続的な関係で案件を受任する弁護士や、スポット的に、一時的に案件を受任する弁護士もいて、多様化が進んでいます。

　役員として企業に参加する弁護士、専門士業も増えています。取締役となる場合でも、社内取締役の場合と独立社外取締役の場合があります。また、監査役は、社外監査役が多いのですが、常勤・社内の監査役となる弁護士もいます。このように、経営陣に弁護士等の法律実務の有資格者が加わるケースが増えているのは、取締役会議でも法律専門家がいることの効用が少しずつ認識されるようになってきたからです。

　他方、企業外部から批判・攻撃する相手方の弁護士も増えており、検察官・裁判官・行政官の立場で企業行動の是正に関与する法律実務家もおり、現代の企業は、法律専門家に囲まれて事業活動を行っていることを認識する必要があります。

(3) 法務部門が管理する外部専門家

　外部の専門家を使う場合、そのパフォーマンス管理とコスト管理が法務

部門の重要な仕事です。そのパフォーマンスを的確に評価できる能力がなければ、良い専門家を確保できません。いずれも、プロの目で評価しないと、大きく誤ることもあります。特に起用と使い方については、それぞれの役割の棲み分けと、各士業の業界側の事情も押さえるべきでしょう。

＊顧問弁護士と社内弁護士の棲み分け

　法務部門では、社外の顧問弁護士と社内弁護士の棲み分けを整理します。会社によって社外弁護士に求める専門性も異なります。社内弁護士の方が専門性の高い領域もあり、社内に専門常設部門を設けるほどのニーズまではない特殊な領域は、外部に委ねた方が効率的です。特に、高度専門領域や紛争案件では、社外弁護士を起用することが多いでしょう。

＊社内弁護士と社外弁護士の役割分担

　社内弁護士がいる場合、社内弁護士が依頼者の立場で、社外弁護士に相談・指示をします。早めに、社内で行う作業と社外にアウトソースする業務を明確に整理することが重要です。役割分担は、法務部の体制に応じて、柔軟に定めることができます。

　企業の法務部門の側に実力があれば、社外弁護士の仕事の範囲を絞ることができます。これによって、社外の新人弁護士の育成活動のための時間に関するフィーを節約することもできます。新人弁護士も、請求可能時間となれば、決して安いものではありません。

　ただ、そのようなアウトソーシングをしてもいい仕事を、社内のスタッフで処理できるには、法科大学院修了者等、それなりに新人弁護士と遜色

この点は御社でも注意すべきですね

のない程度の能力のある人材が必要です。また、企業内で処理すべき仕事と、社外に依頼する仕事を整理できることが前提になります。

職域の整理

　日本国内における外部の専門家としては、弁護士以外にも、司法書士、弁理士、公認会計士、税理士、社会保険労務士、行政書士等の様々な専門家がいます。これらについて的確なルートを確保し、必要に応じて開拓し、整理して一元管理するのが法務部門の一つの役割となります。

　主な専門士業が取り扱う業務等は、以下のとおりです。

①　弁護士

　法律事務に関してオールマイティーの職務権限を有しており、訴訟事件、非訟事件及び審査請求、再調査の請求、再審査請求等行政庁に対する不服申立事件に関する行為その他一般の法律事務を行うことを職務とし、弁護士は、当然に弁理士及び税理士の事務を行えるとされます（弁護士法3条）。いわば法律事務を独占する形となっていますが、実際には、すべてに渡って知識・能力があるとは限りません。

②　司法書士

　登記又は供託に関する手続きについて代理し、法務局又は地方法務局に提出・提供する書類や電磁的記録の作成や、一定の条件の下で簡裁訴訟代理等の関係業務を取り扱えます（司法書士法3条）。

③　弁理士

　特許、実用新案、意匠若しくは商標又は国際出願、意匠に係る国際登録出願若しくは商標に係る国際登録出願に関する特許庁における手続及びそれらに関する行政不服審査による審査請求又は裁定に関する経済産業大臣に対する

手続き等の代理や手続きに関する鑑定その他の事務を行います（弁理士法4条）。

④　公認会計士

　財務書類の監査又は証明をすることを業とするほか、財務書類の調製を
し、財務に関する調査若しくは立案をし、又は財務に関する相談に応ずる
ことを基本的な業務としながら（公認会計士法2条）、かなり幅広いコンサ
ルタント業務にも乗り出しています。

⑤　税理士

　確定申告をはじめとして、税務に関する相談や、財務書類の作成、会計
帳簿の記帳の代行その他財務に関する事務を業として行うことができます
（税理士法2条）から、会計に関する助言をしてくれるほか、経営やお金を
めぐる動きに関する幅広い助言を期待できます。

⑥　社会保険労務士

　所定の労働社会保険諸法令に基づく申請書等の作成や、その提出に関す
る手続きの代理、届出、報告、審査請求、再審査請求などのほか、一定の
条件の下で紛争解決手続代理業務ができます（社会保険労務士法2条）。

⑦　行政書士

　他人の依頼を受け報酬を得て、官公署に提出する書類や電磁的記録等、
権利義務又は事実証明に関する書類（実地調査に基づく図面類を含む）を作
成する業務を行います（行政書士法1条の2〜4）。

　いずれの資格も、それぞれの特徴があり、資格取得の難易度はそれぞれ
であり、それなりの専門的知見に関する基礎的な素養を備えていることの
目安となります。ただ、資格の取得や法令で許容された職務範囲はあくま
でも出発点にすぎず、その後の実務能力の成長の度合いは、個人差が大き
く、これから解説する諸問題に注目していくことが重要です。

3 専門職種の起用・選別の着眼点

(1) 新たな起用に向けた検討～選別への評価ポイント

　第11次実態調査によれば、企業側が社外弁護士に依頼する場合に参考として知りたい情報は、第1に依頼案件についての経験（82.7％）、第2に報酬額（75.8％）、第3に案件対応のスピード（49.2％）がトップ3項目となっており、続いて第4に他社案件の実績（31.9％）、第5に他社法務部門での評判（12.1％）となっています。そこで、これらをもう少し細分化すると、着眼すべきポイントとして、次のような点が考えられます。

- 専門性（経験・実績・知識、類似事案の取扱い業務量の多寡）
- コミュニケーション能力（わかりやすく、十分な説明技能）
- スピード（法務部門が管理する期限の遵守＋タイムリーな対応）
- サービスの範囲・程度（文書・データ化の質と量を含む）
- 倫理観（正義観）とバランス感覚
- 合理的な報酬（その明朗性・透明性）
- 分析能力・問題把握力・論理的説得力（解決に向けて統合する能力を含む）
- 情熱（熱心さ、アピール度、取り組み姿勢）と体力（相応の年齢）
- 組織体制（事務局・担当秘書等のスタッフやデータベース、IT対応、情報管理体制等の物的設備の状況）
- 弁護士業務の安定性（持続性と経済的信用力等。バックアップ体制を含む）
- ネットワークの広さ（情報収集能力やコネ等を含む）

● 弁護士・法律事務所における利益相反・利害相反の有無

　もっとも、現実にこれらの基準は、容易に判断できるものではありません。満点の弁護士がいつもいるわけでもありません。うってつけの弁護士を見つけられない場合には、相対評価で、より「まし」な弁護士を選ぶしかありません。

　報酬の高い専門家が優秀で、安い専門家が無能だとは限りません。報酬金額だけで判断できれば簡単ですが、現実はそんなに単純ではありません。巨額の報酬を払っても、依頼者の側に正しく評価できる目がなければ、無駄になる恐れもあります。

　逆に、極めてクオリティの高いサービスを比較的安価な報酬で提供してくれる専門家も、依頼企業の側でその価値が理解できなければ、その関係

これを参考にチェックしてみては？

がいつまで続くかわかりません。外部の専門家も、どんどん実力や地位を上げていく人もいれば、そうでない人もいます。

(2)　弁護士の起用と使い方～社外弁護士を使いこなすための法務部門の任務

　企業がどれだけ適切に弁護士を使っているのかが大問題となっています。限られた予算で弁護士報酬をコントロールしながら、最大限のパフォーマンスを確保するため、弁護士を選別し、監督・チェックすることは、法務部門の重要な仕事です。依頼者となる企業においては、近時の弁護士業界の変化を前提とした弁護士の使い分けが求められます。

＊弁護士業界の地殻変動

　グローバル経済の進展等に伴う社会変革の中で立法・行政も大きく変化しています。この半世紀以上にわたって、六法全書は年々厚さを増す一方です。重要な新法令・新判例が続々と登場し、IT革命の下で頒布される情報量も莫大になっています。条約や外国法の動向等にまで注意を払う必要がある企業活動も多くあり、もはや各人がすべてをフォローできません。このため、弁護士の専門化・分業化は不可避ですが、弁護士の側は間口を広く取っていることが多く、その評価は微妙です。日本では法科大学院の登場によって、弁護士有資格者や一定の法的素養を備えた人材が増えました。総じて、弁護士同士の競争が激しくなり、その切磋琢磨による能力・技能の向上が図られるようになりました。

　しかし、その能力のバラつきが大きくなり、能力の高低も目立つようになりました。かなり問題のある弁護士もいる中で、いかに選別し、起用するかは、切実な問題です。忙しい弁護士に依頼が集中し、逆に一部の弁護士には、あまり依頼がされないといった形の二極化も進んでいます。司法研修所の成績でローファームの序列化を指摘する声もあり、有名大手ローファームの方が優秀だと思われるかもしれません。確かに、それは一面において当たっている部分もありますが、司法研修所教育の多くは裁判実務の研修であり、企業法務に関する研修・教育は弱く、その成績が企業に利益をもたらす決め手となるわけではありません。

　こうした弁護士業界の変化を踏まえた企業の対応が必要とされる現実が日本においても進行しています。限られた顧問弁護士にだけ頼っていると、外部に依存しすぎて、適切な弁護士による助言によって的確な対応をする機会が失われる恐れがあります。

図表 4-1　法務の複雑化・高度化

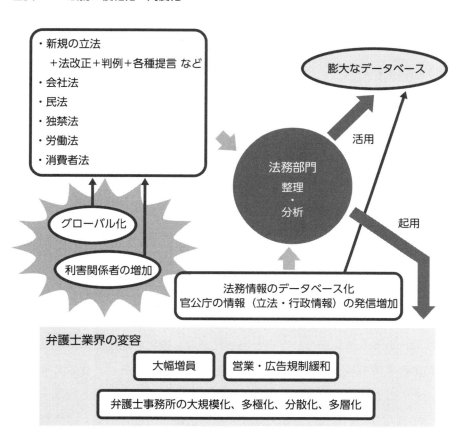

COLUMN
弁 護 士 に 対 す る 規 制 の 変 容

　弁護士業界に対する規制緩和は、依頼者側から見るとメリットばかりではなく、むしろ各企業の自己責任で弁護士を選別することを必要とする理由ともなります。かつては、弁護士の信用維持の観点から、様々な規制がありました。しかし、それらが必ずしも依頼者のためではなく、護送船団的な不合理な規制として批判を受けたので、弁護士に対する規制は大きく変容しました。例えば、既に弁護士広告規制が緩和・自由化され、テレビやラジオのコマーシャルは日常的に流れています。弁護士報酬基準も、独禁法の観点から弁護士会の定める報酬会規が廃止され、自由化されました。

　法的サービスの高度化・複雑化・多様化への対応と質の向上ニーズ（共同化、専門化、総合化）を目指して、弁護士法人制度も導入されました。弁護士法人の実質的メリットには、日本国内に支店を設けることができる点があります。東京の大手法律事務所も弁護士法人を作り、既存の「組合」による事務所と「弁護士法人」は別で、両者が共同して業務を行う変則的な形も見られます。これは、弁護士法人では、経費の制約があり、法人税等の税務面の負担のほか、利益相反の規制も明確に課される等のデメリットがあるからです。

　弁護士法人は一人法人も許容しているので、弁護士にメリットが多ければ、もっと増えていいのですが、実際の表示等についても細かい運用上の規制があり、必ずしも使い勝手は良くありません。このため、多くの弁護士は個人又は組合形式で共同事務所を営んでおり、法人化しない事務所が依然として主流です。

　ただ、依頼者からは、個人よりも法人のほうが、取引の信頼性が増すという見方もあります。弁護士法人の報酬は、源泉徴収されない点もキャッシュフロー的なメリットです。法人資産の内部留保が可能で、弁護士法人は社員個人とは独立して法人としての継続性が期待できるという説明もありますが、小規模法人なのでこの点はあまりあてになりません。

（3） 社外弁護士等の起用は自己責任

　近時、弁護士に関する話題を取り扱う書籍や雑誌等の特集もよく目にしますが、それらをどう読むかは注意を要します。正しい考え方をしているか、あるいは、その評価が自社に適合するかは問題です。

　社外弁護士に不満を抱いたまま、弁護士離れになるか、弁護士や法制度への不満を募らせるだけでは損をするだけです。結局、それなりに有能な法務部員が上手に弁護士を使いこなさないと、費用をかける割には、レベルの高い法務サービスを活用できません。誰もが、お金さえ出せば、ただ座っているだけで、弁護士から良い助言を得て、それを活かせるほど簡単ではありません。特に、企業は法的助言を受けて、どのように経営に活かすかを判断する必要があります。企業法務では、時として新奇で、高度な問題が取り扱われるので、企業側もそれなりの技能が求められます。

　ちなみに、個人が弁護士に依頼する場合、その契約関係は、消費者契約法の適用を受けます。弁護士が事業者であるのに対して、個人は消費者として保護される必要があるからです。ところが、会社等の事業者が、同じく事業者である弁護士と契約する場合、消費者契約法では保護されません。法律的には、両当事者ともに事業者として、自己責任で取引するという前提であり、特別の保護がないのです。

　もちろん、弁護士は法律のプロなので、弁護士倫理による規制を受け、依頼者に対して親切に助言することが期待されます。しかし、弁護士が営利重視に傾いていると、必ずしも依頼者本位で助言してくれるとは限りません。一般的にも、ユーザーの側も、より賢くなることが必要で、法務部門となれば、それなりのレベルが前提とされていることも考慮する必要があります。

図表4-2　法務部門の媒介機能

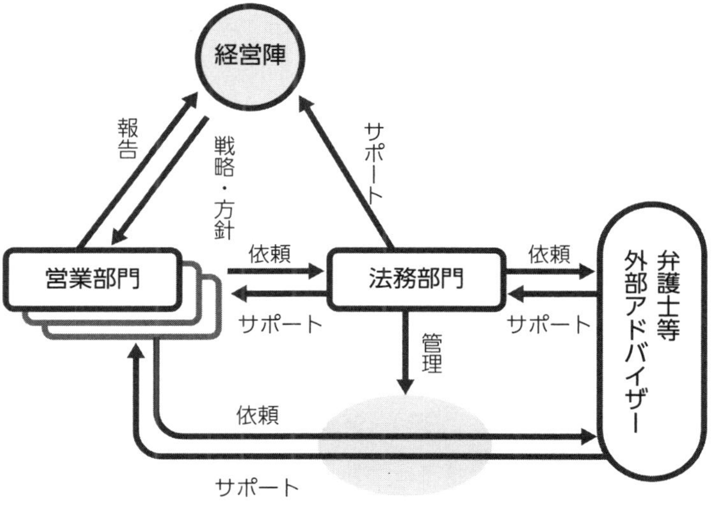

(4)　外形だけでは簡単にわからない

　弁護士の評価は、そのパフォーマンスの中身によるべきものです。先に
あげた着眼点に基づく弁護士の選別は、外部の評価だけに依存できず、外
形的に見分けるには限界があります。

　第1に、何を基準に弁護士を起用したらよいかの判断に迷っている段
階で、何かの専門家を選ぶことも容易ではありません。一般的には、どう
いうジャンルの専門の弁護士がいるのかはわかりにくく、短期間で自社に
相応しい弁護士を見つけ出すのは至難の業です。弁護士会ではかつて「専
門」弁護士紹介制度が何度か頓挫したこともありました。弁護士は平等意
識が強いので、一部の弁護士に有利な取扱いは表立ってやりにくい面があ
るといったことも背景にあります。

　第2に、その公職の経歴、肩書等は、必ずしも決め手になりません。
弁護士会会長、副会長、あるいはその経験者といっても、あくまでも業界

団体での政治的な地位にすぎず、依頼者の期待する領域に強いかどうか、そのサービスが依頼企業にとって満足できる水準か等といったことには、あまり関係がありません。ただ、その職能団体における人望やネットワークの広さがあることの目安にはなります。

　また、弁護士の階層化が進んでいるといっても、ボス弁・イソ弁・ノキ弁、即独（即独立）等の外形的な地位も弁護士の実力や力量を表しているとは限りません。大手事務所では、パートナー、アソシエイト、オブカウンセル、顧問、客員弁護士等、多様な呼称がありますが、これらの各事務所における待遇・意味は、各事務所で多少異なっていることもあります。

　実際の依頼をどの弁護士を窓口にするのか、請求書を発行する弁護士が誰であるかについては、法律事務所側での仕切りがあり、それに従うほかないでしょうが、実質的に誰が仕事をするのかが問題です。最終的に責任を持つ弁護士は、請求書を発行する弁護士であることが通常ですが、どの弁護士がその業務を中心的にやるのかはケースによります。

　第3に、弁護士を紹介したり、マッチングしたりする営利的事業には、法的規制があります。弁護士法27条が、弁護士と非弁護士との提携を禁止し、弁護士法第72条から第74条の規定に違反する者から「事件の周旋を受け、又はこれらの者に自己の名義を利用させてはならない」と定めているからです。また、日弁連規程第11条も、非弁護士との提携を禁じており、「弁護士は、弁護士法第72条から第74条までの規定に違反する者又はこれらの規定に違反すると疑うに足りる相当な理由のある者から依頼者の紹介を受け、これらの者を利用し、又はこれらの者に自己の名義を利用させてはならない」としています。

この点は御社でも注意すべきですね

　第4に、他者からの紹介や他社等での評判は参考情報として有力です。ただ、それも鵜呑みにはできない面もあります。他社での業績や評判

は、どういう背景があるかによって、かなり意味合いが異なるからです。個人の依頼者と弁護士の関係では相互の相性が重要であるのは当然ですが、企業の場合も、組織風土・文化との関係で、相性の問題は重要です。

そのため、どういう会社がどういう評価をしているかによって、意味が大きく違うことがあります。往々にして、相性が合わない会社と弁護士もあります。例えば、悪徳企業と清廉な弁護士との相性は、決して良くありません。あまり評判の好ましくない会社の法務部が、悪い評価を下している弁護士は、かえって良い弁護士かもしれません。

もっとも、これは自ずと相性の合う会社と弁護士しか関係が長続きしないものなので、意識しても仕方がないと思われるかもしれません。ただ、この相性から、会社の風土・文化が似たもの同士となっていることも多いものです。例えば、あまり行儀のよくない会社は行儀のよくない弁護士を好むといった類のものです。そこから、どのように外部から会社や弁護士が見られているかを省みるヒントになるかもしれません。

CASE STUDY 税理士の税務過誤訴訟

Xの顧問税理士Y1は、相続税対策としてデット・エクイティ・スワップ（DES）を提案しましたが、その際に多額の債務消滅益が生じることを説明せず、このため原告は課税リスクを認識することなくDESを実行しました。さらに、Y1は税務代理人として原告の税務申告書を作成、提出した際、事実と異なりDESはなかったとする前提の申告をしたため、Xは修正申告で延滞税等の支払いを余儀なくされ、加えて、役員事前確定届出給与制度の助言指導を怠り、Xは役員給与に同制度を利用できず、不要な納税義務が生じ、これらの救済を求める訴訟のために多額の弁護士費用の支出を強いられ、訴訟問題となりました。

裁判所は、その税理士法人が DES に係る債務消滅益課税のリスクについて説明義務を怠り、必要な注意喚起等を行わなかった等として、税務顧問契約の債務不履行又は不法行為に基づき、X の上記損害額合計 3 億 2,900 万円余の賠償請求が全部認容されました（東京地判平成 28 年 5 月 30 日、判タ 1439 号 233 頁）。

　最終的に裁判で救済されましたが、そこに至るまでの依頼企業側の負担は相当なものです。単純に税理士法人を信じていると、事前予防は難しいところですが、もう少し懐疑心をもって臨んでいれば、事実と異なる申告をする話が出てきた段階で、何らかの対応ができたかもしれません。

(5)　弁護士の専門性をどう見るか

　問題は、その専門性をどう評価するかです。法律事務所における「専門」とは何かは、それほど単純に割り切ることができません。何らかの領域の「専門」であると公的に認めることは難しく、日米の弁護士倫理では、伝統的に、宣伝広告等でも「専門」という表現を使うこと自体が問題とされてきた経緯があります。

　形式でなく、実質的な問題として、考える必要があります。例えば、1 つの案件で関係する法律問題は多岐にわたりますから、あまり狭い範囲しかカバーできないのでは困ります。弁護士が、ある法律について「専門」だといっても、それが単なる個別の法律について詳しいというだけであれば、頼りになる範囲が限られてしまいます。

　会社として起用する以上は、自社の業務についてよく知っている弁護士を起用したいところですから、法律以外の専門知識も重要です。そういう知識や経験を踏まえて専門性をイメージするでしょう。結局、依頼者側の

期待すべき「専門」とは、法令単位ではなく、特定分野で即応できる経験に裏打ちされたものだと考えられます。

ただ、経験だけを重視しすぎると、高齢の弁護士の方が良いと判断されがちですが、そうとは限りません。ベテラン専門家も常にあらゆる事案の解決に適しているわけではありません。一部の専門家は現状追認の傾向が強く、それで足りるケースも多くありますが、それでは新しい道を開けないかもしれません。専門家の中にも改革派と保守派が混在しており、その事案によって、どちらのタイプの弁護士が適しているかを選択する必要があります。いずれにせよ、これらは、場合と人によって左右されます。

加えて、どんどん変化している領域も多いので、経験だけで判断することにはリスクがあります。一定の経験に加えて、新しい状況への対応能力やその領域に対する開拓意欲も重要です。高齢やベテランの弁護士だけでなく、中堅の弁護士でも、現実には、部下が多くを処理することがありますから、そうした場合は、チーム全体としてのクオリティが問題となります。

ビジネスローの弁護士には、ビジネスに対する洞察力も求められます。専門分野の法律理論に精通していても、ビジネスの実態に疎いと全体のバランス感覚を欠いてしまいます。

(6) 弁護士による情報発信の見方

近時、弁護士に関する情報は数多く出ています。インターネットで調べれば、法律事務所のホームページはたくさんありますし、各弁護士会も情報提供をしています。さらに、弁護士の広告も目立つようになり、ネット社会でも多くの弁護士が情報発信をしています。その帰結として、これを受ける側のリテラシーや分析能力もまた重要になってきます。

他方、弁護士のマイナス情報は、活躍している弁護士ほど逆恨みされることもあるため、どこまで信頼できる情報であるか怪しいことも多く、懲戒歴について、弁護士会の情報開示はやや消極的です。現段階では、懲戒情報等をベースに、弁護士に対する批判的な情報サイトとして、「弁護士自治を考える会」（jlfmt.com）による情報提供も参考になる面があります。このほか、弁護士大観、各種弁護士紹介書籍、データベースを利用することも考えられ、海外の弁護士については、Martindale-Hubbell®があります（235頁参照）。

　インターネットで弁護士が発信する情報の内容をどう受け止めたらよいのかは、ケースバイケースです。啓蒙活動のための発信だけではなく、かなり政治的な発信や世論形成を目的としたものも目立ちます。弁護士が発信するブログも多く、内容は様々で、若手から地方発信まで、弁護士の本音も競って開陳されています。ただ、ブログ等は誰かがチェックしているわけでもなく、かなり偏った独自の見解が述べられているとか、一定の狙いをもった表現活動も混在しています。早い者勝ちで先に意見を出した方が有利だと考える弁護士もいて、後からコメントを出す流儀もありますが、いずれの表現活動も、広告の代替物として機能していることが少なくありません。それらの情報をベースとして、どのように選択するかは読み手次第です。結局は、他の媒体と同様、どこの誰が、どういう立場（資格等）で、いつ、どういう文脈で発信しているかを押さえ、できればなぜそう述べているかを考え、理解することが重要です。

　日弁連規程第10条は、弁護士からの依頼の勧誘等について、「弁護士は、不当な目的のため、又は品位を損なう方法により、事件の依頼を勧誘し、又は事件を誘発してはならない」と定めています。ここで「品位」とは何かが物議を醸すこともあり、保守的すぎて進取の気性や革新的

この考え方を参考に
検討してみては？

な創造性を欠くのも問題ですが、実質的な弊害を伴うような振る舞いには注意すべきでしょう。目立つと批判されやすい面はありますが、本当に社会的意義を有するどうか、その活動や主張の具体的な中身によって判断されるべきものでしょう。

(7) 事務所の名前だけで安心できるか

　依頼者側も「大手事務所に頼めば、何とかなる」というほど、安直ではありません。漠然とした評判や事務所のブランドに頼るだけでは不十分です。確かに、大手事務所では、各種の専門家を備えているので、海外の案件や、独禁法から税法まで多岐にわたる法律問題をカバーできるメリットがあります。多彩な能力を備えた弁護士がいれば、多方面にわたる問題を処理してもらえます。大手事務所には、それなりの実績や人脈があるので、とりあえずの選択として大きく外れる可能性は低いでしょう。

　また、各法分野に対して手分けして組織的な対応を試みることのできる大手事務所は、数多くのジャンルをカバーできる点でも一定の優位性を有しています。このため、大手事務所に頼めば、日本国内の組織では無難であるという見方もあります。それだけ高いお金を払って、やれるだけのことはやったのであれば、それで済むことも多いでしょう。

　しかし、それもケースバイケースで、最善の選択とは限りません。大規模事務所は人手を使う分だけフィーも高くなりがちです。また、時として、大手事務所には後述の利益相反（コンフリクト）の問題があり、受任してもらえないケースもあります。結局、大手といえども、個々の弁護士の力量がすべてです。

　むしろ、現代の IT 環境においては、当局等からの情報提供の充実化、

ネット情報、データベースが充実してきていることから、中小事務所も情報アクセスが効率的にできるようになりました。同じデータベースを使っている限り、大手事務所と中小事務所で、そのリサーチ能力にほとんど差はない場面も少なくありません。

判例集を見ていると、原告と被告で大手事務所や中堅事務所がついているようなケースでどちらが勝っているかは、ケースバイケースです。いつも大手事務所が有利な判決を勝ち取っているわけではありません。事務所の大小はあまり関係のないことがわかります。ただ、その辺りの情報は判例集を日常的に見ていないと分からないものです。

結局のところ、そうした膨大な情報を使いこなすのは個別の弁護士ですから、依頼する弁護士の実力がどうかにかかっています。同時に、法務部門の側においても、豊富な弁護士に関する情報を、どう評価して、いかに活用するかが問われます。

COLUMN
法律事務所の集合と離散〜それぞれの事情と傾向

ビジネス法務を取り扱う法律事務所は、一方において大規模化を目指す方向性があり、法律事務所の世界においても M&A が活発化しています。他方、事務所の分裂・分派もしばしば起きます。ただ、多くの場合は、規模の大きさだけを目指しているわけではありません。法律事務所も大きくなりすぎると、利益相反問題のため、一定のブレーキがかかります。自由に動きたい弁護士にとっては、組織による締め付けが息苦しいこともあります。

事務所の拡大も、マーケットの拡大次第で、そこに所属する弁護士の収入にプラスになるとは限りません。若手の弁護士を増やせば、それだけの仕事を取らなければ経済的にも苦しいので、経済状況によって事務所の盛衰が生じます。そこに、各弁護士のキャリアプランに対する考え方が影響しま

す。この過程で、大手事務所からも有力・有能な弁護士が独立することは少なくありません。法律事務所における分業化・専門化が進む中で、高級「ブティック事務所」を標榜する専門事務所もあります。

　ただ、近時は、中堅弁護士が、企業内弁護士に鞍替えする動きも目立ちます。法務部門がある程度のキャリアを積んだ弁護士を社内弁護士に招くことは、双方にメリットがあることから、今後も増えていくことでしょう。

(8) アウトサイド・カウンセル・ポリシーの考え方

　これまで、日本の企業が弁護士を新しく起用しにくかったのは、その方法・手続きがはっきりしていないということもあります。そこで、その社内ルールとして、外部顧問を採用するルールを明確にしておけば、弁護士の起用もやりやすくなります。こうしたルールは、欧米企業では「アウトサイド・カウンセル・ポリシー」として内規化していることがあり、それを参考とすることが考えられます。

　外部専門家を起用するための基本的なルールや手続きを策定することが、新たな起用への道筋につながります。こうした新たな内規の制定によって、過去の旧習・慣行・惰性による起用から脱皮し、合理的・柔軟な起用方法に変える契機とすることができるかもしれません。

　もっとも、実際のプロセスにおいては、他社の法務担当者の評判や顧問弁護士の紹介等をもとに、総合的に評価して人選をする実質が大きく変わるわけではありません。信頼のできる弁護士からの紹介が有用であることは少なくありません。

そろそろ御社もこれを検討したらいかがですか？

社外弁護士への依頼のタイミング
早期の依頼が望ましい

4

　日本企業の場合には、何か問題が起こってから弁護士に相談することが多いようです。しかし、それでは遅すぎることもあります。海外の企業は、日常的にあらゆる局面で弁護士に助言を得ながら活動しています。日本の弁護士とは違って、内外を問わず、企業に所属する一員のような存在で積極的にビジネスに関わるのが、ビジネスローヤーの流儀です。

　問題が発生してからの専門的な対応が遅れると、浅智恵による誤った対応も加わって、さらに問題をこじらせてしまいます。早期の段階で的確な手を打ち、有能な弁護士に相談する等して初動を誤らなければいいのですが、何が問題であるかを理解しないまま、問題が深刻化していくことも少なくありません。このため、一般的には弁護士への相談は早ければ早いほど良いといえます。弁護士依頼のタイミングとして遅きに失するのは最悪です。

早く対応を検討するのが良さそうですね

CASE STUDY　　大和銀行事件

　巨額の賠償が命じられた大和銀行事件でも、その第1審判決（大阪地判平成12年9月20日、判時1721号3頁、判タ1047号86頁）を読むと、その依頼が遅れたことが大きな運命の分かれ目だったことがわかります。

　その経緯を簡単にご紹介しますと、最初に銀行に事件が発覚したのは、平成7年7月18日のことでした。それは、ニューヨーク支店における無断

取引及び無断売却により約11億ドルもの多額の損害が生じているとの異常事態を、不正をしていた本人から知らされたものでした。本来ならば、直ちに、米国法制の調査及び検討を行うべきでした。

ところが、頭取らは、大蔵省に対しては内々に報告したものの、米国当局に対しては当面報告を行わず、大蔵省から同年10月初旬まで時間の猶予を与えられたものと解釈しました。ただ、平成7年8月下旬、何らかの経緯でその問題を知った米州企画室から意見具申を受けた役員は、同年8月25日に日本の法律事務所を通じて、米国の法律事務所に照会して調査を行いました。このため、米国の法律事務所からのアドバイスを受けるまで、同年9月13日ころまでの間、ニューヨーク支店の帳簿と記録に繰り返し虚偽の記載を行い、内容虚偽のバンカーズ・トラストの保管残高明細書を作成する等米国連邦法典に違反する行為を重ね、米国当局に対する報告をしたのは同年9月18日となりました。その結果、米国当局の厳しい処分を受ける事態を招き、米国司法省との間で司法取引を行い、罰金3億4,000万ドルを支払い、この刑事事件について、1,000万ドルの弁護士報酬を支払いました。

役員らは、こうした経緯で銀行に生じた合計3億5,000万ドルの何割かを賠償する責任があるものとされました。裁判所は「調査は、正に、遅きに失した」と断じて、「仮に、各行為が米国連邦法典に違反することを知らなかったとすれば、米国で事業を展開する銀行の経営者として、過失があることは明らかであり、知らなかったことについて、やむを得ない事情は認められない」として責任を認める大きな根拠となりました。

現在の金融機関は、法務部門が充実してきていますから、このような過ちは起きないはずです。しかし、その教訓は決して忘れるべきではありません。いざという場合に、法務部門は、重大な危機をいち早く察知して、的確な対応をとるように促すべきでしょう。

5 依頼目的の明確化

＊助言を求める前提を明確にする

　弁護士の法的助言・アドバイスの範囲は、原則として前提事実に適用されるものに限定されています。状況が変われば、法的結論も変わります。逆に言えば、その助言の範囲を超えた行為は、多くの場合、まったくカバーされません。

＊依頼する仕事の具体的イメージを可能な限り明確にする

　弁護士の職人気質も様々ですから、依頼する仕事の中身、報酬、責任については、できるだけ確認して依頼したいところです。弁護士も、依頼者との委任契約を書面にすることが基本的な作法です（182 頁参照）。そうした契約書とは別に、事前に仕事の分量、詳しさ等、希望する概ねのイメージを伝えておくことが有益です。どの程度の仕事をしてもらうのかは、報酬との関連もあります。依頼に際しては、どこまでのサービスを求めるかも明らかにすべきでしょう。特にタイムチャージの場合には、依頼企業側と社外弁護士の役割分担が重要です。先に、仕事の進行方法を弁護士とよく相談してから開始するのがベターでしょう。

この点は御社でも
注意すべきですね

＊納期を明確化する

いつまでに何をしてもらうのかを明確にしておかないと、返事をかなり待たされることになる恐れがあります。希望する回答期限を伝え、その期限内の対応が難しければ連絡を求めるほか、電子メールは読み落とし等の恐れがあるので、重要な案件の場合には、遠慮なく電話をかけ、秘書への伝言でもよいので、その期限を確認しておくことが双方にとって安全です。

＊適法性のチェック目的ならば、誘導は禁物

依頼の仕方によっては、完全に無意味なアドバイスしか得られないこともあります。例えば、法律意見を求める依頼において、その結論の先取りは危険です。弁護士の意見書は、決して「免罪符」になるものではありません（169頁参照）。たとえ依頼企業として、法的な結論について何らかの希望や意向があるとしても、法的な鑑定を求める場合には、公表に耐えられる十分な説得力のあるものでなければ意味がありません。会社の意向なり、要望を事実として伝えることは構いませんが、その結論に拘束されることを条件として意見書を書いてもらっても、それは客観的な法律意見とはいえず、役に立ちません。

＊目的の妥当性

依頼目的が、不当であるとか、必ずしも妥当ではない場合、良い弁護士はそれを指摘してくれますが、それに迎合する弁護士は、一切の責任は依頼者の指示・命令によるという前提でしか動かないということがあります。依頼自体に十分な確信が持てない場合には。その依頼のアプローチや目指している方向の妥当性に問題がないかについても、弁護士の見解を質しておくことが必要です。その後の展開によっては、依頼企業と弁護士の倫理観が厳しく問われることもあります。

弁護士からのサービスの受け方

（1） 弁護士の助言・意見書のスタイル

　弁護士の助言の形としては、メモ的なもので助言してくれることもあれば、実質的な理由を詳細に述べて、検討内容を論じており、ほとんど論文に近いものもあります。

　これに対して、形式的な意見書は、形式的な結論のみが示され、その根拠は必ずしも詳しく記載されておらず、かえって契約書のような否認条項が多数付いていることがあります。その典型的な内容としては、①前提、②結論、③参照した文書・資料、④留保事項、条件、⑤否認条項（Disclaimer）等から構成されています。

　こうした意見書、オピニオンの形式が困難な場合、「メモランダム」「ディスカッション・ペーパー」等の形で弁護士の見解を出してもらう方法もあります。予算的余裕があれば、意見書のような形がベターですが、形式にこだわらず、合理的な方式で記録に残る形を依頼すべきでしょう。

　弁護士の助言等が、企業としての判断の正当性を裏付ける1つの根拠となります。ただし、それはあくまでも、助言の内容が書面等に残されているだけではなく、その内容が合理的である必要があります。その意見書に署名・捺印があることは、必ずしも不可欠ではありませんが、証拠記録として意味のあるものにしておくべきでしょう（163～165頁参照）。

(2)　助言の受け止め方（依頼者及びその周辺に求められるリテラシー）

＊弁護士の助言が正しいか誤っているかは根拠・理由でチェック

　弁護士の助言が不適切であるとか、法律的に誤っているというケースもあるため、それを見破ることができるよう、その根拠・理由をチェックすることが法務部門の役割です。根拠・理由は、法令の条文であることもあれば、学説・文献によることもあります。ある程度、法務部で簡単な法令チェック等はできるようにすべきです。容易に判断できない重要な問題は、後述のセカンド・オピニオンを検討すべきでしょう。理由が明らかでなければ、それを問い返すことも遠慮すべきではありません。

＊弁護士の助言の適用範囲を確認する

　弁護士が個別の案件で提供するアドバイスは、必ずしも一般化できません。どの範囲で適用される助言なのかを法務部門で十分整理して、社内関係者に報告することが必要です。誤解して拡大されそうな問題があれば、あらかじめ釘をさしておくことも忘れてはいけません。

＊局面における判断の違い

　法律問題は、その立場に応じて主張が異なります。同様に、予防法務における助言は、できるだけ紛争回避の観点から保守的な解釈が無難であることが多いでしょう。これに対して、既に発生した紛争解決・過去の行為に対する弁護活動においては、将来の行動とは切り離して弁明をすることもあります。当然のことながら、その法的な分析手法も異なることに留意して助言を受け止める必要があります。

＊書面で出せないコメントに依拠する危険性

　稀ではありますが、記録に残せないとの留保を付けたアドバイスをする弁護士がいます。そうした場合の助言は、そういう趣旨として受ける必要があり、そのような助言がされた記録も作成できないことがあります。この助言に伴うリスクがどういうものかを理解して、その対応を考える必要があります。そうした助言を下手に鵜呑みにするのは危険です。

COLUMN
弁護士の助言をチェックする

　いったん依頼した弁護士に遠慮する気持ちが強く働き、能力的な評価は難しいかもしれません。しかし、弁護士を使い分け、適材適所を実現できるのは、本当に実力のある法務部門です。弁護士の法的見解の根拠を論理的に検討し、弁護士に対して専門的な見地から注文をつけるべき時代です。ちょうど、スポーツチームの監督が指揮する際に、監督自身がまったくの素人ではうまくいかないのと似ています。法務部門が取り扱う事項は、潜在的な利害対立があって、かつ専門的な判断を要する問題が数多く含まれています。

　したがって、弁護士資格の有無にかかわらず、実質的に法律実務に精通しない法務担当者が指揮監督をするのは難しいというのも、やむをえません。法律問題は、経験と知識と技能を総動員して対応する必要があります。多角的・複眼的に問題を考察し、法的なリスクを検討することが求められる企業法務の分野で、経営者が全部を的確に判断するのは難しくなっています。欧米の企業に多数の社内弁護士がいて、弁護士のジェネラル・カウンセルが置かれているのは、こうした問題にも的確に対応できるようにするためなのです。

(3) 助言内容の記録

　弁護士等、外部専門家の助言は書面やメール等の記録として残る形にしておかなければ、その旨の助言を受けた証拠になりません。

　問題は、法律事務所に赴いて口頭でアドバイスを受けた場合です。その場で法務部員が納得してメモを取って終わりにしてしまうと、後から、弁護士がどのような助言をしたかについて疑義が生じる恐れがあります。会話にあやふやさがあるとか、依頼者の理解に正確さを欠いていることもあります。録音にも限界があり、後から聞くと、その意味が必ずしも明確だとは限りません。経験上、相互の認識にずれがあり、依頼者側作成の聴取メモには、そのニュアンス、前提、留保等の表現に修正が加わることは少なくありません。

　本来ならば、弁護士の正式な意見書なり、弁護士作成のメモがより確実です。例えば、裁判上の証拠として提出するような場合には、弁護士の調印（デジタル署名含む）のある意見書の方がすっきりします。民事訴訟法に基づく文書の真正も確保できます。しかし、多くの場合は証拠提出までには至りません。わざわざ意見書を作成するとタイムチャージがかさむとか、詳細をカットするために企業側として押さえておきたいポイントが一部抜けてしまう恐れもあります。

　日常的には、効果的かつ効率的に記録をとり、法務部員の実務経験の向上のためにも、法務部員の側で整理する方法を活用すべきでしょう。依頼者側で助言を受けた内容のメモを作成しても、そのメモをプリントして確認印を押してもらう等の方法もあり、そのチェックのコストは大きくないはずです。即ち、会議や電話で口頭のアドバイスを受け、その記録を要す

これを参考にチェックしてみては？

図表 4-3　弁護士活用のプロセス

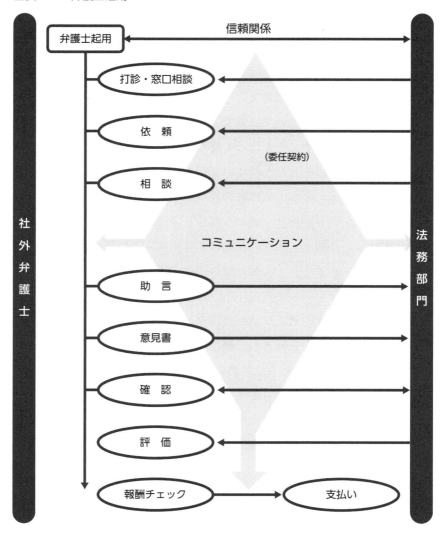

る場合には、法務部員がその弁護士の助言内容をメール又は文書にまとめ、弁護士に確認してもらいます。弁護士からの承認は、簡易な方法ならば、電子メールの返信で可能であり、返信メールのなりすましとか、弁護士以外が送信していた等の異常なことがない限り、通常有効です。具体的には、電子メールで「以上の通りの助言であったとの理解で相違ないでしょうか？」と尋ねたのに対して、何らかのコメントを付して返してもらえば、立派に弁護士による助言内容の証拠となります。結局、日常的な相談は、簡単な電子メールのやりとりで、記録に証拠として残っているという点で、法的効力はほぼ同じです。

　もっとも、案件の内容、複雑性や、書面に残すことについて弁護士がより慎重に検討したい等の理由で、時間や費用を上乗せする可能性はあります。この辺は弁護士との協議と信頼関係によります。メモを見てもらう際に、修正や追加の助言が加わって救いとなることもあります。

(4)　新人弁護士が法務部員(社内弁護士)である場合

　新人の社内弁護士も、他の従業員の方と同様に、顧問弁護士とは、同じように相談してもらっても、何も問題はありません。社内弁護士は、他の法務担当従業員と同じ依頼者側の者であり、顧問弁護士に対して遠慮する必要などはありません。万一、顧問弁護士が、社内弁護士に対して理解がなく、何か相談を拒むとか、不親切である等、他の社員と差別されるようなことがあったら、依頼者の要望として、適切に処遇するように申し入れるか、不適格として依頼をやめるべきでしょう。

　会社の従業員が弁護士資格を持っていることを開示する必要があるかについて特別のルールはなく、それを隠しても、あるいは普通に弁護士資格

を取っていることを挨拶することでも構いません。通常は弁護士であることを自己紹介するもので、それが仕事をスムーズに進めるうえでも有益であることが多いでしょう。

　社内弁護士のために何か問題が起きることは稀ですが、万一、顧問弁護士が社内弁護士に敵意を持っているとか、警戒することがあれば、対応が必要です。「弁護士資格保有者に対しては、弁護士が嫌がるため、一般社員のみの問い合わせに限定した方がよい」という考え方も、一部にはあったようです。まだ古いタイプの弁護士も残っていて、「感情を害する」という弁護士もいたのかもしれませんが、それは改めるべきもので、いずれ消えていくでしょう。

　一般に、弁護士と依頼者は率直にコミュニケーションを図ることが重要であり、社内弁護士を特別扱いする必要はありません。この点は合理的に割り切ってビジネスライクに考えるべきです。

「悪徳弁護士」の餌食に
ならないために

（1）　企業も被害を受ける事情

　いわゆる「悪徳弁護士」は、個人だけをターゲットとしているわけではなく、企業の方が多くの被害に逢っている可能性さえあります。そうしたトラブルは企業にとっても恥となるため、なかなか表には出にくいからです。かなり長期間にわたって問題が顕在化しないケースもあり、企業としては大変な損失です。高度で複雑な問題が増えている昨今、企業も知らないうちに悪質な弁護士の犠牲になっている恐れがあるのです。

　過去の最悪のケース等では、詐欺罪に処せられたような弁護士もいました。詐欺師のように口のうまい弁護士が、法務の弱い企業担当者を騙すような形となります。詐欺的な者は、専門性の高い法務部門からは起用されませんが、外形的な雰囲気等から、担当者が騙されているか、そこまでいえなくとも、理不尽に高い報酬を支払い続けていることがあります。マッチポンプ型の弁護士は、調子の良いことを言って安心させ、はったりを述べたりして、妙な信用を勝ち取ります。

　しかし、悪い弁護士は、往々にして、弁護士倫理から踏み外したやり方で仕事をしており、倫理に無頓着な企業は、この点に関する問題意識が低いのかもれません。例えば、「絶対的に有利な解決」とか「勝訴」を請け負うといった触れこみに乗ってしまうのは、明らかに問題です。これは悪徳業者に騙される消費者の心理と似たような心理が企業担当者にもあるからでしょ

う。基本的に、弁護士への依頼は「請負」ではなく「委任」です。「勝訴請負」の弁護士というのは、それ自体がミスリーディングな表現です。そうした「勝訴請負」という表現は、弁護士倫理違反でもあります（98頁参照）。

　一方、賢明な弁護士は、理不尽な依頼者を回避するように努めています。理不尽な依頼者の要望に合わせてしまうと、その依頼者は「こんな理不尽でも通用するんだ」という変な成功体験を持ち、それに味をしめてしまうリスクがあります。そうした依頼者に巻き込まれないようにするためにも不合理な依頼は断る方針をとっている弁護士の方が信頼に値します。

（2）　担当者が満足でも企業にはマイナスも

　企業法務では、誰が満足しているのかも問題です。法務担当者なのか、社長なのか、株主等のステークホルダーなのか等、誰を基準に考えるのでしょうか。

　例えば、法務部長は、外部の弁護士からすれば「お客様」のような立場です。しかし、法務部長は、依頼企業自体とは異なる立場にあることがあり、時として企業全体の利益にならないような、ある部署の都合であるとか、つまらない理由による判断を優先する担当者もいます。また、「建前論ばかりの弁護士は不要だ」「本当は合法・違法スレスレのところを知りたい」という法務担当者の本音もしばしば耳にします。現に、そうした危ういところにこそ企業の稼ぐチャンスがあるといった古い考え方を売りにする業者もいます。

　しかし、そんな考え方で一時的な成功を目指す時代ではありません。高度情報化社会を迎えた日本の経済社会は、かなり成熟しており、人々の目も肥えています。稼ぐにしても、そのプロセスの公正さが問われます。利益を確保するため、正当に稼ぐためのルールを整備しながら、それぞれの企業が持続的に発展するための戦略、コンプライアンスやCSRに取り組む必要があります。

依頼者に迎合するタイプの弁護士は、「依頼者の言うことを聞いてくれるので、重宝している」等と述べる法務担当者もいますが、後で会社に大きな禍根を残す恐れがあります。弁護士の助言は免罪符ではないので、依頼者に迎合してメクラ判を押しているだけのメモは、法的にはほとんど意味がなく、価値がありません。いざ何か問題が発生すると、依頼された弁護士は、「頼まれた通りに動いただけ」と開き直るのが落ちです。

　法務担当者が一時的には良いと思っても、企業の長期的な収益力や信用力（レピュテーション）を傷つけ、不祥事やトラブルに巻き込まれるようでは、企業にとっては大きなマイナスです。それを回避するため、法務部門は、事前にリスクを察知して問題点を洗い出し、その重要度についても助言し、問題を解決する代替案を提示することが求められます。

　企業にとって的確な代替案を提示できるためには、類似の経験や問題解決手法が参考になります。様々な選択肢を思い浮かべ、どのように変えれば、そのビジネスの目的を達成できるのかを模索する必要があります。

（3） 悪い弁護士を回避する方法

　日弁連規程第29条は、「受任の際の説明等」として、「弁護士は、事件を受任するに当たり、依頼者から得た情報に基づき、事件の見通し、処理の方法並びに弁護士報酬及び費用について、適切な説明をしなければならない」と定めているので、その見通しを根拠とともに説明することは良いのですが、相手方から異なった情報が出てくる可能性も見通して、どういう結論となるかは状況によって変わることを説明してもらうべきです。

　違法行為スレスレの不適切な助言をする弁護士も問題があります。そうした弁護士を好むような法務担当者が、そうした弁護士を支える恰好になり

ます。ただ、経営者がどこまでそれを把握しているのか疑問であるケースもあります。企業側にもかなり問題がある事例で、たとえ最終的に勝訴できるであろうという強気の立場を説得的に助言してくれた場合でも、結局、それで企業のレピュテーションに大きな傷がつき、多大な労力と時間がかかるようでは、本当に儲かるのは弁護士だけであるということになります。

　どんな法的助言も冷静に受け止め、弁護士から好ましくない結論となる助言を受けた場合でも、有利な助言を受けた場合でも、その帰結がもたらされる要因等を解明し、その先の行動のあり方を相談する必要があります。

　最終的な結論がかなり先にならないと出てこないとか、理由がはっきりしないために、誤った助言に乗ってしまう企業もあります。法務としては、その助言の根拠に納得できなければ、十分に確信を持てるまで説明を求めるべきです。質の悪い弁護士にひっかからないようにするためにも、その判別ができる程度の法的素養が不可欠であり、それを前提に法務担当者が弁護士と密接なコミュニケーションをとることが重要です。弁護士と日常的に密接な対話をしていれば、法務部員の側も弁護士の考え方、仕事のやり方等、その優れているところを学ぶことができ、その後の仕事に役立つという副次的効果もあります。

(4)　弁護士増員に伴うマイナス面の抑制

　司法制度改革では、弁護士増員によって、企業社会のすみずみにコンプライアンスが行き渡ることが期待されました。弁護士は、それぞれの立場で、適法な活動・正当な利益のために貢献することを社会的使命としています。したがって、本来ならば、企業法務に弁護士が加わることは、企業の業務の適正を確保する基礎となり、本来は信用を高めるはずです。

しかし、この仮説は、しばしば裏切られます。依頼者に媚びる弁護士等が依頼者の不当な欲望の実現に手を貸すような、所謂「ブラック士業」の批判があります。伝統的な士業へのニーズとして、「法の抜け穴」の助言を期待する向きもあります。何か「うまい秘技」を助言してもらい、法の裏をかこうという魂胆が見え隠れしています。

確かに、弁護士の業務の中には、企業に違法な行為があった場合、これを弁護する仕事もあります。その典型が刑事弁護の仕事であり、それ自体は正当ですが、やり方を間違えると企業のレピュテーションに大きな傷をつけてしまいます。これはコンプライアンスの要請とは完全に矛盾しています。

古くから「法匪（ほうひ）」と呼ばれる類の筋の通らない主張をする「法律専門家」は、結局、紛争を拡大・深刻化させて、自らの活動を広げるばかりで、依頼者の利益にはなりません。結局、弁護士の起用を誤ると、企業活動の適法・公正な活動を目指す方向性とは逆行する要因となります。社内・社外を問わず、弁護士の関与によって当然に企業法務が健全化される保証はないのです。倫理を踏み外した弁護士の起用によって企業が信用を落とすようでは、それを起用した担当者の責任問題にもなりかねません。

(5) 「裏技」や危ない「ギリギリの線」を教えてもらうリスク

違法行為があった場合に、できるだけ有利となる結果に導かれるように弁護活動をすること自体は誤りではありませんが、それが行き過ぎると、証拠隠滅等に関与し、犯罪に手を染めてしまうリスクがあり、さらに深刻な事態に陥ります。証拠隠滅罪や犯人隠避罪、司法妨害罪等は、その法域によって何が許されないのかも確認しておくべきでしょう。

エンロン事件（275頁参照）のように、企業と外部専門家の事務所の交

流が親密のあまり経済的に癒着しすぎると客観的・独立的な適法性確保に向けられた助言を阻害する恐れもあります。あくまでも、外部専門家から客観的で公正な意見を得ることによって、企業の正当な利益を増進する方向でまとめていくことが望まれます。

　もっとも、そのような綺麗事だけでは生き残れないという議論も耳にします。依頼者にも「うまい裏技を教えてもらう方が得なのではないか」と考える向きがあります。弁護士の側にも、これに呼応する考え方があり、競争の過熱から、それを売り物にする弁護士が倫理を後退させるリスクがあり、こうした「競争と倫理」の関係は、古くから議論されてきました。

　しかし、法的な規律が厳しくなり、企業がその弊害を正しく理解すれば、そのような悪質な弁護士が繁盛することにはならないはずです。企業法務の領域では、公正な競争原理が、弁護士の倫理や質の向上に影響を及ぼします。多くの弁護士による切磋琢磨や、法務部門のチェックによる牽制機能が働くことは、弁護士の質の維持のためにも重要です。

　弁護士に対する健全な批判能力が法務部門に求められ、法務部門の側も持続的な能力向上が必要です。結局、「悪貨が良貨を駆逐する」ことのないように、企業依頼者側も健全な倫理観を持つことで、弁護士を正当に評価することが重要です。現状には一部問題もありますが、法務のマーケットのあり方を形成するのは、弁護士だけではありません。弁護士の質や弁護士倫理の問題は、弁護士を使う依頼者側にも大きく依存しています。

　外部の評価がどうあれ、個々の企業自身が持続的な発展を志向する以上は、弁護士を使う企業の側でも、的確かつ適切に弁護士を見る目を養い、有能な弁護士を正しく選別して、正しく使っていく努力が必要です。最終的には、それは経営者の選択となりますが、その経営判断を支えるのが、法務部門の仕事です。法務部門は、経営者が賢明な判断をなしうるように十分な情報を収集して、目先の利益に目が眩まないようにすることが重要です。

COLUMN
悪 徳 弁 護 士

　悪徳弁護士に関する記事は枚挙にいとまがありません。日本弁護士連合会の機関誌である「自由と正義」には、毎号、弁護士の懲戒事例が公告され、要旨しか出ていないのですが、時にとんでもない悪徳弁護士が登場して、業界内で大きな話題となります。

　その実態は想像以上に腐ったものであり、どうして、こんな頭の人が、よくも司法試験に合格するのかとも思いますが、それが現実です。依頼者の資産を食い物にするような酷いケースもあり、企業依頼者のケースでも、経営者の無知や管理の弱みにつけ込んで、後日発覚して大事件となることもあり、また、信用を失って弁護士業務が成り立たなくなり、破綻する弁護士もいます。全国ネットのCMでも有名だった東京ミネルバ法律事務所が、2020年に破産手続開始となった事件が象徴的なものです。非弁提携のみならず、ずさんな管理で、消費者金融会社から返還を受けた過払い金を依頼人に返還せず流用した等の疑いがかけられました。この事件で見られるように、悪徳業者に法律事務所が乗っ取られる事件は、昔から一定数発生してきました。

　一方、弁護士は依頼者の資産内容を知り、助言をする立場にあるため、これを利用して私腹を肥やそうとする弁護士も残念ながらいます。完全に道を踏み外した弁護士は、弁護士資格を失う懲戒処分の対象ともなりますが、それで被害が回復されるわけではありません。企業が被害者であると、自分たちの恥として表沙汰にしないことが少なくないことまで悪徳弁護士は見据えているのです。表沙汰にできないような被害に逢うことのないように、企業自身が弁護士の倫理観や倫理的な規律の重要性を、しっかりと認識しておく必要があります。

> こういう点に注意して対応するのが賢明ですよ

8 顧問契約の考え方と活用法

＊顧問契約の内容

　顧問契約の内容は、弁護士によって様々で、それが一律に規制されているわけでもありません。どこまでの業務が顧問契約でカバーされるのかは千差万別です。ただ、一般的には、訴訟案件や難しくて負担の重い案件は、別枠で報酬を請求されることが多いでしょう。

＊顧問弁護士を十分に利用する

　顧問契約を締結しておくメリットは、いつでも個別の報酬のこと等を心配しないで気軽に相談ができる点にあります。顧問契約があれば、少し疑問に思ったことや自信の持てないことに遭遇した場合でも、遠慮せずに、気軽に電話やメールで質問・相談をして意思疎通を図るべきでしょう。難しい特殊な問題が生じた場合にも、必要に応じて、他の専門的な弁護士を紹介してもらうこともできるでしょう。

　しばしば、日頃使っていない法律事務所を優先的に確保する目的であるという企業もあるようですが、これは場合により、当然の権利ではありません。ほとんど音信不通状態の顧問弁護士が、その事務所を退所するか、又は顧問の辞退をして、同じ事務所の他の弁護士が、相手方の弁護士に起用された場合、顧問の事務所というのは過去の話なので、当該他の弁護士が相手方の職務を禁じられるとは言い難いでしょう。

〈サンプル：顧問契約書〉

顧問契約書

株式会社＊＊＊＊を甲、＊＊＊＊法律事務所所属の弁護士＊＊＊＊を乙として、甲乙間において、次のとおり本顧問契約（以下「本契約」という。）を締結する。

第1条　甲は、乙に対して次の事項（以下「顧問業務」という。）を委任し、乙は、これを受任する。

(1)　甲の通常の事業遂行のために生じる法律上の諸問題について、乙は甲からの相談に応じて意見を述べ、甲の個別的委任により甲の要望に応じてその助言、紛争等の処理等を行うべく必要適切と考えられる行為をなすこと。

(2)　甲が自社において策定する社内規程及び第三者との間で締結する契約等について、その内容、表現、及び手続につき甲の求めに応じて助言し、又は契約書を検討・チェックすること。

(3)　その他、甲の経営について、法律上の観点から必要に応じて協力をすること。

第2条　乙は、甲から相談を受けた事項その他甲の業務に関し職務上知り得た事項について、甲の秘密を遵守し、甲から委任を受けた事項については、法令、弁護士会会則等、弁護士倫理又は社会正義に反しない限度において、甲の利益のため誠実に受任事項を処理する。

※依頼者の言いなりになるわけではないということです。

第3条　乙は、依頼の内容に応じて乙所属法律事務所の適切な弁護士と業務を行うことができ、かかる弁護士に対する報酬は第4条及び第5条に基づいて乙が請求するところによる。但し、乙は、甲から委任を受けた事項について、甲の承諾を得て、乙以外の弁護士に復代理又は共同代理の委任をすることができる。この場合の復代理人又は共同代理人に対して支払うべき報酬、手数料、及び謝金は、個別に甲との協議のうえ定める。

第4条　顧問業務に対応する対価は、毎月5万円（消費税別）とする。但し、乙は、顧問業務外の個別の依頼に関しては、必要に応じて別途協議により定めるものとする。また、業務量の多寡その他の事情に応じて更新時に顧問料の変更について協議できるものとする。

※相互の信頼関係を前提とする定めです。

2.　乙は、前項に基づき甲に対して毎月分の請求書を発行するものとし、甲は、当該月の弁護士報酬及び第8条に定める実費の合計額から当該請求書記載の通りの源泉徴収税額を控除して所定の消費税を加算した額を、当月末日までに一括して各請求書指定の銀行口座へ送金して支払う。

第5条　前条の定めにかかわらず、個別に別段の合意をすることにより、甲が乙に委任する民事、刑事その他の法律上の争訟について、甲が乙に対して支払うべき報酬、手数料、謝金、日当等の金額は、事件の難易、目的物の価額その他の事情に応じ、乙のホームページに公開されている乙所属事務所の報酬基準を一応の基準として、事件ごとに甲乙協議のうえ定めることができる。

※これも相互の信頼関係を前提とした定めです。その事務所の報酬基準にもよりますが、基本的に、協議で適切な運用を図る趣旨の紳士協定的なものです。

第6条　本契約の有効期間は、＊＊＊＊年＊＊月＊＊日から1年間とし、その後については別段の合意のない限り、自動的に更新するものとする。

※作り直す手間を省きたい場合の条項です。

第7条　甲又は乙は、いつでも本契約を解約することができる。甲は、理由の如何を問わず、乙に対して既に支払った弁護士報酬の返還を求めることはできないものとする。

第8条　乙が甲のために要した郵券、コピー、通信費等その他の実費又は1万円以下の立替金は、各請求書とともに乙が月毎に甲に請求するものとする。但し、乙の一般経費に含まれる日常的なコピー、電話料金等の経費は甲に対して請求しない。

第9条　乙は、甲の役員、従業員その他の関係者等（以下「従業員等」という。）の法律相談も、顧問料の範囲内で受けるものとする。但し、乙は、甲の顧問であることを甲の従業員等に周知することにより、甲の利益に対立するおそれのある案件の相談は受けないものとする。なお、その法律相談のため、何らかの具体的な法的措置が必要な場合には、その実費（例えば内容証明郵便代等）及び訴訟・調停などの着手金などの弁護士報酬を別途協議のうえ、当該従業員等に対して請求することができるものとする。この場合、乙は、当該従業員等の相談について、甲に対して一切報告する義務を負わず、当該従業員等に対して直接に秘密保持義務を負うことを確認する。

※中小企業向けの付加サービスに関するものですが、利益相反問題には注意を要するので、その点を明記しておきます。

第10条　本契約に規定のない事項及び本契約に関する疑義を生じた場合、当事者は信義誠実の原則に従って協議の上決定する。

(以下略)

＊顧問契約の変更・解消

　顧問契約を締結すると、やめることが難しいと思われがちですが、それほど難しいことではありません。一般的には、解約方法に制限はなく、顧問契約の解消に理由は不要であるのが原則です。現に、顧問契約を解消したことがある企業は、第9次実態調査での26.4％、第10次調査の29.8％から第11次実態調査では34.3％と増加傾向であり、資本金が大きい企業ほど顧問契約を解消することが多くなるようです。

　業務範囲を縮小し、報酬の減額等、顧問契約の変更も自由に交渉できます。士業との契約は、日本法では委任契約・準委任契約であり、高度な信頼関係に基づく継続的契約関係です。委任契約の終了事由は、委任事務終了、民法651条に基づく辞任・解任、民法653条各号所定事由（例えば、契約当事者の死亡）です。委任契約はいつでも解約が可能であるのが原則ですが、個別の契約書をチェックして対応することが無難でしょう。きちんとした業者であれば、依頼者に対して、委任事務終了に向けた法的サービスを真摯に提供してくれるはずです。ただ、なるべく波風を立てないような方法として、定額の顧問料の形から時間制に変更する等してフェードアウトする方法もあります。

　顧問契約の管理は、法務部門の重要な仕事です。「社内弁護士になって最初にやった仕事は役に立っていない顧問弁護士を整理する仕事だった」と述べる弁護士もいるくらいです。そうしたエピソードを聞くと、社内弁護士の増加は、あまり良い仕事をしていない弁護士にとっては脅威にほかなりません。

　しかし、多くの顧問弁護士を入れ替えて、いろいろと使い回すだけでは、いつまでたっても自分の会社を十分に理解してもらえず、非効率的となる恐れもあります。特に中小企業の場合、信頼関係をしっかりと構築し、ホームドクター的な事務所に依頼して、企業の特徴を十分に理解して

もらった方が長期的にはメリットが大きいはずです。顧問弁護士とは、ともに成長していけるような関係が望ましいところです。

　ビジネスの現場の人達と、法務に精通する弁護士と協働して問題を解決できるような良好な関係が長くなれば、相互の理解が深まり、意思疎通も円滑になり、仕事の処理も早くなり、できることが増えていきます。弁護士と良好な信頼関係を築かなければ、長期的にうまく対応してもらうことは困難です。

これを参考にチェックしてみては？

9 品質と報酬のコントロール

（1） 弁護士費用が高くなりがちな原因

　一般に弁護士報酬は、依頼者から見て「高い」印象になりがちです。その原因は、弁護士事務所の高コスト体質にあります。弁護士事務所の経営は、依頼者からの報酬のみによって支えられています。原則として、公的な補助金や保険制度等による支援はなく、例外的に、貧困な人々を対象としたリーガルエイドや、中小企業の事業再生のため、中小企業経営力強化支援法に基づく認定支援機関である弁護士等の報酬について一部補助金が支給される制度等があります。保険で弁護士費用が使える場合も限られます。権利保護保険の損害賠償責任保険に含まれる場合、会社の役員賠償責任保険（D＆O保険）で弁護士費用をまかなえる場合等があります。ただ、様々な免責条項とか、保険会社の同意を要すること等があるので、注意を要します。

　一方、法律事務所の経費には、若手弁護士・アソシエイト・秘書等の給料（人件費）、事務所賃料、IT、書籍、引越し代、各種接待費・イベント代等の一切が含まれます。弁護士の活動も、全部が稼ぎにつながるわけではありません。多くの活動的な弁護士は、無償の奉仕活動、その他の公益活動も数多く手がけています。アソシエイト等、多くの勤務弁護士の場合には、いわゆる「3分の1ルール」があり、自分の給料の3倍程度の売上げが期待され、売り上げの3分の1を超えないと、ボーナスが出ないと

いう事務所もあります。

　弁護士会による報酬基準は廃止され、基本的に報酬は自由化されましたが、法律事務所ごとに基準を定めるというルールがあります。これにより、少なくとも法律事務所に求めれば、その事務所の報酬基準を開示してもらえます。法律事務所の報酬基準をホームページで公開しているケースも少なくありません。

(2)　時間制と着手金・報酬金、その他の形態

　弁護士報酬をストック・オプションで付与することは、法律等で禁止されていません。しかし、完全成功報酬方式と同様に、こうした報酬の決め方は、下手をすると弁護士がタダ働きになるリスクがあり、それを避けるために無理をするリスクがあるとの指摘がある等、弁護士倫理の観点から消極的に考えられています。

　日弁連規程第25条は、依頼者との金銭貸借等を禁止しており、「弁護士は、特別の事情がない限り、依頼者と金銭の貸借をし、又は自己の債務について依頼者に保証を依頼し、若しくは依頼者の債務について保証をしてはならない」とも定めており、弁護士法第28条は、係争権利の譲受を禁止しています。これらの規律も、弁護士が係争権利を成立させるために、無理なことをする恐れが懸念されたからでしょう。

　さらに、弁護士報酬のクレジットカード決済もかなり否定的に考えられ、場合によっては懲戒事由ともなりうる旨の注意喚起が弁護士会から出ていました。これも、弁護士は報酬を他者と分配する点が問題とされます。日弁連規程第12条は、「弁護士は、その職務に関する報酬を弁護士又は弁護士法人でない者との間で分配してはならない」と定めますが、同

条は「法令又は本会若しくは所属弁護士会の定める会則に別段の定めがある場合その他正当な理由がある場合は、この限りでない」としているので、弁護士会主催の法律相談で弁護士と報酬を分配すること等は例外的に許容されます。このほか、日弁連規程第 13 条には、「弁護士は、依頼者の紹介を受けたことに対する謝礼その他の対価を支払ってはならない」とか「弁護士は、依頼者の紹介をしたことに対する謝礼その他の対価を受け取ってはならない」といった規制があり、自由に取引できないようになっています。

(3) 複数弁護士の関与が理想的

　複数の弁護士が関与することは、複数の目で効果的、効率的に対応できるメリットがあります。これに対するデメリットとしては、タイムチャージである場合に、そのフィーが嵩むことが懸念されます。何人の弁護士が、どういう形で 1 つの案件に対応するかは、事務所の体制、ポリシーにもよります。依頼企業からすると、その報酬体系によって、どういう形の弁護士の組み合わせが良いのかについても説明を受けるべきでしょう。

　ただ、報酬金額が先に定められ、担当弁護士を事務所側で調整できる場合には、事務所に任せるのが通常です。実際にも、1 件の事件を複数の弁護士が受任した場合、その 1 人が訴訟活動を担当し、他の弁護士は必要に応じてこれに協力するにとどめることは、委任の趣旨に反するものではないという判断をした裁判例もあります（千葉地方裁判所松戸支部平成 2 年 8 月 23 日判決、判例タイムズ 784 号 231 頁）。

（4）　報酬に関する約束は書面等に残す

　日弁連規程第30条は、「弁護士は、事件を受任するに当たり、弁護士報酬に関する事項を含む委任契約書を作成しなければならない」としています。例外として、第1に、委任契約書を作成することに困難な事由があるときは、その事由が止んだ後、これを作成する。第2に、受任する事件が、「法律相談、簡易な書面の作成又は顧問契約その他継続的な契約に基づくものであるとき、その他合理的な理由があるときは、委任契約書の作成を要しない」とされています。

　このため、企業側の手続きとしては、事前に報酬の見積りを求め、概ねの予算を合意しておくことが合理的です。見積書は書面でなくても、電子メール等でも、客観的に記録が残るものであれば、差支えありません。ただ、その見積りは流動的なこともあるので、上限・下限等、概ねの目安を示してもらうべきこともあるでしょう。

　それぞれの法律事務所が定める報酬基準も、かつての弁護士会の基準に準じた内容となっているケースが多く、具体的にいくらになるのかがわかりにくいこともあります。そこで、日弁連規程第24条は、「弁護士は経済的利益事案の難易時間及び労力その他の事情に照らして、適正かつ妥当な弁護士報酬を提示しなければならない」と定めています。結局、その定めを読むだけでは、いくらが妥当かの判断は容易ではないので、法務部門でパフォーマンスを評価して対応することが望ましいでしょう。市民向けに公表された一応のサンプル事例は目安となりえますが、企業向けの報酬は千差万別なので、総合的な評価をせざるをえません。

(5) 顧問料は仕事量による

弁護士の大幅増員に伴って、その価格競争も起きています。ただ単に安ければ良いというものではありません。法的サービスの内容・質を確保しながら、いかにコストパフォーマンスを高めるかを考える必要があります。

中小企業における顧問料も様々で、従前の月5万円の相場は崩れており、その評価は弁護士との関係にもよります。近時は弁護士が増えて価格競争も激しいので、近時の一般的な傾向としてはデフレの影響を受けています。ただ、価格よりもクオリティが大事です。どういう助言を得られるのか、メールの返信は迅速か、日常的に、あるいはイザという時に、気軽に相談できる等、顧問弁護士を雇っていることのメリットが得られなければ、あまり意味がありません。

近時、安価な顧問料で顧問を引き受ける弁護士も増え、将来に大きな案件が持ち上がった時に依頼してもらうことを目当てにしていることが本音であることもあります。それぞれの弁護士の専門性等から、将来の見通し等も踏まえて顧問関係を考えるべきでしょう。

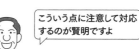

こういう点に注意して対応するのが賢明ですよ

(6) 弁護士報酬支払時の審査

限られた予算をうまく使うため、報酬を支払う場合にも、ただ請求されるままに支払うだけの仕事ではありません。請求書に記載された明細から、仕事の分量やパフォーマンスを総合的に考慮して、その報酬が高すぎると思われた場合には減額交渉をすることもあります。ただ、パフォーマン

スを度外視して減額請求を強めると、手間がかかるうえに、相互の関係が悪くなり、好ましからざる効果をもたらします。

　どういった場合が合理的な減額要求で、どういう要求が不合理であるかは、ケースバイケースですが、その成果だけでなく、依頼当初の事情のほか、その仕事の質や業務の難易度、内容等を踏まえる必要があります。依頼者が報酬の減額等を狙って、弁護士の仕事に文句や言いがかりをつけようと試みるようなケースが稀に見られます。特に、弁護士の側が自信をもって行っている領域でそれを行うと、相互の信頼関係が破壊され、依頼者が良質なサービスを受けることができなくなり、業務成果にも支障を来しますから、邪な狙いから妙な試みをすることは控えるのが賢明です。

　第11次実態調査では、弁護士からの報酬請求について減額を要求したことのある企業がほぼ半数に及ぶところ、法務部門の規模が大きい企業や社内弁護士が在籍している企業ほど減額を求めたことのある比率が多くなっていました。減額を求めることが合理的といえるかどうかの判断が的確にできることが、法務コストの合理化に寄与します。もっとも、企業によっては、支払うだけ払って二度と依頼しないといった対応もあり、「お互い様」の関係となっていることも少なくありません。

　なお、弁護士からの請求書送付のタイミングは依頼者から希望を率直に企業側から伝えるべきものです。弁護士は通常、個別の案件にどう対処するかに頭が占められていることが多いため、依頼者の決算期にまで気が回らないこともありますから、請求時期のベスト・タイミングは依頼者からサインを明確に出していただくのがよいでしょう。

弁護士意見書への不満

依頼した弁護士ないし法律事務所からの意見書が満足できる内容であれば良いのですが、常にそうなるとは限りません。その不満の原因は様々です。

（1） 誰のリスクを考えているのか？

例えば、「こちらの依頼があまりに高い場合、事務所の利益や保身しか考えていないような意見書を出してきた」等といった受け止め方をする法務部長もいます。しかし、その意見に基づいて会社が行動した場合に、もしも法律事務所にリスクがあるとすれば、多くの場合、それは依頼者も同じリスクを負うことにほかなりません。その依頼企業としてはリスクをとるのだというのであれば、そのリスクを十分に指摘してもらうことは害悪ではないはずで、そのリスクを弁護士から聞かされなければ、そのリスクを無視できるというわけでもないのです。

（2） ポイントをついているか？

それでは、「書いてほしいポイントに対してズバリと意見を述べてくれる人に頼まないと時間が無駄」とか、「仮定法ばかりを弄び、逃げているようだ」等といわれる法律意見書は、どのように考えるべきでしょうか。

確かに、依頼者からの照会事項と回答がかみあっていない意見書は好ましいものではなく、依頼企業からするならば、回答してもらいたい論点や期待するポイントを明確に要望することが重要です。前提事実を歪曲して、依頼企業が知りたい問題に対する回答になっていないのでは困ります。また、質問している論点からずれている意見書も困ります。

　そうした問題が起きる原因として、依頼企業と社外弁護士の間のコミュニケーションに何らかの問題があるのか、正しく伝えたくても弁護士の能力の限界から、どうしても回答できないかのいずれであるかが問題です。コミュニケーションの問題を避けるには、法務部門の側で照会事項を明確にする必要があります。その意味について相互に話し合うことで、ほとんどは解決されるはずです。ただ、その話し合いでは、依頼を受ける弁護士の側がコミュニケーションをリードし、依頼者のレベルに合わせることが期待されます。その確認作業がしっくりこなければ、弁護士に問題があることが多いでしょう。

(3)　曖昧、抽象的、難解なコメント

　問題がきちんと整理されていないとか、結論が十分に詰められていないと、表現が曖昧であるとか、抽象的なレベルにとどまり、それが難解に感じられることがあります。こうした場合には、再検討を求める一方で、同時に別の弁護士にセカンドオピニオンを求めることが考えられます。

　曖昧で抽象的な話になるのは、ビジネスの実態や細部を認識していないからでしょう。その事業に精通していないかもしれない場合は、依頼者の側から詳しく背景事情等を説明したうえで、具体的に何をどうすべきかを問い質していくことが求められます。

11 専門士業の利益相反問題

（1） 利益相反に甘かった日本の司法

　弁護士の利益相反の禁止とは、弁護士と依頼者の利益が対立する場合に、依頼者の利益を犠牲にしないように設けられている規制です。この利益相反については、弁護士法や日弁連規程に、弁護士倫理の観点から一応の規律があります。即ち、弁護士法は、職務を行い得ない事件として、利益相反の職務を禁止し、日弁連規程27条、28条、又は57条、58条等で詳細な定めを設けており、一部のケースでは、たとえ依頼者が同意していたとしても、利益相反の職務は禁じられます。

　そのため、例えば、1人の弁護士が訴訟の原告と被告と両方から依頼を受けた場合には、弁護士は利益相反の状況に該当するため、両方の受任から降りるのが基本です。両者から秘密で相談を受けている場合、片方の代理人を辞任するだけでは足りないからです。

　しかし、現行のルールは、基本的に弁護士1人の事務所を前提とした条文を出発点とした定め方で、必ずしも多くの弁護士が所属する法律事務所が組織化された時代に即応するものにはなっていません。

　なお、紛争局面における利益相反の問題については、本章ではなく、**第5章⑦(3)**（220頁以下）で解説します。

　日本の司法には利益相反問題に伝統的に鈍感な風土がありました。例え
ば、裁判所の裁判官と法務省の検事が人事交流する「判検交流」が長く行わ
れていました。裁判官が行政寄り、あるいは検察寄りの裁判が多くなる背景
として、そうした人事交流は問題ではないかといった批判を弁護士会が長く
してきました。しかし、それに対しては、裁判所でさえ「問題はない」と
言っていました。この問題が意識され、変わったのは、最近のことです。

　こうした裁判所が下す利益相反に関する法的判断や法解釈に対しては、
甘い先例があります。例えば、株主が会社に対して提起した訴訟で、「弁護
士資格を有する監査役が会社から委任を受けてその訴訟代理人となるのが双
方代理にあたるとはいえない」（最高裁判所第3小法廷昭和61年2月18日、
民集40巻1号32頁）という判例があります。

　また、監査役が使用人と兼務できない規制があるにもかかわらず、会社の
顧問弁護士は、専門家の立場で会社から受任した事務を処理しあるいは法律
上の意見を述べるものであって、会社の業務自体を行うものではなく、業務執
行機関に対し継続的従属的関係にある使用人の地位につくものではないから、
特段の事情のない限り、監査役に就任しても商法の定めに違反するものでは
ない（大阪高等裁判所昭和61年10月24日、金融法務事情1158号33頁）とい
う裁判例もあります。これらの判例が生きている限り、少なくとも裁判所で
は、利益相反を違法とする判断を期待するのは、少し難しいかもしれません。

　裁判所の世界だけではありません。企業法務でも、日本の大手事務所は、
比較的数が少なく、同じ業界の複数の企業の依頼を受けることは広く見られ
ます。企業側も、同業他社から依頼を受けていれば専門性が高いだろうとい
う信用・期待が高まる傾向さえあります。

　しかし、利益相反問題に敏感な欧米の大手法律事務所では、1業界1社

とすることが多くあり、日本でもそうした方針を採用している弁護士や法律事務所もあります。さらに、一部の大手法律事務所では、社外役員を提供することを控える動きもあります。近時、日本でも利益相反問題に対する認識は急速に変化しつつあります。例えば親子会社間取引やMBO等における利益相反が問題視され、企業社会でも考え方が厳しくなっています。

(2) チャイニーズ・ウォールは信頼できるか

大手事務所内部に利益相反の恐れがあっても、日弁連規程57条や64条にいう「職務の公正を保ち得る事由があるとき」に該当する場合には、例外的に職務を行い得ると読めます。ここから、実務では、何度も繰り返し行われる同種の企業間取引では、所謂「チャイニーズ・ウォール」を設

図表4-4 チャイニーズ・ウォールとは

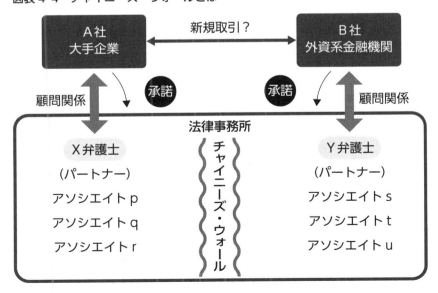

けることで、1つの法律事務所の弁護士が取引当事者双方のアドバイザーとなるといったことがあります。

　チャイニーズ・ウォールが成立するには、依頼者双方に対して重要な事実関係を十分に説明した上で、双方から明示の承諾を得て情報隔離を徹底することが要件です。したがって、依頼者が拒否すれば、取引当事者双方が共に1つの法律事務所の弁護士に依頼する状況は回避できるはずです。

　しかし、同様の取引を継続的に依頼して信用している弁護士を一時的にせよ他の弁護士に交替させることには躊躇する企業がかなり多いのが実情です。確かに、そうした形での依頼のために、日本で実害が生じたケースはほとんど確認されていないようです。そのため、利益相反問題を重視して弁護士を交替させるケースは、多くないでしょう。それで本当に良いのかは、過去の経験においても十分な判断材料がなく、今後の課題です。

（3）　誰と誰の関係で弁護士・依頼者関係があるかが問題

　先述の通り、利益相反の法的規制が甘く、法によって十分に守られてはいないので、依頼者側が自己防衛する観点から考える必要があります。この場合、利益相反関係を理解するため、「弁護士に依頼する主体は誰か」を明確にすることが出発点です。特に誰かから紹介したり、されたりするケースは注意が必要です。弁護士が、依頼企業とは別の法主体である、その会社の社長や、日常的な接触をしている担当者と親しくなることもあります。いずれの場合にも、妙な義理立てをすることはできません。

　例えば、企業と締結する顧問契約の場合、依頼者は会社であって、社長個人でも担当者個人でもありません。ところが、日本では、中小企業等を

中心に、会社の代表取締役社長としての立場と、個人の立場が混同されているケースが少なくありません。

　本来ならば、会社の顧問弁護士と、個人の顧問弁護士は別であるべきです。もちろん、ワンマン企業で会社と個人が完全に一体であれば問題ありませんが、上場会社のように会社と個人を区別しなければならない場合、この点を明確に分けて考える必要があります。この問題は、日常的には顕在化しませんが、例えば、会社の役員が株主代表訴訟制度を起こされた場合や、提訴請求があった場合は、会社の役員個人の利益のために会社の顧問弁護士に依頼できません。この点は、法務部門でも問題が起きないように日頃から整理しておくべきでしょう。

図表 4-5　弁護士に依頼する主体は誰か

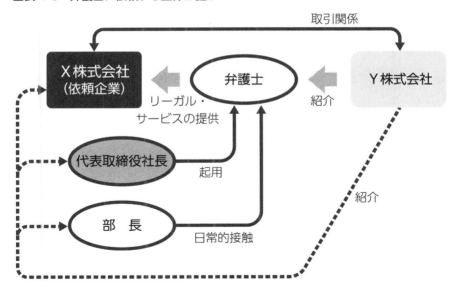

（4） 判断が難しいケース

　弁護士が信用できないとか、利害相反のケースだけでなく、弁護士の判断そのものが難しい法律問題である場合も、セカンド・オピニオンをとることが有用です。決して弁護士が悪いとか、信用できないというわけではなくとも、重要で難しい判断を迫られた場合には、複数の弁護士や法律事務所から意見書をとることにより、妥当な判断の資料を集めることが賢明であるケースがあります。

　もっとも、そうした場合に見解が異なる意見書が出てくることもあります。そうした場合に、それぞれの意見書の根拠のいずれが説得力に優っているかを判断する必要があります。重要な案件であれば、その判断のために、さらに他の弁護士から意見をとるほか、社内弁護士を含む法務部員や経営陣が多角的に検討して、会社としての判断をすべき場合もあるでしょう。専門家が集まって検討や議論をする機会を設けるのが良いケースもあります。

　こうした判断をする場合、過去の判例・前例も大切ですが、法も変わりますから、潮流を読むことも重要です。特に昨今は技術革新や社会の変化に伴い、様々な改革が進んでいる時代であり、裁判所も法令改正の動向に敏感です。そうした裁判実務や判例の変化をも察知することが期待されます。

第 **5** 章

トラブル紛争対応の法務

~発見から調査・解決までの見通し~

法的なトラブル対応の領域では、その端緒における窓口対応から、そのカウンセリング、交渉から最終的な各種紛争解決手続に至るまで、バラエティに富んだ実践的な技能を訓練するプロセスがあります。外部からの直接的な苦情は、どこに飛び込んでくるかは制御困難ですが、内部からの問題提起は、内部通報制度が端緒となることが増えています。そこで、本章では、いち早く問題を発見するための内部通報制度を検討したうえで、その後のトラブル紛争解決の手続きに至るプロセスを検討していきます。

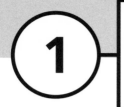

1 内部通報制度の構築と 内部通報対応

（1） 機能する内部通報制度の必要性

　ちょっとした問題にも相談しやすい窓口と、適切に対応できる体制が内部通報の望ましい姿です。雇用不安の高まりや雇用の多様化等に伴って数多くの深刻な法律問題があり、紛争も増えつつあります。こうした現況に対応するため、内部統制の一環として、法務部門が中心となって他の部門とも連携しながら、グループ企業又はグローバル法務の対象として内部通報の体制を整備・強化することが望まれます。

　公益通報者保護法の令和2年改正で常時使用する労働者の数が300人を超える事業者・組織は内部通報制度の整備も義務づけられました。しかし、この法令の範囲内に限定して内部通報制度を構築・運用するだけでは不十分です。可能な限り、複数の窓口を用意し、社外弁護士の相談・通報窓口を整備する等、消費者庁の公益通報者保護制度ウエブサイト等で提供される情報（特に、「民間事業者向けガイドライン」や事業者がとるべき措置に関する指針、その解説等）も参照しながら、充実した制度を整備・運用することが賢明です。実効性のある内部通報制度の構築は予防法務であるとともに、その適切な運用は紛争解決法務の中核的な役割を担います。

そろそろ御社もこれを検討
したらいかがですか？

　「内部通報制度はリスキーなこともある。メンタルの問題を抱えた人が頻繁に利用して、善意の職員を悩ませ、仕事の足を

引っ張る恐れがある」等ということを口実に、この設置・運用に消極的な組織もあります。しかし、それは、より大きなリスクを組織が抱える結果から目をそらすことにしかなりません。通報しやすい制度設計と運営に向けて組織内の理解を浸透させる努力が必要です。

　内部通報制度が機能するためには、通報者の秘密が十分に守られることが特に重要です。そこで、公益通報者保護法の令和2年改正では、通報者を特定させる情報をもらした者に対する刑事罰まで導入されました。

CASE STUDY　内部通報制度への無理解による混乱

　ある従業員が、弁護士に対して、内部通報をしました。ところが、弁護士は、その通報者名を会社に告知し、会社はその従業員を自宅待機としてしまいました。この取扱いが不祥事として報道されました。会社は、「顧問弁護士にも相談したうえで、公益通報とは無関係という理由で自宅待機にした」旨の弁明をしました。結局、会社はこの通報に対して的確な対応を取らないまま、半年後にその問題で逮捕者も出て有罪となりました。また、このトラブルの発端となった通報者名を会社に告知した弁護士に対しては、後日、所属弁護士から懲戒処分がされました。

　会社も周囲のアドバイザーも内部通報制度が何のために存在するのかを理解せず、誤った運用がされた象徴的なケースだといえるでしょう。この事件の後にも、社外窓口の担当弁護士が通報者から同意を得たとして、通報者の多くの名前を依頼者に報告していたことが問題とされる事件が起きる等、通報者が安心して内部通報を利用できないとの批判が高まりました。そうした声を受けて、上記のような公益通報対応業務従事者に対する刑事罰の導入に至りましたが、これによって調査等の対応に萎縮が生じないようにすることも新たな課題となります。

（2）　内部通報制度の効果的な運用

　「内部告発」が「公益通報」と名づけられ、不正に関する通報がしやすい環境を作ることが促されています。しかし、多くの企業に設けられている「内部通報制度」がどこまで実質的に機能しているかは問題のあるところです。従業員の間に、内部通報制度に対するぬぐいがたい不信感がある企業も少なくありません。このほかにも、次表左欄にあげるような阻害要因があります。

　そこで、次表右欄のような処方箋が考えられます。特に、公益通報者保護法でカバーされないような企業倫理違反の問題を含めて取り扱うほか、関連企業や取引業者等からの相談や通報等も受けることが重要です。それ

これを参考にチェックしてみては？

によって、積極的にリスク情報を察知してコンプライアンスの推進や監査情報に役立てることが期待されます。

	内部通報制度の阻害要因	法務、コンプライアンス部門から提示しうる処方箋
設計段階	・通報後の不透明性 ・経営陣の理解不足 ・管理職からの抵抗、反対意見	・社内規程による権限の明確化 ・研修による意識喚起 ・社外窓口の設置
通報受付段階	・通報窓口のわかりにくさ ・通報者の匿名性確保への懸念 ・窓口担当者の対応能力不足	・通報制度の周知、徹底 ・コンプライアンス研修の充実 ・外部窓口の活用
調査対応段階	・調査の不徹底、証拠収集の不十分性 ・被調査部署、被告発者への遠慮 ・人間関係に伴うバイアス ・重大結果への懸念	・外部専門家の活用 ・調査方法の規律整理、内部監査部門等の活用 ・調査人員のサポート ・調査協力義務、説明義務の明確化 ・デジタル証拠へのアクセス権限整備 ・第三者委員会等、外部専門家の起用、活用
検証段階	・結果の不透明性 ・コンプライアンスの形骸化	・社外監査人の活用

　内部通報は、組織内部でのコンプライアンスを推進するためのものですから、通報者が真面目に「不正があると思った」というだけで、たとえ客観的な証拠がなくても公益通報者であれば保護されます。内部通報制度が広く従業員に信頼されるように努力する必要があり、内部通報を契機として、そのリスク情報を会社として適切に対応できれば、企業の自浄作用を発揮することができます。内部通報制度が適切に機能すると、不正が抑制される効果もあり、業務の適法化を図る契機ともなります。

　内部通報制度が機能するには、①通報された事象に対して、迅速かつ的確な調査を行って適切な措置を講じること、②通報のみならず相談等にも親切に対応すること、③通報者等に対するフィードバックを励行すること、④内部通報制度のルールの透明化を図ること、⑤内部通報制度の周知や理解を図ること等が求められます。内部通報制度のルール透明化に対しては、書きすぎに注意すべきであるとの指摘もありますが、調査の実効性の確保や通報者・相談者の心配を払拭する定め等が欠落していないかといった点にも留意が必要です。また、その解釈や内容について誤解する従業員等が現れる懸念もありますが、コンプライアンスを推進する趣旨を従業員全体に理解してもらう地道な努力が肝要です。

　そこで、こうした考え方を具体的に実践する規程例を、以下に簡単な解説付きで掲載します。

〈サンプル：内部通報規程〉

企業倫理ヘルプラインに関する規程（案）

令和　年　月　日承認決議
令和　年　月　日改正

第1章　総則

（目的）

第1条　この企業倫理ヘルプラインに関する規程（以下「本規程」という。）は、株式会社＊＊＊（以下「当社」という。）における業務の適正を広く確保するため、内部通報等の適正な処理の仕組みに関する必要事項を定めることにより、

法令違反行為等の防止及び早期発見、組織的自浄作用の発揮並びに法令違反行
為等の是正を図るとともに、当社に対する社会的信頼を確保し、さらに向上さ
せることを目的とする。

※名称、目的の明示がポイント。

（定義）
第２条　本規程において「従業員等」とは、当社の取締役及び当社に就労する、
又は就労していた従業員（正社員のほか、労働者派遣契約その他の契約に基づ
き当社の業務に従事する派遣従業員、臨時雇及び契約社員、パートタイマーを
含む。以下同じ。）、当社の子会社及び関連会社のすべての取締役、従業員、並
びにそれらの退任・退職者等をいう。

2　本規程において「**通報等**」とは、当社に対して従業員等が行う**通報、質問、
相談等（違反行為の指摘に至らない連絡、提案等を法令等の遵守の観点から行
うものを含む。）をいう。但し、この相談等とは、従業員等の利益を擁護するた
めの法律相談を含まず、当社への質問及び協議申し入れをいうものとする。**

3　本規程において「内部通報等」とは、通報等のうち、従業員等が、不正の利
益を得る目的、他人に損害を加える目的その他の不正の目的でなく、当社の従
業員等（従業員等であった者を含む。）、代理人その他の者について通報対象事
実が生じ、又はまさに生じようとしている旨をヘルプライン窓口に通報等をす
ること（公益通報者保護法（平成 16 年法律第 122 号。以下「法」という。）
第２条第１項に規定する「公益通報」を含むが、これに限らない。）をいう。

4　本規程において「内部通報者等」とは、内部通報等を行った従業員等（以下
「内部通報者」という。）、並びに内部通報等に係る調査に協力した者及び当該調
査に積極的に関与した当社従業員等（以下「協力者」という。）をいう。

5　本規程において「通報対象事実」とは、法令及び当社の社内規程等（努力義務
に係る規定を除く。以下同じ。）に違反する事実をいい、別表に掲げるものをいう。

6　本規程において「被通報者」とは、内部通報等の通報対象事実に関与したと
される者をいう。

※第１項では役員や退職者を含めて広くしつつも、取引業者等を含まない例である。
※第２項では、相談まで含めて「通報等」として定義する。この但書きは、利益相互
　の問題を回避するために、その立場を明確にする趣旨である。
※第４項では、通報の協力者にも言及する。

（ヘルプライン窓口）
第３条　本規程に基づいて通報等をする場合、従業員等は、次のヘルプライン窓
口に対して、電話、電子メール（匿名性のあるシステムを利用するものを含む。）
又は直接面談する方法等により通報等をすることができる。

(1) 人事・労務に関する通報等　　　　　労務相談課

　　　　　連絡先　XXX－XXXX

(2) 取締役、役員の不正に関する通報等　　監査役室

　　　　　連絡先　XXX－XXXX

(3) 一切の法律問題に関する通報等　　　法務部

　　　　　連絡先　XXX－XXXX

(4) 一切の事項に関する通報等　当社が指定する弁護士（以下「指定弁護士」という。）

　　　　　連絡先　XXX－XXXX　　　　　弁護士　＊＊＊＊

(5) 一切の事項に関する通報等　　コンプライアンス本部

　　　　　連絡先　XXX－XXXX

2　従業員等は、前項に定めるヘルプライン窓口のいずれか一つを選択して通報等を行うことができる。

3　当社は、指定弁護士に通報等に係る業務を委託するときは、その契約書に次に掲げる事項を明記する。

(1) 内部通報等に係る秘密保持に関する事項

(2) 再委託の禁止に関する事項

(3) 調査及び報告義務に関する事項

(4) 紛争が生じた場合の対応方法に関する事項

(5) 前各号に掲げる事項のほか、本規程の目的を実現するために必要な事項

4　従業員等は、本規程に基づき、ヘルプライン窓口を**積極的に利用するよう努める。**

※複数の通報先から選択できる制度で、例えば「労務相談課」は、人事考課や配転を定める部署とは独立した部署であることが必要であろう。

※監査役への言及は、監査役の職務を拘束するものではなく、従業員に向けられた定めであり、監査機能の実効性を高める趣旨である。

※第1項は権利として、第4項は努力義務として定める。

（内部通報等）

第4条　各ヘルプライン窓口は、それぞれ独立して、通報等を受け付け、その対応を行う。

2　通報等は、電話、電子メール、FAX、書面又は面談等により行うことができる。

3　無責任な通報等を避けること及び事実関係の確認と調査を行うため、**通報等は、原則として内部通報者の氏名及び連絡先（以下「氏名等」という。）を所定のヘルプライン窓口に明らかにして行うよう努める。但し、ヘルプライン窓口は、内部通報者の氏名等が明らかにされていないことのみを理由として、その通報等を拒否することはできない。**

4 従業員等は、内部通報等をする意思を有する者がいることを知ったときは、速やかにヘルプライン窓口に連絡し、又はその者に対してヘルプライン窓口に内部通報等をするように助言するように努める。

5 当社就業規則その他の規定に定める守秘義務に関する規定は、本規程に基づいて行われる通報等を妨げない。

※第3項は匿名通報を許容する趣旨である。第5項は確認規定である。

(通報等の制限)

第5条 従業員等は、虚偽の通報等、他者を誹謗中傷する目的でなされる通報、不正の利益を得る目的、他人に損害を加える目的その他の不正の目的で通報等を行ってはならない。

※この定めとは別に、就業規則に、本規程に違反した場合には懲戒事由となる旨を定めておく。

第2章 通報等に係る調査及び是正措置等

(ヘルプライン窓口の職務)

第6条 ヘルプライン窓口は、電子メール、FAX又は書面により内部通報等を受けた日から20日以内に調査を行う旨又は正当な理由により調査を行わない旨を内部通報者に対して知らせるものとする。但し、内部通報者の氏名等が明らかにされていない場合は、この限りでない。

2 通報等を受けた各ヘルプライン窓口の担当者は、通報等の対象となった事実関係の内容(但し、通報者の氏名を除く。)を直ちにコンプライアンス統括責任者に報告するものとする。

3 通報等は、匿名によっても行うことができる。但し、通報の内容の調査(以下「調査」という)への協力のため、通報者は、所属部署及び連絡先等を連絡することが望ましい。

4 コンプライアンス統括責任者は、通報等を受けた指定弁護士から調査又は是正措置の助言を受けたときは、指定弁護士と協議し、当社規程等の趣旨に則り、調査又は是正を図る等の措置を取る。

※報告内容からは通報者の氏名を除く点がポイント。

※第1項は、公益通報者保護法を受けての定めである。「内部通報等を受けた日」と到達日を起算点としているのは、到達主義によるとの解釈による。

※実際の運用としては、20日よりも短く、速やかに対応を行うべきである。

(調査の実施)

第7条 ヘルプライン窓口が通報等を受けたときは、当該通報等に対応し、当社規程等の趣旨に則り、調査が必要と判断したときは、調査を実施する。調査は、証拠の収集、聞き取り等により速やかに実施する。但し、必要に応じて内部監査部門その他の調査担当部署又は他の弁護士に調査を依頼することができる。

2 調査に際しては、通報者等のプライバシーに十分配慮し、第三者に通報者等が容易に特定されないように配慮する。

3 コンプライアンス統括責任者は、内部通報者の氏名等が明らかにされてないことのみを理由として、当該通報対象事実に係る調査を実施する必要がないものとすることはできない。

4 指定弁護士又は監査役は、ヘルプライン窓口として内部通報等を受けたときは、コンプライアンス統括責任者に通報等に関して調査を求めることができる。

5 通報等の違反行為に関与したとされる従業員等は、通報等の内容にかかる調査に関与することができない。

6 通報等に基づく調査は、公正不偏にこれを実施するものとし、この調査において通報者の名前を開示する必要がある場合も、通報者の同意を得なければ、通報者の氏名を開示することはできない。

※調査過程の基本的なルールを定めておくものであるが、調査の要否は適切な判断に委ねられ、形式的に手続きを固定的に縛らず、事案に応じた適切な対応を可能とすることがポイント。

（協力義務）

第8条 コンプライアンス統括責任者及びヘルプライン窓口は、内部通報者等、被通報者並びに通報対象事実に係る部署及びその関係者に対して、通報等の調査のため、資料の提出、意見の開陳、説明その他必要な協力を求めることができる。

2 従業員等は、通報等にかかる調査が円滑に実施できるよう、調査又は調査の実施上必要な行為を求められたときは、正当な理由なくこれを拒否することができず、通報等に基づく調査に対して積極的に協力し、知りえた事実について真実を述べるものとし、その調査に協力する。

3 通報等にかかる調査において、被通報者が前項の協力の求めに応じない場合であって、調査に必要な資料を保全するため緊急の必要があると認める場合、当社は、当該被通報者に対し当該調査に係る利害関係を有する者との接触禁止、保全を必要とする場所への接近禁止その他の必要な措置を講じることを求めることができる。

（調査結果の報告）

第9条 調査の結果、通報等にかかる違反行為があったと認められたときは、コンプライアンス統括責任者は、速やかに当該調査結果を各取締役及び各監査役に報告する。

2 調査が終了したときは、速やかにコンプライアンス統括責任者に報告するものとする。

3 コンプライアンス統括責任者は、調査及び調査結果に関して通報者等に通知することができる。

4 **指定弁護士は、原則として、通報者等の氏名を当社に報告しないものとする。但し、①通報者等の承諾がある場合（調査のために不可欠の場合を含む。）、又は②通報が不正の目的でなされた場合に限り、通報者名を当社に報告することができる。**

5 指定弁護士は、自らが受領した通報等の内容により自らの判断で当該通報等の報告の宛先をコンプライアンス統括責任者以外の役員とすることができ、その場合、指定弁護士から当該通報を報告された者は、本規程によりコンプライアンス統括責任者が行うとされた措置をとることができる。

（不服申立）

第10条 内部通報者が調査の結果について通知を受け、当該通知の内容に不服がある場合、内部通報等をしたヘルプライン窓口以外のヘルプライン窓口に再度の内部通報等をすることができる。この場合において、再度内部通報等をしようとする者は、最初に受けた通知の内容を新たなヘルプライン窓口に知らせなければならない。

2 被通報者は、通報等にかかる調査結果の通知を受けた内容に不服がある場合は、当該通知を受けた日から起算して10日以内に、コンプライアンス統括責任者に対して不服申立てを行うことができる。

3 前項による不服申立てがあった場合、コンプライアンス統括責任者は、当該不服申立ての内容を検討し、再調査を実施するか否かを決定するものとする。

（是正措置等）

第11条 通報等にかかる調査結果（但し、通報者の氏名を除く。）は、取締役会及び監査役会に報告するものとし、必要に応じて就業規則に定めるところにより懲戒処分の手続をとり、刑事告発、又は再発防止措置等をとるものとする。

2 ヘルプライン窓口が是正を図る等の措置が必要であると判断した場合、コンプライアンス統括責任者に報告し、その是正措置を促すものとする。

3 ヘルプライン窓口の受付部署における調査結果が重大である場合には、当社コンプライアンス統括責任者又は当社業務担当役員は、速やかに対応するものとし、必要に応じてコンプライアンス委員会に諮問し、又は直ちに違法行為を中止するよう指示する等、必要な措置を講じる。

4 調査の結果、内部通報等に係る通報対象事実があると認められるときは、コンプライアンス統括責任者は、職務分掌に応じて、直ちに是正及び再発防止のために必要な措置（以下「是正措置等」という。）を講じ、又は取締役会もしくは管理職従業員に対して是正措置等を講じるように求める。

5　内部通報者等が内部通報等に基づく当該調査対象に関与していた場合、懲戒処分その他当社が当該従業員に対する処分について内部通報等をしたことを斟酌し、その不利益処分を軽減することができる。

6　取締役会が調査にかかる報告を受けたときは、必要に応じて、調査結果又は是正措置等の内容（以下「是正措置等結果報告の内容」という。）を定め、関係行政機関に報告し、又は告発、公表することができる。

※対応についても会社の方針を定めておく。第5項は社内リニエンシーの定めである。

（関係部署等への通知）

第12条　当社は、必要があると認めるときは、是正措置等の内容及び是正措置等結果報告の内容を関係する部署に通知する。

（情報の記録と管理）

第13条　通報等を受けた各ヘルプライン窓口の担当者及び調査担当部署は、通報者の氏名、通報等の経緯、内容及び証拠等を部署内において記録・保管するものとする。

2　各ヘルプライン窓口は、電話により行われる通報等を録音することができ、通報が面談等によるときは、事後に電子メールで当該通報の内容を確認する等の適宜の方法により、当該通報の記録の保存に配慮する。

第3章　内部通報者等の保護等

（不利益取扱いの禁止）

第14条　当社及び従業員等は、通報者又は協力者の氏名等を知り得た場合、通報等の行為、又は調査への協力をしたことを理由として通報者又は協力者に対する差別的処遇等の報復行為、解雇もしくは解職（派遣契約その他の契約に基づき当社の業務に従事する者にあっては、当該契約の解除）、人事考課への悪影響を及ぼす行為、配転、降格、減給、嫌がらせ、いかなる不利益な取扱いも行なってはならない。

2　当社は、前項に違反した者に対し、就業規則又は懲罰委員会規程等による処分を行うものとする。

3　管理職従業員は、通報等又は調査に協力したことを理由として当該内部通報者等及び協力者の職場環境が悪化することのないように適切な措置を執り、配慮するものとする。

（被通報者等への配慮）

第15条　内部通報等に係る被通報者又は調査に協力した者等に関しては、その名誉及び個人情報に配慮して取り扱うものとする。

2　調査において、被通報者には、公正な聴聞、反論又は弁明の機会が提供されるものとする。この場合において、被通報者が弁護士等の同席を申し出た場合は、正当な理由がない限りこれを拒否することができない。

（守秘義務）

第16条　内部通報等を受けた各ヘルプライン窓口の担当者、調査担当部署及びコンプライアンス委員会に関与する者、その他調査に従事する者（以下「内部通報等業務従事者」という。）は、当該職務に関連して知り得た秘密、通報者の属性、通報の経緯及び内容、調査で得られた証拠等、通報又は調査に関する情報を厳重に管理し、正当な理由なく社内外で開示又は漏えいしてはならず、内部通報等業務従事者でなくなった後も、同様とする。

2　通報等に関する情報を知り得た者は、その情報に関して秘密を保持しなければならない。

3　当社の役員を含む従業員等は、第17条に定める例外的な場合を除き、各ヘルプライン窓口の担当者又は調査担当部署の担当者に対して通報者の氏名等を開示するように求めてはならず、またその開示をするように画策してはならない。

4　内部通報等業務従事者は、内部通報等又は調査で得られた個人情報を、正当な理由なく他人に知らせ、又は不当な目的に利用してはならない。内部通報等業務従事者でなくなった後も、同様とする。

※通報者の匿名性確保のために万全を期するための定め。

（内部通報者等の氏名の非開示）

第17条　通報等にかかる調査においては、正当な理由がない限り、内部通報者等の同意を得なければ、内部通報者等の氏名を開示されないものとする。この正当な理由には、通報等が不正の目的に基づくことが明らかである場合等、内部通報等として保護するに値しない十分な根拠があることを必要とするものとする。

2　調査の結果等により通報等が不正の目的に基づくことが判明した場合、被通報者は、当該通報等を行った者に対する正当な権利を行使するため、書面により、その通報等をした者の氏名の開示を求めることができるものとする。

3　当社は、不正の目的に基づく通報等をした者の氏名を利害関係者に開示し、その者が所属する部署の管理職従業員等に対し懲戒等の処分勧告を行うことができる。但し、証拠が不十分であることのみを理由として通報等が不正の目的に基づくものと判断してはならず、不正の目的の認定は十分な根拠を要するものとする。

4 通報者の同意により通報者の氏名が開示できる場合、特に未然防止の貢献が大きいと認められ、問題解決後に、**コンプライアンス委員会において当社のリスク軽減につながったと認定した場合、当該リスク実現時の予想損失額を考慮して、相当な報奨金を支給できるものとする。**

※第4項は、報奨制度として第一歩を踏み出す場合の一例である。

（内部通報等を行おうとする者）

第18条 内部通報等を行おうとする者は、あらかじめ法令及び本規程その他当社の社内規程等を自ら確認して行動する。従業員等は、通報等を行うに当たって業務上の判断を要する場合、当社行動規範及び業務規則等の当社の規程等に則って行動する。従業員等は、自らの利益を守る目的においては、外部の弁護士に相談ないし依頼することを防げられない。

（内部通報制度のための社員教育）

第19条 当社は、当社の役職員及び従業員等に対して企業倫理ヘルプラインに関する研修を行い、また従業員等は当社企業倫理を含む事項について当社行動規範に定めるところに従い、定期的に倫理研修を受けるものとする。

附則 本規程は、令和 年 月 日から実施する。

（別表）不正の定義

本規程において、法令違反及び不正行為として申告できる事項は、広く次の事項をいう。

(1) 法令違反行為（但し、努力義務にかかるものを除く。）

(2) 従業員等、取引先、消費者、その他利害関係者の安全、健康に対して危険な行為又は危険を及ぼす恐れのある行為

(3) 法令違反行為の隠蔽、証拠隠滅、情報漏えいにより当社の名誉又は社会的信用を侵害する恐れのある行為

(4) 就業規則その他の当社の内部規程に違反する行為（但し、人事上の不満及び努力義務にかかるものを除く。）

(5) 当社倫理行動規範に違反する行為（但し、努力義務にかかるものを除く。）

社内調査と問題対応

(1) 不祥事発生時の主体的対応〜敏感な問題意識が不可欠

　事業活動における損失を回避・軽減するため、問題や不祥事が発生したケース（有事）においては、先手を打って主体的に有効な対策・解決策を打つ必要があります。内部通報でも、外部からのクレーム対応でも、正しい法律判断を前提とした誠実かつ冷静な対応が必要です。

　まずは苦情やクレーム等の主張をよく聞き、何が問題かを探ります。日常的にトラブルに接していると、クレームに対して鈍感になりがちですが、これが危険です。法的リスクを視野に入れつつ、常に敏感なアンテナを張っておく必要があります。

　法務部門としては、違法な行為や活動を阻止することが第一ですが、どこまで積極的に阻止する義務を負うかは微妙な問題です。社外弁護士ならば、依頼されていない事柄に介入するのは困難であり、解任されれば終わりです。しかし、法務部門や社内弁護士は、そうはいきません。自分たちの問題として直視して、対応する必要があります。どう対処すべきかの問題点を整理して、正しい対応方法を経営陣に助言し、是正に向けてタイムリーに動く必要があります。法務担当の役員は、適切に対応することが善管注意義務からも要請されます。

　当初はよくある苦情にすぎなかったものが、深刻な紛争に発展して、法的主張の応酬を強いられることもあります。紛争処理の専門家による解決

が必要な場合には、法的手続を利用することも考えられます。公的な手続きを利用することにより、行政又は司法によるお墨付きを得ることは、特に不当な相手方に対しては有効です。

外部からの様々な苦情は、忌むべきトラブルとして処理することだけを考えるのではなく、付加価値の高いサービス提供のための基礎情報として役立てることができる場合もあるでしょう。そのための提言にも積極的に取り組むべきです。

(2) 証拠の保全と的確な調査

相手方の主張する問題点を的確に把握するには、幅広い情報収集が必要です。事実関係を整理して、情報の真偽を見極めるため、証拠に基づいた、冷静な事実認定が求められます。可能な限り、関係者から情報を調査するほか、その原因究明や同じような原因による類似事例がないかを調査することは、再発防止のために不可欠であり、企業が説明責任を果たすためにも重要です。

証拠を確保するには、日常的な情報管理が重要です。トラブルが発生してから作成、収集した記録は信用力が必ずしも強くありません。この見地から、情報の保存管理体制として、適時に業務を記録した文書データの作成・保存のルールを確立し、適正に運用する必要があります。

多くの場合、第三者的な立場にある独立した調査部門が対応する必要があります。法務部門は、それらの利害関係に配慮して交通整理をする役割を担うことが求められます。この場合、内部監査部門を活用することも一つの選択肢です。

この点は御社でも注意すべきですね

　不祥事への対応を誤った場合、最悪のケースでは、企業自体が消滅することさえあります。法的トラブルから企業の崩壊、倒産に至ったケースは決して少なくありません。些細なミスがきっかけで世界的な事業体が消滅した事件として、エンロン破綻後に起きたアンダーセンの事件が有名です。

　2001年に破綻したエンロンの事件（275頁参照）では、様々な不適切な金融スキーム等が絡んでいました。当然のことながら、そのような複雑な金融取引は素人ではできないものであり、多くの専門家が関与していたはずなので、その疑惑がかけられました。その疑いの1つが、アンダーセンに向けられましたが、問題はその後の対応でした。

　エンロンを担当していた疑惑の会計士らは、恐らくアンダーセンに法的責任が及ぶことを防ごうという浅はかな目論見から、関係する問題となりそうな資料を廃棄してしまいました。これが司法妨害の罪に問われる結果となり、大手会計事務所の一角を占めていたアンダーセンの信用は地に落ちました。組織的な証拠隠しをしたような事務所との監査契約等を維持できないという理由で、米国の1つの事務所で起きた「担当者による証拠隠滅」という疑惑は、世界的な会計事務所の消滅にまで発展しました。

　もっとも、その司法妨害の罪については、かなり後になってから無罪の判決が下されています。しかし、もう後の祭りです。消滅したアンダーセンが復活することはありません。

　この悲劇は、本来ならば避けることができたはずです。アンダーセンの経営陣が、その担当者を直ちに現場から隔離して、証拠の保全を図っていれば、証拠隠滅の疑惑も避けることができたはずです。ところが、経営陣は、ヘマをした部下たちが何とかうまく対応してくれるだろうという淡い期待を抱いたのかもしれません。アンダーセンは、会計事務所ではありますが、弁

護士王国アメリカの事業体として、それなりの法務担当者もいましたが、倫理観に曇りのあった幹部や法務部門は、この問題を未然に防げませんでした。

(3) 迅速な対応

不祥事が発生してから、その解決ないし公表に至るまで、時間がかかりすぎては何にもなりません。隠そうとしても、時間が経てば経つほど外部への漏えいリスクが高まり、内部告発等で表沙汰になれば、深刻かつ重大な問題となります。

高度情報化社会では事実関係も法律情報も豊富に流通しているので、問題が組織内部で察知されても、迅速な対応をしないで問題を抱えていると、さらに状況が悪化する事態を招きやすくなります。本質的な問題を先取りして、何が好ましい解決策なのかを、法令だけでなく、レピュテーション・リスクも踏まえ、企業の社会的評価を考えて問題に対処するには、迅速な事実調査を踏まえて、迅速に対応することが不可欠です（156頁以下も参照）。

早く対応を検討するのが良さそうですね

　2007年発覚の某菓子メーカーの事件では、前年から洋菓子に自社で定める消費期限切れの原料を使用していた問題があったのに、その対応を「慎重」の名の下に、クリスマス商戦後に「先送り」する形になりました。結局、小出しの情報提供等をすることでメディア対応を誤り、スキャンダラスな報道が相次ぎ、消費者の信頼を失う形になり、工場の操業停止や洋菓子店の休業などに追い込まれてしまい、巨額の営業赤字で存亡の危機に陥ったこともありました。後日の検証報告で、法令違反がなかったと説明されましたが、その報告は遅すぎた観が拭えません。

　この事件が起きる前にも、シュークリームで消費期限が切れた牛乳を使ったケース等、食品会社の誠実性が問題とされた事件が、何度も注目されていました。他社の失敗事例を繰り返すような恰好になったことも、厳しい世論の批判を受ける結果となりました。タイムリーな対外的開示を疎かにすることは、役員の法的な責任にまで及ぶ時代になっています（281頁参照）。他社の失敗事例についても、同じような過ちを犯すことにならないよう、その原因を十分に把握して迅速かつ的確な対応をする必要があります。

対応方針の選択
紛争回避か徹底抗戦かの
見通しと判断

　社内調査を踏まえて、会社としての対応方針・態度決定をどのように決めるかも、整理しておく必要があります。問題が発生した部署の担当者は、必ずしも責任をもって対応できるとは限らず、その担当者が懲戒処分等の対象となる場合もあります。上司の監督責任が問題となることもあるので、問題を起こした従業員の上司に任せることは不適切です。

　紛争事案では、事実関係を十分に調べたうえで、どのような最終的な決着を目指すのかを適切に判断する必要があります。その判断に正解があるとは限らず、企業ポリシーが関係する問題もありますが、社会的に妥当であるかを最重視すべきです。法務部門としては、解決までのコストをも踏まえて、必要に応じて外部専門家にも相談し、解決に向けた選択肢のメリット、デメリット等を整理して判断権者に示すことが必要です。

　会社にとって重要な紛争ならば、取締役会ないし社長の経営判断を仰ぐ必要があります。重要か否かの判断は、金額的・質的な観点から法的に判断されます。「重要な紛争」に至らない場合の判断権者は、企業の組織体制に応じて職務分掌で決めておくべきでしょう。

　企業に大義名分がある場合は、公的な法的手続であっても、毅然とした対応をして、自社の正当な利益を社会に対して発信し、裁判所等でも堂々と主張すればよいでしょう。それに対して、利己的で、一部経営者の自己保身にすぎない主張や単なるメンツでしかない場合は、たとえ裁判で勝てるチャンスがあっても、大局的に見れば得策ではなく、長期的に損失をもたらします。

契約に関する紛争の対応が法的に誤っていると、経営者がその責任を追及されるトラブルにまで発展することがあります。本来ならば、契約の解釈に精通している専門家がチェックすべきですが、日常的に慣れていないと、知らないうちに物事が進んでしまいがちです。

レストラン運営委託契約の終了時に補償金を支払う義務がないのに支払ったことについて経営者の責任が追及された事件がありました。裁判所は、取締役会が「弁護士等の然るべき専門家の助言を得ることや、取締役ら自身による法的検討を怠り、自己の経験あるいは関係法令に対する誤った理解に基づいて、受任者の要求金額は妥当」と考えて補償金等を支払ったことは、取締役らの忠実義務違反・善管注意義務違反であるとして、1,300万円余りの賠償を命じました（福岡高裁判決平成24年4月10日、判例タイムズ1383号335頁）。

図表 5-1　対応方針の選択は総合的判断

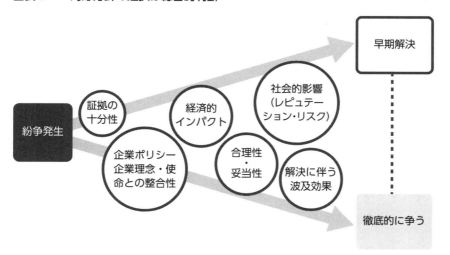

4 コミュニケーションにおける十分なバックアップ

相手方や当局等との折衝では、不用意な表現は禁物です。社外に書簡やメールを送付する場合にも、事前の相談を法務で対応できるようにして、十分に配慮した表現を確保し、コミュニケーションでの無用な失敗を避けるようにする必要があります。

自社の方針を固めてから、相手方等との交渉を開始します。このコミュニケーションでも、法的な見地からチェックして、不用意な表現を回避する配慮が求められます。法務部門がそうしたコミュニケーションにも関与することにより、不慣れな担当者による感情的な表現等を抑える等して、不毛な論争を少なくします。相手方との対話では、どこに落とし穴があるかわかりません。当方には自明でも相手には不明であることもあり、業界等の「常識」に頼らず、客観的に疑義の少ない表現が必要です。

連絡・伝達体制の構築においても、各部署の役割分担は重要ですが、いろいろな部署をたらい回しするような形にならないように、法務部門で調整・カバーする必要があります。また、文書クレームに対しては、法務部門において文書等による記録に残るコミュニケーションを管理し、不利・不適切な発信を防ぎながら、誠実な対応をしていくことが重要です。

事後的には、不祥事の教訓について対内的な情報の共有化を図り、将来のコンプライアンスに役立てるようにすることも重要です。

早く対応を検討するのが良さそうですね

反社会的勢力対応

　企業が直面する問題を、インフォーマルな手法や、政治や行政によって解決するような時代は終わり、法的な規範によって決着をつける傾向が強まりつつあります。企業社会でも、総会屋や反社会的勢力と絶縁し、法に従って行動するように変わり、反社会的勢力との絶縁は、暴力団排除条例等により法的規律も強化されています。そこで、早期の段階で名刺をスキャンするだけで自動的に基礎的な反社チェック等ができるようなサービスを利用することも検討に値します。

　ただ、反社会的勢力の問題は、海外にもあります。海外進出の拡大と国際情勢の流動化に伴って、海外の反社やテロ組織等との問題にも十分な注意が必要です。

　日本でも、かつては反社会的勢力が総会屋等、様々な形で企業活動に食い込んでいました。その構造は新興国等では類似する面が見られます。現在は、反社会的勢力とは、内外を問わず、毅然とした対応が強く求められる時代です。とはいえ、新興国等の中には本当に「命のやり取り」をしてしまうような問題に巻き込まれるリスクが隠れており、日常的にテロを警戒すべき国もあります。日本と同じような感覚で、直ちに強硬な法的解決を目指すことが良いとは限らないことにも留意する必要があります。結局、どの段階で、誰に対して、どのような措置をとるかについては、現地の信頼できる専門家と相談しながら進める必要があります（ただし、232頁参照）。

CASE STUDY　反社会的勢力への融資問題

　平成 25 年 12 月 26 日、金融庁は、反社会的勢力との関係遮断に向けた取組みの推進を強化する方針を打ち出しました。みずほ銀行、三井住友銀行、三菱東京 UFJ 銀行（これらの傘下の信販会社等を含む）といった 3 メガバンクだけでなく、その他の銀行でも、暴力団関係者ら反社会的勢力と疑われる取引があることが表面化したからです。銀行は自社データベースで反社会的勢力に該当する取引先があることを把握できたにもかかわらず、取引後に融資先が反社会的勢力であることがわかったケースもあったと伝えられています。かつては、元警察官等を雇い、総務部門で反社の対応をしていた時代もありました。

　しかし、法的に誤った対応では通用しません。命が狙われる危険もあるような事態に対して、正しく対応するために、どうしてよいのかわからないと思考停止に陥るかもしれません。こうした問題で法務部門が頼りにされないようでは、適正な対応は困難です。本来ならば、直ちに法務部門を中心に専門弁護士や関係機関と連携して対応策を練るべきでした。

　万一、反社会的勢力と関係する事案があった場合にどう対応するかは、外部の専門的な知見を求め、警察との連携や全組織的な対応をとることが不可欠です。どう対応してわからないからといって、問題を自分達で抱え込むだけで、解決を先送りすることは許されません。何が反社会的勢力であるかの認定を明確にし、根本的な解決を図ることが重要です。

6 債権管理や資産の保全

（1） 訴訟に至らない債権管理・回収法務

　訴訟にまで至らない典型的な債権管理・回収業務、集金等の比較的シンプルな業務については、管理部門で事務的に対応しますが、面倒な法律問題が生じた場合には、法務部門で対応します。できるだけ訴訟等のコストがかからないように、営業部門と取引先との関係を踏まえて、法務部門と協働で回収のために最も効果的な手段をとるべきです。事務的な、通り一遍の催促等ではうまくいかない債務者もいます。

　本来ならば、契約段階で担保をとる等、事前の備えを用意しておくべきで、予定された債権回収手段を実行していくのが基本です。会社に加えて、その代表者から連帯保証をとることもあります。しかし、事前の備えがないとか、不十分である場合、可能な限りで、法令で許される限りの債権の保全・回収を試みるしかありません。

　相手方に回収できる資産が何もなければ、回収不能となっても、やむを得ないことがあります。また、法的手続には時間やコストもかかることを考慮する必要があり、強制執行をするには訴訟によって判決手続等に相当な労力を要することもあります。必要に応じて、公証役場で強制執行認諾

この点は御社でも
注意すべきですね

文言付き公正証書を作成しておけば、判決手続を省略して強制執行をすることが可能なこともあります（後掲の覚書第7条参照）。

回収コストがかかりすぎる場合、諦める方が得策であるケースもあります。法務部門が強ければ、諦める範囲を絞ることができ、無駄なコストを節約できることもあります。事実上の倒産状態で、債権回収をうまくできるケースもありますが、後日、否認されるリスクもあり、弁護士の助言を踏まえて適切に行動しなければ無駄な悪あがきとなるだけです。

CASE STUDY　債権回収

　A社は、新たに販売店となったB社に商品を販売しました。雛形の契約書を用いて、形式は全部きれいに整えました。最初の取引にあたっては、一応の信用調査もしました。A社のルールでは信用調査部門が事務的に処理する仕組みはあったからです。ただ、営業担当者は、少しでも成績を上げるために成約を急ぐ傾向があり、年度中の成約を急いでいました。営業担当者は、B社が資金繰りに困っているという噂も耳にしましたが、それはライバル会社の関係者からの情報で、むしろB社の社長の人間性に強い魅力を感じて、契約に至りました。A社には、新規の取引に法務部門がサポートする社内ルールもなく、ふだんから細かい注文をつける法務部門を敬遠していたので、事前に相談する必要はないという思い込みもあり、審査部門もA社の営業担当者に押されて譲歩してしまいました。

　数か月後、かなりの販売量にのぼった段階で、B社の経営者が突然に夜逃げしてしまい、A社の相当額の債権が焦げ付いてしまいました。結果として、十分な保証金も担保も取らずに、不用意にやや高額の取引に至ってしまったことが大いに悔やまれるケースでした。

〈サンプル：示談の覚書（別紙の弁済計画は省略）〉

覚書

債権者＊＊＊＊を甲とし、債務者＊＊＊＊を乙とし、連帯保証人＊＊＊＊を丙とし、次の通り、この覚書（以下「本覚書」という。）を締結した。

第1条（目的）

　　乙は、甲に対し、＊＊＊年＊月＊日現在、甲に対して買掛残代金合計金＊＊＊円の支払債務（以下「本件債務」という。）を負っていることを承認し、これを以下の条項に従い弁済することを約し、甲はこれを承諾した。

第2条（弁済期限）

　1．乙は、甲に対し、別紙の通り分割して該当月の20日までに、××銀行○○支店普通預金口座番号＊＊＊、甲の口座に振込み送金して支払う義務を負う。

　2．乙は、月々において可能な限りの金額を、別紙記載の弁済金額を超えて支払うよう、最大限の努力をする。別紙の弁済金額を超える額の支払いは、別紙弁済計画の最も遅い支払日のものから順次充当する。

第3条（期限の利益喪失）

　　乙が第2条の支払いを1回でも遅滞したとき、又は乙に対して強制執行、競売もしくは破産、民事再生等の倒産手続が開始された場合、乙は何らの通知催告なくして期限の利益を失い、第1条記載の本件債務の全額から弁済した金額を控除した残額に次条記載の遅延損害金を付加し一括して直ちに甲に対し弁済する。

第4条（遅延損害金）

　　乙が第3条で期限の利益を失ったときは、それ以降完済に至るまで、乙は年率14パーセントの割合による遅延損害金を支払わなければならない。

第5条（連帯保証）

　　丙は、甲に対して、本件債務の弁済について、乙と連帯して保証するものとする。

第6条（免責）

　　乙及び丙が、別紙の通り期限内の支払いを完済することを条件として、甲は本件債務にかかる残債務を放棄する。

第7条（公正証書の作成）

　　乙が第2条の支払いを1回でも遅滞したとき、乙及び丙は、本覚書の内容につき強制執行認諾文言付公正証書を作成することに協力するものとする。

第8条（債権・債務不存在確認）

　　本覚書に定めるほか、甲乙丙間に何らの債権債務も存在しないこと、及び甲乙丙間に存在していた関係から生じうる債権債務の存否を含む一切の事項について争わないことを確認する。

第9条（その他）

　　本覚書について疑義が生じた場合には甲乙丙協議のうえ解決するものとする。

本覚書の締結を証するため、本書3通作成し、甲乙丙記名捺印のうえ、各自その1通を保有する。

紛争解決法務の中核
訴訟・仲裁事件対応

(1) 代理人の起用

　会社内部で解決できない問題は、訴訟や仲裁等の法的手続となることがあります。訴訟にも、民事訴訟、刑事訴訟、行政訴訟等に応じて、性質も異なります。民事紛争であれば、訴訟のほか、仲裁や調停、労働審判等、様々な種類の紛争手続きがあります。国内紛争もあれば、国際的な紛争もあります。

　定型的な紛争（例えば容易な債権回収訴訟等）については、社内弁護士が取り扱う方が合理的に処理できることがあります。社内弁護士がまだ訴訟に慣れていなければ、何度か外部の訴訟専門の弁護士と共同して手続きを経験させ、それから社内弁護士だけで対応させる形に切り替えることもできます。

　また、紛争案件で外部の弁護士を起用するにしても、誰を起用するのか（141 頁以下参照）、どのように情報を共有して、いかなる解決を目指すか（211 頁参照）等については、企業側の体制が問題となります。

(2)　手続進行の対応と監督

　訴訟等の紛争案件にどのように対応するかについては、社内の調整や説得も重要です。訴訟の対応のあり方は、多分に経営判断となります。勝訴の可能性、見通しも流動的ですが、どう対応するのかについて唯一の正解はありません。レピュテーションの問題も視野に入れて、基本的な戦略・方針をまとめる段階は、経営判断も絡むので、戦略法務にも含まれます。

　法務部門は、その場合に経営陣が検討すべき論点を整理し、その判断に沿って具体的にどのように進めるかをとりまとめます。ただ、その戦略・方針に基づいて、実際に手続きを進める弁護士に依頼・指示する仕事は、法務部門の重要な役割となります。社内の証拠を収集して弁護士に提供する仕事は、訴訟の勝敗や帰すうを左右することになります。

　紛争案件では、法務部門と訴訟代理人の弁護士の連携のあり方も問題です。弁護士が直接に事情聴取をすることが非効率のようでありながら、極めて有効なこともあります。いずれの局面でも、企業の立場を弁護士に的

こういう点に注意して対応するのが賢明ですよ

確に伝える必要があり、弁護士の言いなりでもいけません。社外弁護士等の評価と管理も、法務部門の重要な仕事です。

(3)　紛争事案における隠れた利害相反問題

　弁護士法でも弁護士倫理でも「利益相反」とはされていなくとも、実際には、もっと深刻な利害対立があります。有資格者は、国内・海外を問わず、みな「依頼者第一」の仮面をかぶっていますが、本当は弁護士の「儲

け主義」でしかないことがあります。

＊自社に有利なアドバイス

　紛争の見通しについて、自分達に有利なアドバイスをくれる弁護士が本当に信用できるかが問題であることがあります。十分な根拠・裏付けがあればよいのですが、依頼者に媚びて依頼者に有利なことを述べた方が、もっと仕事や報酬がもらえるという理由で十分な根拠のない助言をするケースがあります。一見して容易に依頼者の言いなりになるような弁護士も、決して依頼者にとって有利・有益であるとは限りません。

　企業が最も苦手とする訴訟等の対応では、外部の弁護士に頼らざるを得ないため、社外弁護士に依存しすぎるリスクが高まります。たまたま有能で良心的な弁護士であれば幸運ですが、妙な争い方をするとか、過大なコストを払わされて苦しんでいる企業もあります。

＊実益に疑問のある訴訟等を勧めるアドバイス

　弁護士は、訴訟を提起したり、可能な限りそれを継続したりしたほうが儲かります。たとえ数年後に負けても、着手金の分は稼ぎが確保でき、返金は不可と合意されているのが通常です。タイムチャージの場合は、時間をかければかけるほど儲かります。訴訟で負けても決して損にはならないことが多いのです。

　訴訟が必要で妥当なこともありますが、時と場合により、意味のない訴訟を追行する弁護士は、保全処分も信用調査もしないで、訴訟を始めます。そして、訴訟手続中に相手方が破産して、着手金がムダ金であったことを知ることになるというケースがあります。「とにかく手早く訴訟」主義の弁護士は、儲け主義の弁護士の典型例として要注意です。

＊紛争がエスカレートするアドバイス

　紛争案件では、訴訟をすることや、強い主張に訴えることをアドバイスする弁護士にも注意が必要です。一見、調子が良く、勢いも良さそうですが、実際には、依頼者が言いたいことを、そのまま代弁しているだけです。これを頼もしいと思っても、客観的には意味がありません。企業依頼者でも、弁護士に訴訟等の紛争案件について、強気で希望を持たせてくれる見通しの助言を好む担当者もいます。確かに、心情的には、それを頼もしく感じてしまうことは無理からぬところであり、その見通しに本当の可能性があれば、それに賭けるのも、1つの選択肢かもしれません。「もしも、その助言が誤っていれば弁護士の責任だから、従えばいいのだ」として、その助言に乗る向きもあるかもしれません。

　しかし、それが裏目に出た場合、どのような帰結をもたらすのかを知らなければ、その助言の意味を正しく理解したとはいえません。紛争がエスカレートして、戦線を拡大することで弁護士の業務量が増えて、一生懸命に依頼者のために仕事をしていると感謝しているケースは、傍から見ると愚かとしか見えません。

　弁護士が一生懸命に仕事をするのは当然で、本当に依頼者のためになっているのかどうかが問題です。時として、弁護士はほとんど自分たちの売上を上げるためだけかもしれません。依頼企業にとっては、勝ち目のない訴訟や不合理又は不当な主張に手間・隙をかけて、長い時間を費やした挙句に、莫大な報酬まで取られたのでは、割が合いません。

＊国際的紛争において自国での訴訟提起を助言するケース

　自国で裁判を起こすように勧める弁護士のアドバイスにも、基本的に利益相反的な側面があります。弁護士は自国で裁判をやることを勧め、弁護士報酬を得て裁判をすることによって利益を得ることができますが、他国

での訴訟提起を助言すると、当然にその弁護士は自国で裁判ができず、代理人としての収入が得られないという関係にあります。

仮に、国際裁判管轄が微妙なケースならば、日本と外国で並行して手続きをとる選択肢もあります。ただ、国際的訴訟競合の問題があり、どういう帰結になるのかは予断を許しません。海外での裁判をあえて控えさせ、日本の裁判管轄が否定されたら、当初の弁護士の助言だけでなく、それを信用した経営陣の責任問題にもなりかねません。

なお、こうした弁護士の助言には、必ず「訴訟に絶対はない」との当然に留保がついており、わずかな可能性が不幸にも実現したとか、裁判官が誤っている等の弁解等が次々と出てきて、決して自分が誤っていたことは認めません。敗訴の責任が常に弁護士にあるわけではないのも事実であり、最終的な訴訟の結論は依頼企業が負担させられるのです。

それでは弁護士等は信用できないではないか、というかもしれません

図表 5-2 どこで訴訟提起するか

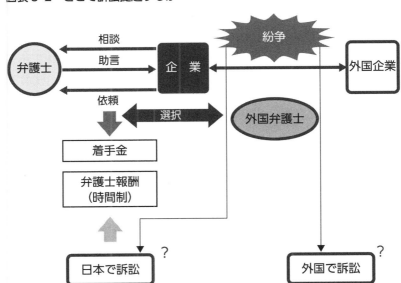

が、これは、あくまでも、こうした弁護士を起用した帰結です。法曹としての自覚や法曹倫理の涵養には力を入れていますが、依頼企業としても、健全な倫理観を備えた弁護士を選択することが重要です。

CASE STUDY	紛争手続地の選択

　運送品毀損を原因とする損害賠償請求権を保険代位で取得した日本の保険会社が原告となった事件がありました。この取引で使われた船荷証券には、アムステルダム裁判所に専属的裁判管轄権を指定する定めがありました。保険会社は、訴訟代理人に依頼して、管轄の定めは自社には及ばないという理屈を立て、日本で損害賠償請求訴訟を起こしました。

　しかし、日本の裁判所は、国際裁判管轄の合意の効力が及ぶとして日本の裁判権は排除されたとして訴えを却下しました。会社は、却下を不服として高裁、さらには最高裁まで争いましたが、結局、日本の裁判権は認められませんでした（最高裁判所第3小法廷昭和50年11月28日）。

　裁判権があっても、日本での訴訟が得策ではないケースがあります。例えば、米国で特許権を有していて、日本でその発明と同一の発明について特許権を有しない原告が、被告の製品は、その発明の技術的範囲に属するとして損害賠償を求めた事件がありました。米国の特許権侵害ならば、米国で損害賠償を求めうることは明白で、場合によっては、日本よりも米国で起こした方が原告には有利で、賠償額も高額になると期待できるはずです。

　しかし、原告が日本在住日本人で、被告も日本法人だったので、日本で裁判が起こされました。これも高裁、最高裁まで争われ、米国へ輸出する目的での日本での同製品の製造、米国への輸出・米国子会社その他に米国内での販売等を日本で誘導することの差止め、日本で占有する同製品の廃棄及び不法行為による損害賠償の請求は、いずれも認められませんでした（最高裁平成14年9月26日判決、判例時報1802号19頁）。

＊商事仲裁における仲裁人にも要注意

　相当なコストをかけて国際商事仲裁で解決ができたと思ったら、後日、その取消しをめぐる紛争となることがありえます。実際に日本で行われた国際商事仲裁の仲裁人の利益相反の疑い、及びその情報に関する開示義務違反等が問題とされた事件が起きました。

　この事件で、大阪地裁は仲裁判断取消しの申立てを棄却しましたが、大阪高裁は、利益相反事由の不開示につき、開示義務違反があるとして仲裁判断を取り消しました。ところが、最高裁第三小法廷は、その決定を覆し、事件を大阪高裁に差し戻しました（最決平成29年12月12日、民集71-10-2106。拙稿"ウエストロー判例コラム第126号"参照）。

　この事件で起きたように、多くの企業を依頼者とし、移籍も頻繁にありうる多数の弁護士を擁する大規模事務所に所属する弁護士から仲裁人を選ぶことには一定のリスクが伴います。当事者の立場からすれば、かかる問題を回避するには、仲裁人を大規模事務所から選任することは避けるべきでしょう。裁判所の介入のリスクを可能な限り回避して、紛争解決までの経済的負担を考慮すると、たとえ最終的に勝つことができたとしても、それまでにかかる追加的な負担は計り知れません。

(4)　セカンド・オピニオンの重要性

　本来ならば、訴訟を担当しない弁護士からもセカンド・オピニオンをとるとか、社内弁護士が独立した判断を加え、その積極的なアドバイスが十分に説得的であるかを吟味することが必要です。特に、後から引き返すことのできない会社の判断をするにあたって、1人の弁護士の助言だけに全面的に依存してしまうのは危険です。

例えば、国際裁判管轄の論点がある場合は、どこで裁判を起こすのが良いかを判断する弁護士と、実際に訴訟をしてもらう弁護士は、異なる事務所から助言をもらって判断するのが妥当です。最終的にその裁判管轄が否定されたために敗訴したり、救済されなかったりした場合、時効等で請求できず、大きな損害を被ることもあります。ただし、「自国で裁判を起こせる」と助言した弁護士の責任を追及できないことが多いでしょう。日本での訴訟でも解決する可能性はゼロではない等の理屈があるからです。

　万一、紛争手続の途中で、悪い弁護士であることが判明した場合は、できるだけ早く信頼できる別の弁護士への交替を図るべきでしょう。従前からの行きがかりから難しいとか、途中解約には費用がかかると担当弁護士から圧力を受けた等の理由から、不満を抱きながら訴訟代理を継続せざるをえないと思われるかもしれません。

　しかし、基本的に弁護過誤を継続して被害を拡大させることが、やむをえない選択なのかは問題です、確かに、本来の訴訟に加えて、担当弁護士との紛争も大きな負担となり、さらに担当弁護士との紛争が本来の訴訟に悪影響を与えることを考えると、解決を先送りしたくなる気持ちも理解できます。ただ、そこで先送りしても、どこかで決める必要があり、長期的観点からすると、早期整理の可能性を検討すべきでしょう。具体的には、いきなり代理人を解任しなくても、新たな代理人を追加する形で共同管理

これを参考にチェックしてみては？

の過渡期を経て、タイミングを見計らって、不適切な代理人を交代させていくことが現実的な対応として考えられます。

第 **6** 章

グローバル法務への新潮流

～海外進出・事業拡大のリスク管理～

欧米企業は、専門性の高いグローバルな法務部門を武器としてビジネスを展開しています。日本の大企業も、これにならってグローバルな法務部門の強化を図っています。その結果、日系企業も外資系企業と同様に、法務部門もグローバル化、専門化が進んでいます。そこで、本章では、グローバル法務における基本的な課題を整理すると共に、海外においても事業を展開する企業の法務における新たな潮流についても解説していきます。

1 グローバル化に伴う諸問題

（1） 国際的取引から多国籍事業展開へ

　現代のグローバル法務は、「国際的取引」の分野と、「多国籍事業展開」の分野に大きく整理できます。当初は前者が中心でしたが、大企業の場合には現地法人の設立やM&A等によって自社の支配の及ぶ海外拠点が増えたので、国際取引は親子会社等の関係者取引としてリスクを抑えて処理できるようになってきました。その代わり、多国籍の事業分野における活動・取引の法務の重要性が高まっています。こうした分野は、主として進出先の外国法によって規律されますが、多国籍企業のガバナンスの問題のように本社の内部統制や外国法の域外適用の問題等もあり、複雑な法適用や内外相互の法律問題もあります。

　国際的取引の分野は、アウトバウンド（outbound）の業務とインバウンド（inbound）の業務に分けることができます。アウトバウンドの業務とは、日本国内から外国に出て行くビジネスに関するもので、これは徐々に多国籍企業への移行をもたらします。これに対して、インバウンドの業務とは、外国から日本に入ってくるビジネスに関するもので、外資系企業等が日本へ進出してくる場合にこれを受ける形となります。

　一般的には、民事的な問題は準拠法の選択にもよりますが、インバウンドのビジネスでは、日本法でどうなるかが中心的な課題となり、アウトバウンドのビジネスでは日本法よりも目的地における外国法が重要です。伝

統的には、国際法務として、ローファームの専門弁護士に依頼してきた領域でも、徐々に企業の法務部門で処理すべき仕事が増えています。多国籍事業展開が増えても、国際的取引が多くあり、国境を超える取引の重要性に変わりはありません（なお、グローバル法務の基本的な論点整理と用語解説は、拙著「現代国際ビジネス法（第2版）」（日本加除出版 2021 年刊）等参照）。

　企業が海外における事業活動で巻き込まれる法律問題は多岐にわたります。現地労働者とのトラブル、取引上の失敗、競争法（独禁法）等の規制への対応のまずさに至るまで、万一何らかのトラブルに巻き込まれた場合には、大きな痛手を被ります。海外紛争は国内紛争以上にコストがかかる傾向があり、いったん深刻化すると、泥沼化するリスクも高まります。このため、脆弱な法務部門を充実・強化することなく海外進出をすることは無謀です。紛争解決法務の体制を整備せざるをえないだけでなく、そのリスクを最小限にするための予防法務にも力を入れる必要性が特に高いのです。

　法務部門は、企業の中において、自国のみならず海外の法規範をも視野に入れて行動することが求められ、特に高い見識が求

そろそろ御社もこれを検討したらいかがですか？

図表 6-1　グローバル法務の役割

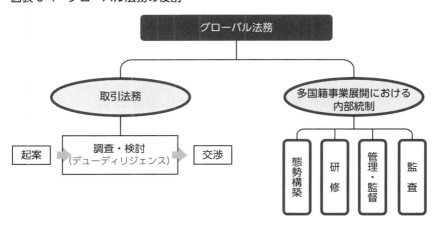

められる部門です。グローバルな経済において着実に発展・成長をしていくためにも、公正な組織運営を行い、つまらない不祥事で足をすくわれないようにする必要があります。様々な利権をめぐる不正や犯罪とか、外国人とのトラブルやテロのリスク増大も指摘されており、突発的な現象にも翻弄されることのない強靭な組織力、自律性が問われています。

（2）　中小企業の将来を左右するグローバル法務

　法務部員が10名以下でグローバルな問題に対応している企業も少なくありません。むしろ、日本に来ている外資系企業でも、1人だけの法務部や少数精鋭の法務部が多いという指摘もあります。中小企業でも法務部門を整備・強化することが、海外ビジネス展開には不可欠です。その場合、外部の専門家等をうまく使いこなすことが、特に重要になってきます。

　2012年度版中小企業白書に「国内事業を活かし、海外需要を取り込む中小企業」という特集があり、海外展開を行う中小企業は、商取引面、事業環境面ともに、多くの課題・リスクに直面しており、海外展開を継続していくことは、容易ではないことが指摘されていますが、世界的な経済競争が激化する中で日本の中小企業が新事業展開や創業を行い、国際的な進出を図るには、法務部門の整備が不可欠です。

COLUMN
海外進出の成否を分ける法務対応

　2010年版中小企業白書によると、中小企業の輸出の継続割合は、大企業と比較してかなり低く、2000年度に輸出を開始した企業のうち半数以上の企業が2007年度までに撤退したといったデータがあります。

　中小企業の撤退比率が大企業を大きく上回っている1つの要因として、

大企業が法務のサポートを受けているのに対して、中小企業ではそれがかなり弱い点が指摘できます。国際化における課題としては、特に直接投資企業では、輸出企業等と比べて「法制度や会計制度、行政手続等」「人材確保・労務管理」「投資費用の調達・資金繰り」をあげる企業の割合が高いことがわかりました。

　同白書は、国際化企業は、国際化を行っていない中小企業と比較して、平均的に労働生産性が高く、売上高経常利益率や自己資本比率等の各種指標も良いことを示していますが、「国際化を行う予定がない」と回答した企業の中には、法務を含めた国際的な進出に必要とされる社内体制の整備ができていないために、海外進出がままならず、「非国際化企業」に甘んじている会社も多いようです。一方、企業規模別の海外現地法人の保有率の推移によれば、海外子会社を保有する中小企業の割合は長期的に増加傾向にあります。

　（独）中小企業基盤整備機構が実施した「平成27年度 中小企業海外事業活動実態調査」では、撤退・移転の理由として、商取引面の課題・リスクとして、現地の販路開拓や品質確保の問題のほか、「現地の商習慣、法制度等への対応が困難」「現地の会社等との関係見直し」等が、上位にあげられています。

[企業規模別に見た、海外子会社を保有する企業割合の推移]

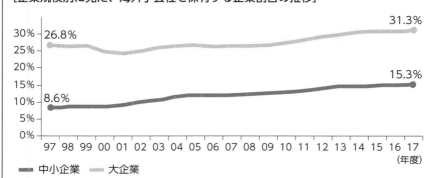

資料：経済産業省「企業活動基本調査」再編加工
（注）　1.　海外子会社を保有する企業とは、年度末時点において海外に子会社又は関連会社を所有している企業をいう。
　　　　2.　「子会社」とは、当該会社が50%超の議決権を所有する会社をいう。子会社又は当該会社と子会社の合計で50%超えの議決権を有する会社を含む。「関連会社」とは、当該会社が20%以上50%以下の議決権を直接所有している会社をいう。

（3）　怪しげなコンサルタントの罠

　日系企業が海外の活動で、様々な法律問題にうまく対応できないことは、日系企業が弁護士を使いこなすことが苦手であることにも関係しています。弁護士を避けるあまり、怪しげなコンサルタントに引っかかりやすい点も問題です。特に、新興国等では法制度が信頼できないため、弁護士を敬遠し、結局「違法なコンサルタント業者」の餌食になってしまいます（具体例として、250頁参照）。耳あたりの良い話に安易に飛びついてしまうところに根本的な原因がありますが、怪しげなコンサルタントに騙されるようでは、自業自得です。

　新興国では法の整備や運用が不明確・不十分で、透明性が低い傾向があり、かえって法的リスクが高くなる面もあります。「司法制度が弱ければ、法務はあまり役に立たないから必要性が低くなる」わけではありません。グレーゾーンでいかに対応するかは、応用的な法律問題にほかなりません。

　前記2012年度版中小企業白書でも、法制度等の不明瞭さ等は、中国、ベトナム、インドネシア等が上位ですが、それらの国々等では、賄賂等の誘いに日常的に遭遇する等、先進国とは異なる難しい悩みがあります。この場合、そのリスクが顕在化した場合の経済的・法的インパクトも考えて対応を検討する必要があります。当該新興国の法令だけでなく、欧米の法令の域外適用の問題が関係すること（252頁参照）にも目を配る等、多角的に検討する必要があります。

この点は御社でも
注意すべきですね

（4） 外国弁護士の使い分け

　グローバル法務においては、外国弁護士を使うことも必要です。ただでさえ、どの弁護士を起用するかの判断は難しいのに、国際的案件では、どの国の資格を有する弁護士に依頼するかということから問題となります。この点は、その取引の準拠法が何であるかも 1 つの目安ですが、それだけではありません。その取引の準拠法が定かでない場合もあります。時として、コネが少ないために、どうしても偶然の影響を受けがちです。

　しかし、海外案件のリスクを考えれば、信頼できる弁護士の選定が重要です。国際ビジネスの範囲は広いので、各人の得意分野もチェックする必要があります。すべての弁護士が国際的なビジネスに関する法律問題を取り扱うわけではありません。国際ビジネスには国内の法律問題には見られないような特有の落とし穴があるので、法務担当者自身も十分な問題意識をもって対話し、幅広い問題を視野に入れておく必要があります。

　平成 27 年の調査で、海外の法律事務所や弁護士を利用したことがある会社のうち、その前 5 年間で海外の弁護士・法律事務所の利用機会は増加した企業が、第 10 次実態調査で 56.4％だったものが、第 11 次実態調査では 65.1％になりました。

（5） 外国の弁護士制度は多様

　外国の弁護士を起用する前提として、その国の弁護士の特徴を把握しておきたいところです。弁護士制度自体が国によって、かなり異なり、日本や欧米のような弁護士ばかりではありません。司法試験のない国もあり、弁護

士の資質も倫理観も国によって異なります。弁護士の利益相反や秘密保持義務でさえ、規制が甘く、現実に守られていない法域もあります。弁護士の規制概要に加え、個々の弁護士の資質もチェックしておきたいところです。

司法制度が安定していないとか、体制の変革によって弁護士制度が比較的新しい国家もあります。欧米先進国は、比較的洗練された法律実務が浸透していますが、新興国には満足できる事務所がないこともあり、その問題の度合いは、法域や事務所によって異なります。

いずれの国でも、ニセ弁護士に引っかからないように、本当に弁護士であるかの確認も必要です。日本の弁護士も、外国の依頼者から「弁護士の資格証明書」を求められることがあります。外国企業には、名簿に載っているというだけで信用しないで、正式の証明書で確認する等、弁護士の資格証明を求めるルールを設けているケースがあります。

(6)　海外の弁護士との意思疎通

海外の弁護士の場合にも、直接に意思疎通して、信頼できる有能な人物かを確認することが望ましいところです。しかし、海外の弁護士を使い慣れていないと、日本の法律事務所を通じて間接的にコンタクトをとるほうが効果的であるケースもあります。当然のことながらこの場合にはコストが余計にかかりますが、やむをえない面があります。

海外の弁護士を起用する場合、日本の弁護士との契約書よりも、かなり長く複雑な内容を含む契約書の締結が求められることもあります。その場合、報酬の取り決めだけでなく、弁護士の免責に関する規定等にも注意する必要があります。これは海外の弁護士に限りませんが、疑問があれば、できるだけ納得できる内容になるまで交渉して、修正を求めるべきでしょう。

図表 6-2　海外の弁護士起用では紹介が必要

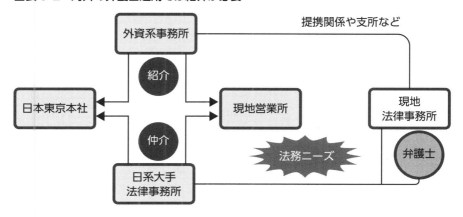

　海外の弁護士を使った場合の費用も十分な管理が必要です。事前に弁護士報酬の見積りをとる等は当然ですが、弁護士とのやりとりはメール等で記録を残しておくことも有用です（182頁以下参照）。実際に、弁護士報酬の請求を受ける場合には、報酬のコントロールの観点からすると、長期間をまとめるのではなく、毎月又は2週間毎といった形で、細かく区切って出してもらうのがベターであり、事前に委任契約に明記しておくことが望ましいでしょう。

（7）　新興国における弁護士の起用

　日本企業も新興国市場において活動する場面が増えていますが、法環境は様々です。とりわけ、欧米系の法律事務所と新興国の法律事務所はかなり異なります。

　海外の弁護士の情報については、Martindale-Hubbell®が有名です。但し、これは基本的に自己申告の内容が掲載されており、参考情報としては

良いのですが、海外で法律事務所を起用する場合、飛び込み依頼ではリスクが高くなります。紹介が必要であるというのが、多くの経験から導かれた結論です。新興国で紹介先が見つけにくい場合でも、英国系や欧州の弁護士事務所経由で紹介してもらうことが考えられます。アジアの国々についてはシンガポールの法律事務所等を、アフリカの国々であればヨーロッパの宗主国系の事務所等を経由して紹介してもらうことが多いでしょう。

　当然のことながら、依頼する弁護士本人とは可能な限り直接に会うことが重要です。その人間性にも触れて、率直に話し合うことが基本的な出発点です。

　かつての日本もそうでしたが、新興国では弁護士が少なく、ビジネス法務に対応できる弁護士も限られています。弁護士が少ない法域では、利益相反問題（187頁以下参照）についても甘くなりがちです。利益相反に関しては、日本の規制でさえ弱点があるところ、新興国はもっと弱いかもしれません。海外の法律事務所でも、特に新興国の場合には、利益相反が事務所に発生しないか、すなわち同業他社がその事務所を使っていないか等を確認すべきです。

　洗練された事務所と異なり、委任契約書が作成されず、電子メール等だけで話が進んでしまうこともあります。弁護士と依頼者の契約関係が不明確では、それがリスクとなるため、書面等で依頼内容や条件を明記するように求めることも重要です。

　新興国では、弁護士が「大先生」であり、必ずしも依頼者の利益を第一に考えないとか、その点について疑念を抱かざるを得ないようなケースもあります。現に、弁護士の側から大手企業のクライアントの受任を拒否したり、先進国では考えられないような理由で解約されることさえあります。さらには、司法の独立が確立していない国もあり、日常的

こういう点に注意して対応するのが賢明ですよ

に裁判官が平気で収賄をしているような国もあります。現実に弁護士の利
益相反の禁止や守秘義務が、欧米や日本の弁護士のように徹底されておら
ず、重要な情報が相手方に筒抜けになっていたというケースも報告されて
おり、十分な注意が必要です。

(8)　外国弁護士事務所の特殊性

　日本国内の本社では、外国弁護士（外弁）と直接にコンタクトがとれる
と、本社内部での打ち合わせも、海外出張前の準備も充実させることがで
きます。それもあって、日本にいる外弁に対する日本企業のニーズが高ま
り、その利用範囲が広がりました。

　日本国内で外国の弁護士を規律する法律は、「外国弁護士による法律事
務の取扱いに関する特別措置法」（以下「外弁法」）です。現在では、弁護
士と外国法事務弁護士の共同出資型の法人設立や、日本国内での支店開設
も許容され、外国法事務弁護士等が手続きを代理できる国際仲裁事件の範
囲が拡大されて、国際調停事件の代理人にもなれるようになりました。こ
うした規制緩和の背景には、グローバリゼーションの進展に伴って、継続
的な外弁ビジネスのニーズが高まっていることがあります。利便性の向上
も考えれば、外弁を積極的に活用していくことが期待されます。

　これまでは、外弁のフィー（報酬）が割高であることや、依頼者が外国
企業に偏っている等のネガティブな傾向も問題視されてきました。また、
日本の弁護士は、外弁の存在を脅威と受け取り、日本の弁護士の職域確保
の観点から抵抗してきました。大手事務所が外国事務所に牛耳られるので
はないかとか、準拠法として外国法が選択され、企業法務で日本法が空洞
化する懸念も指摘され、外交上の配慮や日本の国益も議論されました。

しかし、日本は言語や法文化の障壁が高く、それなりの棲み分けが成立しています。特に外弁事務所が高い専門性を発揮する領域では積極的評価が高まり、外弁事務所の拡大傾向は、近年も続いています。外国法事務弁護士の数は、1998年に90名以下であったものが、それ以降飛躍的に増加し、2021年5月には445名に及び、長期間にわたって増加傾向が続いています。一時は金融危機の影響を受けて取引が減少し、東京事務所を縮小したり、日本から撤退したりする事務所もありましたが、顧客企業が、国内法と外国法のそれぞれの助言を1つの事務所で受けることができるメリットを武器として、国際的なネットワークの評価も高まっており、あらためて重要性を増してきています。

図表 6-3　外国法事務弁護士登録数の推移

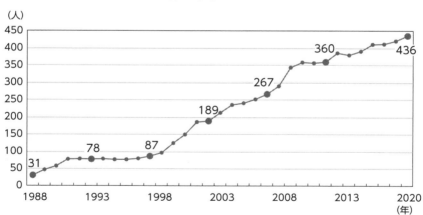

注　1.　各年4月1日現在。
　　2.　外弁法の施行日が1987年4月1日であり、1987年4月1日時点での登録者はいない。

出所：日本弁護士連合会『弁護士白書2020年版』（80頁）

(9)　グローバル法務における人材交流

　法務の生産性を高め、付加価値を付けていく経営体制をバックアップするには、グローバル法務を支える人材を育成する必要があります。そうしたグローバルな人材育成において、外国における経験は貴重です。外国で生活すること自体も大きな糧となるはずです。

　社内弁護士は、欧米企業の社内弁護士との交流も奨励されます。社内弁護士にもいろいろなネットワークがあるので、そうした団体に所属して情報収集することも有意義です。

　米国には 2020 年度の統計で約 133 万人の弁護士がいるところ、社内弁護士は約 10 万人以上と推計されます。この 10 万人には、上はいわゆるジェネラル・カウンセルのように、かなり権限の強い社内弁護士もいれば、非常に狭い範囲の職務しかしていない弁護士もいます。

　先出の ACC（101 頁参照）が様々な活動を展開しているほか。ジェネラル・カウンセル・フォーラム等も各地で開催され、法律事務所の弁護士や社内弁護士の交流も盛んです。ビジネスロー専門弁護士も、企業内弁護士との関係を重視しており、それらの人材交流にどこまで食い込んでいけるかも、今後の日系企業のグローバル法務の展開における課題です。

2 国際的取引における課題
その特殊性を踏まえて

　国際取引は、国内取引の応用的な側面があり、出発点としては日本国内のリーガルリスクと同様の問題を検討することから出発します。それぞれの法域の特質や法体系の違いに注意しながら、国際的取引に特有の法的リスクを踏まえてビジネスを展開すべきでしょう。

　インバウンドでもアウトバウンドでも、同様又は類似の問題が逆の局面で生じうることが考えるヒントになります。双方向から対称的に問題点を考えていくことは、相手方の立場を推測・理解するヒントにもなります。これは各国の弁護士への丸投げでは通用しません。それぞれの法域に特有の問題に対応できる専門的なスキルが求められ、日常的な予防法務を超えた戦略法務に及ぶ検討を求められる課題が山積しています。

＊国際取引契約書のチェック

　国際法務は国内取引よりもリスクが高く、いざ紛争となった場合のコストも高くなりがちであり、特に注意深い審査が必要となるため、国際取引の法務部門を、国内法務部門とは別に設ける企業も多くあります。外部の弁護士に依頼する頻度も一般的に高く、これを管理することが法務部の重要な仕事になります。基本的には国内取引と同じような業務・管理（35頁以下参照）を行うほか、海外案件の特殊性に応じた取組みが求められます。海外の企業は、契約書に敏感なことが多く、相手方から提供された契約書をそのまま鵜呑みにしてはくれません。

＊紛争解決の手続地を押さえる

　国際的なルールが統一されていない領域は、現在でも少なくありません。最終的には、各国家が別々の法秩序を有しているため、しばしば異なった結論となり、矛盾した状況が生じます。法的な強制のメカニズムの差異による不均等が生じる恐れもあります。それを踏まえて、準拠法や紛争解決手続地を検討する必要があります（258 頁参照）。

　何らかの事情で契約書に管轄を定めない場合でも、どこかで裁判を起こすことはできるので、場合によっては国際的訴訟競合（複数の国で同一紛争に関する法的手続が係属すること）が生じます。国際裁判管轄は、各国の裁判所が自国の手続法に従って結論を出すことになっており、その対応や帰結も国によって異なるので、事前の合意がベターであることが多いでしょう。

＊短い契約書でもリーガルチェックが不可欠

　短い覚書や契約書が、重大な意味を持っていることもあり、深刻な紛争に発展することもあります。海外の相手方の中には、法的効力のある契約書を締結した以上は、徹底的にその権利を行使してくる者もおり、日本の常識は通用しません。正式契約を締結する前にとりあえず作成する LOI（Letter of Intent、意向証明書）や MOU（Memorandum of Understanding、了解覚書）等も、法務の専門的なチェックは欠かせません。

＊相手国の法体系、法環境、法文化に即した検討

　日本の国内取引でもそうですが、最初の契約書は極めて重要です。形を整えることだけに囚われるのではなく、実質的な利害を見通すことが必要です。一定の基本的なひな形をベースにしながら、応用していくことは有効な方法ですが、具体的にどのように展開するかは、それぞれの法体系、法環境、法文化に即して、その法域の弁護士等とも相談しながら詰めていくことが合理的です。

*交渉段階から関与する必要性

　国際的取引では、交渉内容がよりハードになるので、比較的大きな海外の企業は、弁護士も含む契約交渉の専門家チームで対応しています。その交渉では、ビジネスの運用における相互の利害調整に至るまで、落とし穴が数多くあるので、そこに人材を投入するのは当然でしょう。

*創造的な対応に向けられた法的分析力と交渉技能

　日本企業は、自社のひな形をベースにした契約交渉でも、相手方の変更交渉に柔軟に応じることも少なくないのですが、一部の外国企業には、自社のひな形を強く押し込もうとする交渉スタイルをとるところもあります。そのような場合に、交渉力（力関係）を十分に計算した冷静な対応が求められ、より創造的な対応が求められます。ここでは法的分析力と交渉技能が特に重要です。

*取引に応じた柔軟な思考の重要性

　国際的取引では、有利・有益な取引に導くための交渉力や分析能力が特に重要となることから、相対的に物事を考え、柔軟な思考力が求められます。特に契約交渉では、相手方の交渉力や取引の性質によって、契約書をどのようにまとめていくかの方針も異なり、常に同じスタンスで臨むことはできません。同じ売買契約でも売主の場合と買主の場合とでは、どこを厳しくして、どこを緩くするのが有利に働くかを理解している必要があります。優位な立場にいる場合には可能な限り有利な条項を明確に盛り込みたいところです。劣位であれば、すべてを明確に合意することが得策では

これを参考にチェックしてみては？

ないので、可能な限り先送りした方が良いかもしれません。その置かれた状況に応じて、柔軟にスタイルを変えることが求められます。

＊相手方の弁護士は頼りにできない

　日本の企業の中には、法務面の人件費を削り、相手方のチームの弁護士にタダ乗りして、経費を節約したつもりの経営者もいますが、それは論外です。契約の専門家であれば知っている多様な代替案や交渉のポイントを外して、後から専門の弁護士が見ると、手遅れになっているような案件もあるのは残念です。現地パートナーとのトラブルは中小企業が撤退する原因としても上位にランクインしており、何らかの異常を察知したら、できるだけ早い段階で、自社が依頼する専門家の助言を得るようにすることが重要です。

＊建設的提言の模索

　法務部門は事業活動のアクセルとブレーキに喩えられるところ、国際的な取引ではリスクばかりが目につきやすいことから、法務はとかくブレーキばかりで、建設的な助言が苦手だとの指摘もあります。建設的な助言は、知識と経験と論理的思考力に裏付けられた発想力と多様な選択肢が必要ですから、その素養、豊富な経験、引き出しがないと、無理に出そうとしても何も出てこないのは当然です。この点は、その状況や人材・能力次第なので、長期的には社内での人材育成を要します、当面は社外の助っ人をうまく使うことで切り抜ける必要があります。

CASE STUDY　国際取引契約の助言

　某企業が新たな海外進出を計画し、国際取引専門の弁護士に、海外の相手方から送られてきた契約書のドラフトについて助言を求めました。これまではリスクに目をつぶって、相手方の提案をほとんど鵜呑みにして、いくつかの契約をしましたが、「それでは危ない」と言われて不安を感じた経営陣

が、試みに弁護士を使ってみようと考えました。

　依頼を受けた弁護士は、そのドラフトに潜むリーガルリスクを指摘しながら、契約の交渉ポイントとして、専門的な見地から、表明保証条項、補償責任条項、不可抗力条項、仲裁条項等について、どうすれば有利となるか、相手方との関係も踏まえて、その妥協の方法等についても詳細なアドバイスをメモにまとめました。

　しかし、その企業の契約書事務担当者は、英語は得意で、法学部も卒業していましたが、実践的な法務に関する素養に乏しく、「深刻なリーガルリスクがある」との指摘に大きなショックを受けました。例えば、仲裁条項の説明を聞き、一応の理解はしましたが、その実情はあまりピンときません。大学時代には、何となく教授が話をしていたような記憶が漠然とはありましたが、「もっと勉強しておけばよかった」と思いながら、多少の文献を読んで基本的な意味は何とかわかりました。

　ただ、弁護士から細かい修正をされた理由も十分に理解できないまま、「良くない契約書である」と結論づけました。あまり詳しく聞いても、膨大な時間をかけ、それ以上のリーガルフィーが嵩むことを恐れた担当者は、上司に対して、相手方から送られてきた契約書にはとにかく問題が多く、当社で締結することは難しいと報告しました。担当者は、弁護士に対して、一通りの助言に関して、たいした質問もしないまま、最初のコメントに関する数十万円の弁護士報酬を支払い、結局、その取引交渉を諦めてしまいました。

　しかし、ある程度、コストをかけてよい案件であれば、弁護士の助言の意味するところを詳しく相談して、問題点とその解決方法を教示してもらって相手方と交渉をすることで、取引が成立していた可能性もあります。海外の相手方には、高めの提案から様子を窺ってくることもあり、合理的な交渉をすることが、取引先から一目置かれるためにも必要です。それは、きちんとした信頼関係を構築するための重要なプロセスでもあるのです。

3 多国籍事業展開における課題

（1） 本社と現地との情報共有

　海外事業は、法的リスクの高さを踏まえて、重要な案件に関与して、本社と現地の法務の担当者が情報を共有して対処する必要があります。不足した経験を補うため、他社における過去の経験に関する情報も幅広く収集すべきでしょう。ただ、その情報共有の程度やコントロールの度合いについては、企業によって異なり、基本的なアプローチとして、中央集権型と分散型とに分けて考えられます。

（2） 中央集権型がよいか、分散型がよいか

　多国籍企業には、中央集権的で、本社のコントロールが強いケースもあります。特に、グローバルに統一したイメージをビジネスの武器とする場合は、中央集権的な法務体制が相応しいでしょう。多国籍企業では、中央集権的な法務組織を構えるケースが増え、本部の法務担当者と地域の担当者とで会社の方針を決定・調整するための仕事も多く、週に2度くらいは電話会議を開くという会社もあります。

　強力な規律が徹底した企業では、何かあると必ず本社の承諾や地域統括会社の許可をとるため、夜討ち朝駆けで電話会議が連日のように必要となる

企業もあり、担当者はそれに耐えられる体力と気力が求められます。スマートフォンの電話会議機能を駆使する等して、自宅や移動先から会議に参加できるスタイルも普及しつつあります。ヨーロッパ、北米、アジアに共通する丁度よい時間帯がなく、日本時間の夜遅くや早朝等に電話会議をすることになりがちで、電話を通して英語で外国人を説得していく技能も必要です。

これに対して、地域ごとの拠点に法務のスタッフを多めに配置して、各法域で起こる事案にそれぞれの地域の法務担当者が出ていく分散型もあります。特に幅広い事業で問題が多様化する傾向が強ければ、権限を分散する方向となります。この場合、本社の果たす役割は最低限度にとどめられ、可能な限り現場の判断を尊重して、リスクを遮断する形をとります。

各地の新しい法律や判例の情報収集には際限がないので、それをどこまで他の法域と共有するかの線引きを決めるのは困難です。そのため、多くの国々の法務担当者達が一堂に集まる会議は特に実施しないという企業もあります。各拠点の自主性をできるだけ尊重し、その情報共有等に、あまりエネルギーをかけないのです。

ただ、分散型の場合にも、例えば東京の本社から、重要な拠点には法務スタッフを駐在員として派遣する等の方法によって情報収集を行い、重要な課題については問題意識を共有できるようにすべきでしょう。特に、域外適用が問題となる競争法、汚職、人権等の領域は世界共通の課題となります（252頁参照）。グループ企業全体のブランド価値を傷つけることになるような不祥事は、ガバナンスの問題として批判の対象となるリスクが高い領域です。

業務の実態が掴めないエリアがあるのではリスクが高まります。現地に任せる範囲を明確にしながらも、重大なリスクに対しては本社が把握できるようにする必要があります。少なくとも、日常的な案件の直接的なレポートは当該国内の事業会社に集中させるように管理し、重要事項については、本社や地域統轄会社にも報告させ、法務責任者が把握すべきです。

図表 6-4 中央集権型と分散型

〈中央集権型のイメージ〉

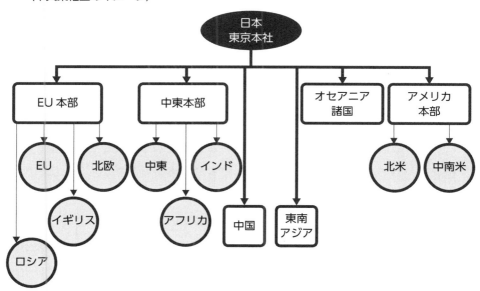

〈分散型のイメージ〉

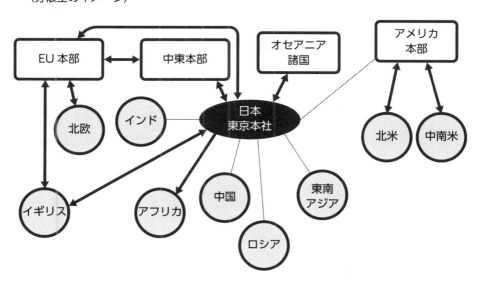

(3) 人材の多様性（ダイバーシティー）を成長の原動力に

　日本は少子高齢化によって、産業が空洞化し、経済成長の限界が指摘されています。この状況で、企業が生産性を高め、世界の経済成長を取り込んでいく知恵を集積し・実践するために、人材の多様性が持続的成長に向けた方策の一つとして注目されています。理系の技術力だけではなく、特にルールの策定・運用を戦略的に活用する文系の知恵と技能を、多様性の視点を含めて活用しないと、企業として有利な事業展開をすることは困難です。

　これまでの日本の企業社会では、サービス業の中でも文系の体質に弱点があり、同質性の高い仲間による村社会的な「日本型経営」の成功体験から脱却できず、既得権益との闘いが続いています。しかし、経済のグローバル化やIT革命が進んだ経営環境においては、もはや、昔と同じような発想で経営をしていくことは危険です。社内の討議でも、同じような発想でしか考えられないのでは、多角的に問題を分析して十分な対策を練ることは困難です。そこで、「多様性が創造性を生み出す」という考え方を参考に、異端児や異分子も受け入れ、多角的な視点から問題にアプローチできる組織の強化が、様々な領域で進んでいます。

　多様な人材や組織を取り込むための国際的なM&Aも活発化しています。これによって、海外企業で働く高いレベルの従業員を上手に取り込み、事業の拡大を図るため、グローバル法務に対応できる人材の多様性を積極的に受け容れる企業風土を醸成していくことが期待されます。

この考え方を参考に
検討してみては？

（4） 子会社・関連会社管理

　最も重要な問題が、海外子会社や関連会社で、誰に経営の舵取りを任せるのか、現地の契約や組織運営をどのようにチェックするかという点です。日本から派遣したトップを派遣することもありますが、現地従業員のインセンティブを高めるには、現地の人材を活用することも有用です。ただ、現地化を進めるにしても、経理担当責任者は日本から派遣するのが無難なことが多いとの指摘もあり、巨額の横領・背任事件が起きて、海外で資産を奪われてしまうと、その回収が困難となります。

　欧米企業では個人に大きな職務権限を与える代わりに、重大なミスがあれば即刻解雇するといった規律が統制を効かせることが適切である環境である法域もあります。職場環境をどのように規律するかは、日本の先入観に囚われず、現地の雇用環境や労働慣行を踏まえて社内のルール作りを検討していくことが重要です。

この点は御社でも注意すべきですね

（5） 労使紛争は深刻な訴訟問題も

　多様な人材を活用しないで、差別問題等の労使紛争を起こすような経営ではうまくいきません。どの国でも、労働者と使用者の対立は大きな法務リスクです。目先のメンツ等に引きずられて逆効果となるような愚かな行動をとる等して、最悪の事態を招くといったこともありました。御用組合化が起きるような日本の人事・労務部門の感覚は捨てる必要があります。労務・人事部門における法的・倫理的なレベルアップと併せて、現地の有能で良心的な弁護士を選別し、正しく使いこなす必要があります。

　過去の海外進出の失敗事例の中には、深刻な労使紛争で、日本での甘い規制の感覚が通用しないことが露わになったケースもあります。例えば、米国でも数多くの雇用差別訴訟に巻き込まれ、セクハラ問題では自動車会社をはじめとして、いくつもの日系の大企業がクラス・アクション（大規模集団訴訟）の洗礼を受けました。妙なコンサルタントの助言を受けて、雇用機会均等委員会（EEOC）に向けてセクハラ訴訟に反対するデモを労働者に行わせようとして、何台ものバスに乗せて送り込んだ自動車会社もありました。現地では激しいひんしゅくを買い、巨額の厳しい制裁を受ける結果となりました。

　新興国でも労使紛争は典型的かつ深刻な問題に発展しやすいトラブルです。例えば、某電機メーカーがインドネシアから撤退したケースでも、きちんとした法律専門家を使わず、現地の問題のあるコンサルタントに依頼したばかりに、法的解決が不可能となったことが大きな原因であったことが報告されています。このほか、中国等で労働者の賃金上昇やストライキ問題が深刻化し、どのように良好な労使関係を構築していくかの問題に直面し、中には大きな損失を被って撤退を余儀なくされたケースもあります。

4 戦略的な訴訟提起

　ビジネスマンが訴訟嫌いなのは世界共通です。しかし、企業をサポートする専門家の層が厚いと、法的な観点からもビジネス戦略を検討する機会が多くなります。国際的法務戦略における日本企業と欧米企業の差は、ビジネスマンの差というよりも、法律実務家の貢献度の差に起因しているようです。ビジネスの過程で積極的な法的サービスを受けることが日常茶飯事であれば、その影響を受けます。

　日系企業には、訴訟は日本の文化とは異なるとか、訴訟は良くないものだというイメージや先入観が根強くありました。この「訴訟嫌い」のために、戦略的な訴訟の活用を考えることに消極的な傾向があります。この考え方は、古き良き時代の日本の文化・伝統に由来しているのかもしれません。しかし、最近でこそM&Aの隆盛に象徴されているように、「会社を売り買いするのはいかがなものか」という昔の感覚は大きく変わりました。グローバルなM&A競争に飲み込まれ、嫌でも意識改革を迫られています。欧米企業が、ルールの是正を目指して、不当なルールへの異議申立てを行うとか、ライバル企業との技術的優位性を確保し、知的財産権で不利にならないように訴訟提起を試みる等といった戦略的な活用例を参考にすべきでしょう。

　投資を回収するための紛争解決手続は、訴訟だけではなく、仲裁も利用できます。特に投資仲裁協定の拡大に伴って、海外の企業が不利益を受けた場合にも積極的に活用しており、そうした手続きの存在を視野に入れた投資戦略も重要です。

そろそろ御社もこれを検討したらいかがですか？

グローバルな法改正の潮流

法令の変化は、日本国内だけではなく、世界中で進んでいます。欧米先進国だけではなく、日本企業の進出が伸びているアジア諸国や新興国でも、法令の整備を進めており、現地の規制や法令の運用がどんどん変わっています。近時の企業法務では、そうした変化をいち早く捉えて、的確に対応する必要があり、どんなに営業利益を上げても、それが巨額の制裁金や罰金等で取られてしまっては元も子もありません。

（1） 公正な競争に向けた取組み～域外適用のリスク

世界的な公正な取引確保に向けた動きは、汚職の防止、競争法の領域から、人権の分野に広がりつつあります。

贈収賄防止に向けた取組みは、グローバルな公正な競争を目指すものです。発展途上国等における外国公務員に対する贈賄は、米国の海外腐敗行為防止法（Foreign Corrupt Practices Act ＝ FCPA）を受け、1999 年にOECD（経済協力開発機構）で外国公務員賄賂防止条約（略称）が成立し、国際組織犯罪防止条約（略称）（パレルモ条約）を補完する国連腐敗防止条約（United Nations Convention Against Corruption）が成立したことを受け、日本の不正競争防止法も、外国公務員等に対する不正の利益の供与等を禁止し、摘発リスクも高まっています。経済産業省「外国公務員贈賄防止指針」等を参照して、企業内での態勢を整える必要があります。

　一方、EU や米国における競争法の適用は、リニエンシーといった内部告発を奨励する制度が流行り、執行が厳しくなりました。その的確な対応を怠ったために、ビジネスで成功しても、後で大きく足をすくわれた企業もありました。

　この領域については、経済産業省「競争法の国際的な執行に関する研究会 中間報告」（平成 20 年 6 月 25 日）や競争法コンプライアンス体制に関する研究会「競争法コンプライアンス体制に関する研究会報告書−国際的な競争法執行強化を踏まえた企業・事業者団体のカルテルに係る対応策−」（平成 22 年 1 月 29 日、経済産業省）等によって、かなり前から指摘されてきた課題です。

　日本国内でも、リニエンシーの一種である制裁減免制度の導入によって摘発リスクが高まっています。ただ、検察や公正取引委員会のマンパワーの限界等から、常に摘発されるとは限らず、そのペナルティも以前よりは厳しくなったとはいえ、まだ低く抑えられている面があります。しかし、EU や米国の制裁金は日本の課徴金とは桁が違い、カルテル等の取締りで摘発された日本の企業が支払った制裁金の金額は莫大なものとなっています。欧米の競争法は、ペナルティも厳しく、企業買収等を進める障害となることもあります。

　さらに、近時、人権問題についても域外適用が問題とされつつあり、英国は、現代奴隷法（Modern Slavery Act 2015）を制定し、英国で事業を展開し、世界で売上高 3,600 万ポンド（約 50 億）を超える英国内外の企業を対象に、事業とサプライチェーンにおける「奴隷と人身取引」に関連する人権デューディリジェンスのプロセスを「奴隷と人身取引声明」の中に記載することを求めるに至り、これに追随する立法をする国もあり、欧州も人権デューディリジェンスの実施を推奨又は義務化する方向に動いています。

　日本版司法取引等も導入され、国際的な捜査協力等の動きも活発化して

いることから、公法的な規律がビジネス活動に及ぼす影響には、十分留意する必要があります。

発展途上国での贈収賄事件

ナイジェリアの天然ガス施設の建設工事をめぐって、日揮が欧米の会社と共同出資した合弁会社は、1995 年〜 2004 年に天然ガス施設の建設工事に関する入札に参加した際、その契約を獲得しようとして、ナイジェリア政府関係者に賄賂を贈りました。丸紅がナイジェリアの下級公務員に賄賂を贈るための資金送金に関与したとして FCPA に基づいて捜査が始まり、米国当局との司法取引の結果、日揮が罰金 2 億 1,880 万ドル（約 187 億円）、丸紅が罰金 5,460 万ドルを支払う等の事態に立ち至りました。米国 FCPA の域外適用のリスク等を十分に理解した事前予防が必要です。

この点は御社でも注意すべきですね

米国におけるカルテル摘発事件

米国司法省は 2014 年 1 月から 2 月 20 日にかけて自動車関連部品に係る価格カルテルに関して、ダイヤモンド電機の前社長・前副社長、愛三工業、ブリヂストン及びデンソーの元幹部 1 名が有罪答弁に同意した旨を公表しました。

このうち、例えば、ブリヂストンの場合、米国その他の地域で販売される自動車に組み込まれる防振ゴム部品に係る価格カルテルに関与していたとして有罪答弁に同意して、4 億 2,500 万ドルの罰金を支払うことに同意しました。その嫌疑とは、「遅くとも 2001 年 1 月から少なくとも 2008 年 12

月にかけて、他者と共謀してカルテルを行い、トヨタ、日産、富士重工、ス ズキ及びいすゞの各社並びにそれらの子会社、関連会社及び納入業者に販売 する自動車用防振ゴム部品について、販売量の割当て並びに価格の固定、引 上げ及び維持を行っていた」等というもので、同社は、2011年10月、マ リンホースの取引について、価格カルテル及び米国海外不正行為防止法違反 の有罪答弁に同意し罰金2,800万ドルを支払ったものの、その時点で、自 動車用防振ゴム部品のカルテルに参加している事実を明らかにしなかった点 が、その罰金を決める際の考慮要因の一つとなったとされています。これら 一連の事件で、自動車関連部品に係るカルテル及び談合について、当時の段 階で、個人29名、法人26社が起訴され、これら26社が支払いに同意し た罰金の総額は22億5,000万ドル以上に及びました（公正取引員会HP「海 外当局の動き」（米国 2014年3月）。

　ブリヂストンは、当局の捜査を機に、法令遵守の強化を進めたとのこと です。恐らく、同社は普通の企業以上の法務部門を持ち、それなりの対応を していたに違いありません。それにもかかわらず、結果的に、深刻なカルテ ル事件に巻き込まれてしまった原因を徹底的に究明する必要があります。

(2) 違いを相互に理解し、調整する役割の重要性

　グローバル法務には、外国法が複雑に絡み合う法律問題がある等、共通 する難しい課題があります。民間企業同士の取引でも、私法上の問題のみ ならず公法的な規制が関係することがあり、抵触法、国際私法の問題を理 解する必要があります。最近では、条約その他の国際的なルールの重要性 も増しています。

　様々なバックグラウンドを持った法律家（弁護士等）とコミュニケー

ションをとりながら、準拠法や国際裁判管轄等、国内法務では問題とならないような、重要かつ難しい論点を取り扱う必要があります。加えて、当事者の言語、歴史や伝統、コミュニケーション手法、法的素養等が異なり、時として国益等が関係してきます。総じて異文化摩擦が生じやすく、異国の人々とは経営理念やビジネスの手法が異なることも理解しなければなりません。日本人の発想では考えられない奇想天外な主張が繰り出されることもあり、日本人の常識は通用しません。

　そこから理解に齟齬が生じてトラブルに発展する危険性も高く、トラブルになると解決のために莫大なコストがかかり、解決が難しくなりがちです。為替変動リスクや長距離運送に伴うリスクもあり、特に開発途上国等の外国企業との取引では、戦争、内乱、政治体制の変更等により、輸出入や送金の停止等の事態に陥るリスク（カントリーリスク等）もあります。

　こうした異文化間で、うまく相互理解を促進し、調整する役割を果たしていくためには、じっくりと腰をすえて取り組む必要があります。対立を煽るとか、その違いのいずれか一方に偏って他方を潰すといった形ではなく、両者の立場を十分に踏まえて、最善の解決策を見出すことが好ましいところです。だからといって、相手方をむやみに信用することもできません。相互に緊張感を持ちながら、WIN-WIN の状況を作るための交渉と知的な創造が求められます。

6 国際的な商事取引紛争への対応

（1） 海外紛争案件のリスク

　海外での訴訟・仲裁においては、内外の連携が特に重要です。証拠資料の翻訳からその背景事情の説明まで、企業の実態を正しく理解してもらい、どのような訴訟戦略を立てていけばよいかを綿密に打ち合わせる必要があります。日系企業にとって、訴訟といえば被告となるケースが多いようですが、積極的に訴えていくケースも増えつつあります。

　米国では各種の法務を支援する「法務サービス産業」が発達しています。これを上手に活用して紛争対応のコストを大幅に節約できる可能性もあります。特に米国の訴訟では e-Discovery の対応に膨大な作業を要し、証拠データを保全又は復元するデジタルフォレンジックが重要であり、文書やデータを検索、レビュー、分析・精査する作業が訴訟の帰趨を左右します。そこで、e-Discovery vendor 等の法務サービス提供会社を使うと、法律事務所のコストをかなり節約できることもあります。今後は、これらのサービスを効率的・効果的に使いこなすことも課題です。

　もっとも、米国の訴訟ホールドで文書の保存提出義務がかかると、親子会社が文書、データを共有している場合、社内規程で定めている文書保存期間にかかわらず、保存義務があることがあり、文書保持者は破棄することが許されません。ただ、保存要求の範囲の文書でも、秘匿特権の対象となる等の理由から、異議を出して争う余地もあるので、専門的なアプローチが重要です。素人考えで対応すると大きな誤りとなる危険性もあります。

(2)　手続きの選択肢とコスト

　国際的案件では、紛争解決の手続きとして何を選択するのがベターであるかは、相手方の国情によっても異なります。国際商事仲裁を中心に、紛争当事者に対して第三者（third-party funder）が紛争の手続費用について資金提供を行い、資金提供を受けた当事者が勝訴した場合に獲得した賠償金等の一部を資金提供者に支払うという Third Party Funding の利用も注目されています。費用だけを理由に諦めるくらいであれば、そうした仕組みの利用ができるケースもあるかもしれません。ただ、利益相反問題もはらんでいるので、複数の弁護士に相談して妥当性を検討することが重要です。

(3)　手続地選択の重大性

　海外の相手方の場合には、法的な問題として、どこの裁判所又は仲裁地で手続きを行うのか、あるいはいかなる手続きを利用して解決するのかという点から利害が鋭く対立します。外国で法的手続を取る必要がある場合、代理人の選定から、証拠の整理、手続中の打ち合わせに至るまで、その負担は計り知れません。これらの問題は紛争が発生してからでは既に遅く、当初の契約締結段階から検討しておくべきものです。

　国際的な紛争事案でも、信頼できる弁護士に、どこで裁判や仲裁を行うことが最終的に妥当な結論を導きうるのか、という観点からも適切なアドバイスを得る必要があります。例えば、日本国内で裁判を起こすことができるか否かの国際裁判管轄について問題があるケースで、日本国内での訴訟を勧める弁護士の信用性については、既に触れたとおりです（222 頁参照）。

7 多国籍事業における戦略法務の重要性

　本書は日系企業向けですが、多国籍企業は、徐々に特定の国との特別の関係から脱却し、特定の国家との関係に縛られない超国家的な存在となる方向であるという議論があります。この指摘は、古くからありましたが、特定の国籍との関係の有無にかかわらず、企業法務が各国の法令の実状を踏まえて対応する必要性に変わりはありません。

　企業戦略は経営マターとして経営陣が決めるにしても、法務部門はその目指すべき方向性を、時には先取りし、時には経営陣の求めるニーズに対応しながら、法務戦略を提言することが期待されます。その戦略法務として、最適のビジネス・モデルの模索・構築（新規事業の研究開発プロジェクト）に向けて挑戦することが法務部門の使命です。

　近時、自由貿易協定（FTA）や経済連携協定（EPA）（さらには投資仲裁協定や TPP 等を含む）等の整備をめぐり、国際的な法務競争は益々激化しています。条約や二国間（又は多国間）協定（BIT）を活用したビジネス・スキームも現われており、大きく変化していく経営環境で事業活動を推進するには、総合的なグローバル法務が不可欠です。自社のビジネス・モデルを法的にも担保されたスキームに洗練させ、持続的に高い収益性を確保するには、グローバル法務を支える人材の採用育成もまた長期的な課題となります。

こういう点に注意して対応するのが賢明ですよ

第 **7** 章

コンプライアンスと
CSR対応

〜実効性を確保する組織的取組み〜

コーポレート・ガバナンスやコンプライアンス、CSR等の領域は、法令に限らず、ソフトローを含む広い意味での社会的規範に関するもので、レピュテーション・リスク等に影響を及ぼすため、法務として対処すべき問題を含みます。そこで、本章では、コンプライアンスやCSR等をめぐる基本的な考え方を整理しながら、法務・コンプライアンスを統合して実践していく方向性について解説していきます。

1 リスク・マネジメントとしての コンプライアンス・CSR法務

　この領域は、予防法務よりも高度な戦略法務としても位置づけられます。あるいは、その態勢の整備・構築段階を戦略法務として位置づけ、運用段階を予防法務として整理することもできます。便宜上、様々な役割分担を行うにしても、今後の基本的な方向性としては、法務とコンプライアンスを統合していくことを目指すべきでしょう。

　近時注目されている SDGs（持続的開発目標）は、事業活動で目指すべき目標です。また ESG 投資は、ESG（環境、社会、ガバナンス）を投資の着眼点にしますが、各企業は着眼されるという意味で ESG への取組みが求められ、これらに対応する企業の責任が社会的責任（CSR）として観念されます。そして、これらの要請は、環境法、労働法、人権保護の法令等にも反映することもあれば、そこまで行かなくても各種のコードやガイドライン等のソフトローを通じて規範的な意味を持ちます。一方、単なる「法令遵守」にとどまらないコンプライアンスで求められる社会的要請等には、ソフトローを含む倫理的な規範が含まれているため、法務コンプライアンス部門でも、これらへの対応が課題となるのです。

　また、紛争解決法務であるトラブル、不祥事対応は、コンプライアンス・プログラムの一環でもあります。危機的な状況は、程度問題もあり、広範なリスクと高度な危機（クライシス）とが区別されることもあります。それらのリスクや危機が顕在化した場合の典型的な問題に対して一定の準備が必要です。そして、平時からその備えをしておく日常的なリスク・マネジメントは、予防法務に位置づけられます。日常の業務過程で生

じるリスクを識別し、個別の契約や保険等の手当て等でコントロールし、利益相反の諸問題に対処することも、予防法務の課題となります。法令違反等の不正が顕在化すると、非効率で非経済的であっても、一定の対応を余儀なくされ、企業が受ける有形無形の損失・損害は、計り知れません。

　企業不祥事を防止するためには、企業内で不正が起こらない仕組みを作り、不正が起きた場合は、きちんと問題を解決して再発防止を図るリスク管理が必要となります。こうした部門の人材育成も含めて、コンプライアンスの強化が企業の社会的な責任です。法務コンプライアンス体制の強化のためには、トップの理解と全面的なバックアップが不可欠であり、様々な外部専門家のサポートも受けながら、健全な事業活動のために全体のレベルアップを図る取組みが重要です。

図表 7-1　SDGs、CSR、コンプライアンス等の関係

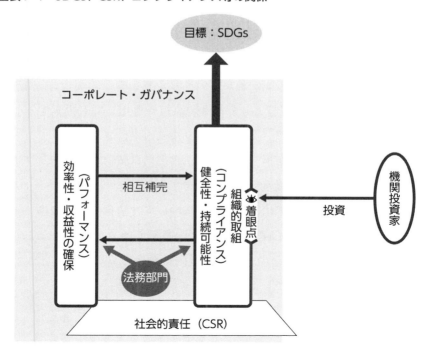

法務部門と
コンプライアンス・CSR部門の関係

（1） 法務とコンプライアンス・CSRの役割分担

　会社によって、法務部門とコンプライアンス・CSR部門が別々に設けられていることがあります。例えば、法務部門が法律問題を取り扱うのに対して、CSR部門を法律問題にまでならない倫理的ないし社会奉仕的な課題に限定的に取り扱わせるとか、コンプライアンス部門は法令遵守の観点からアプローチするが、法務部門は時として法令の裏道や悪用までも模索するという企業もあるかもしれません。あるいは犯罪や積極的に違法なことはしないが、脱法スレスレとかギリギリセーフとか、グレーゾーンや微妙なところで調整するのが法務だという考え方もあるようです。当然のことながら、「法務部門が時として法令の裏道や悪用までも模索する」等といったことを表立って述べる企業はありませんが、コンプライアンスに契約審査以外の予防法務を担当させて、法務部門は契約審査とトラブル紛争解決を担当するという棲み分けもあります。

　とはいえ、状況によっては、ある問題について、法務部門の立場・見解と、コンプライアンス・CSR部門の立場・見解が対立するようなことが生じるかもしれません。そのような企業内における立場の矛盾とか対立は、どう考えるべきなのでしょうか。

（2）　相対立する要請の衝突

　結論としては、法務部門とコンプライアンス・CSR部門のあるべき姿としては、同一の価値観と戦略を共有し、企業の行動は、最終的に一つの方向性を選択することが求められます。

　例えば、コンプライアンス部門が「法の抜け穴」を否定的に捉えているのに対して、法務部門が「法の抜け穴」を積極的に捉えて対立するといったケースが問題となるかもしれません。しかし、それは「抜け穴」というよりも、企業にとっては「落とし穴」であり、企業の持続的発展の見地からマイナスであれば、法務部門においても無視できない問題です。どこの部門でも、その判断は企業倫理に適合し、健全であるべきだというのが、コンプライアンスないし内部統制における統制環境の考え方です。

　営業と法務が一緒になって、コンプライアンス部門と対抗するというのは、決して好ましい状況ではなく、法務部門もコンプライアンス部門も企業にとっての最適の回答が同じでなければ、一貫した立場をとることができません。

　もっとも、企業内で議論が分かれて、意見が対立することもあり、企業を取り巻く規制には、相対立する要請をどう調整するかが問題となる場合には様々な法解釈が現れます。もとより、法律は常に不完全なものです。それに加えて、昨今は世界的に規制緩和の傾向が強く、法解釈に委ねられる範囲が広くなり、グレーゾーンが多くあります。そこで、現代の高度で複雑な利害関係をどう調整するかが問題となりますが、法律解釈が明確に割り切れないとか、線引きできないグレーゾーンで、どう対応するかによって企業のポリシーが問われますが、その企業の立場に応じて、自律的な倫理によるコントロールが要請されます。

この点は御社でも注意すべきですね

そうした状況に直面した場合、法務部門は、企業の使命や目的を見失わないように、コンプライアンス・CSR 部門等とも連携して、最終的な経営判断ないしポリシーの選択を誤らないように状況を分析し、問題解決を図ることが求められます。経営判断のためには、既に確立した法規範だけでなく、法規範の不足している実質的な問題にも目を向ける必要があります。また、法令による規律が明らかではない事象に対しては、社会的要請や企業倫理を踏まえた経営判断に貢献することが期待されます。

(3)　企業の使命と理念から根幹を考える

企業価値の向上から持続的発展のためのロビイングまで視野に入れた企業法務とコンプライアンス・CSR の実践は、時として目先の利益追求と衝突するように見えます。しかし、目先の誘惑に負けてしまえば、将来的には大きな損失につながります。法務を強化して、その助言を参考に「事業活動に有利に活用する」という意味を誤解して、脱法や不当な活動をするようでは逆効果です。悪徳弁護士や倫理観の低いアドバイスを真に受けては、裏目に出た場合の回復は困難です。脱法的で反倫理的な考え方は、一見、都合が良さそうでも、根本が誤っているので、持続的な成功・発展は望めず、早晩、破綻することになります。

本来、法務もコンプライアンスも CSR も、企業への様々な社会的規範に対応して、事業活動の正当性を主張し、実践する役割を担い、究極的には同じ価値観を基礎としています。CSR が、雇用の確保や環境、人権等をも重視するのは、コンプライアンスとの本質的な違いを示すものではなく、コンプライアンスを広く捉えれば、社会の中で企業が健全に発展していくための取組みである点に違いはありません。

　もっとも、企業が取るべき1つの正義が何かについて議論が分かれて、意見が対立することはありえます。何が正しいかが判然としない場合もあるでしょう。その場合には、内部での議論・検討や外部専門家の意見も聴取する等のプロセスを経て、最終的には会社としての経営判断ないしポリシーの問題として1つの結論を選択することになります。

　日本では、内部統制の制度化に伴ってコンプライアンス関連の業務が増加したため、コンプライアンス部門が法務部から独立する企業が多くなりました。しかし、機能的に見ると、法務部門とコンプライアンス・CSR部門は、経済的合理性や社会的正義、企業倫理等の価値観と戦略を共有し、人事交流や相互の補完関係を重視して、会社の実情に応じた役割分担を展開することもでき、統括責任者を一本化することも考えられます。

　仮に法務部門とコンプライアンス・CSR部門を別々に立てて一応の役割分担をするとすれば、内部統制の中核をなすコンプライアンス・プログラムの策定から統括・実施を専門的に取り扱うのがコンプライアンス・CSR部門であり、個別の法律問題への対応は法務部門で行う形や、さらにコン

図表 7-2　企業価値向上のために

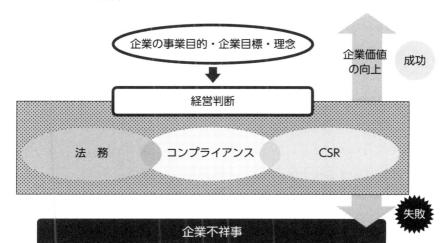

プライアンス部門と CSR 部門を分けて、組織体制の見直しや監査との連携、教育研修等はコンプライアンス部門で、CSR の企画や CSR レポートの作成、PR 等は CSR 部門といった仕事の役割分担が考えられます。

(4) 業務部門からの独立性と親密・緊密な関係

　業務の適正を確保するためには、法務部門が業務部門からは独立して、その客観性を確保することが必要です。法務部員は、組織の上下・左右、社外との高いコミュケーション能力が求められますが、だからといって、法務部員が経営陣や営業部門に媚びるような姿勢では、法務が本来果たすべき役割が果たせません。

　例えば、コンプライアンス・CSR 部門が望ましくないと判断したことに対して、法務としては、「望ましくないが、違法ではないとして、当面の利益を考え、バランスを計って許容する」という判断ができるのか、という点はどうでしょうか。

　それを法務が許容することが、経営陣や営業部門を守り、彼らのパートナーとなるためには必要であると思われるかもしれません。確かに、顕在化する可能性の低いリスクを理由に「ノー」ばかりでは、法務部門等は邪魔者扱いされて、相手にされなくなってしまいます。しかし、コンプライアンス・CSR 部門が「ノー」と言うものを、法務が OK というのでは、法務がコンプライアンスや CSR の要請に反しているという妙な帰結にもなります。

　「違法ではないが望ましくない」ことを、最終的な経営判断に委ねる際に、法務の立場が「望ましくない」ことを認めながら、「違法ではない」から法務部門として OK を出すということが現実的な選択として合理的といえるのかは問題です。他方、決裁権限の定めで法務部門が最終的なゴーサインを出

せる場合に、コンプライアンス・CSR部門が「ノー」ということを、法務が「適法性」を優先させる合理的な根拠が成立しうるのかも問題です。法務がゴーサインを出せるとすれば、単なる社内政治ではなく、規範的・論理的な説明として、コンプライアンス・CSR部門も十分に説得できることが求められます。法務部門は、広い視野と高い見識を持って企業の健全性確保に貢献する役割を担っています。その視野や見識は、法の基底にある社会的要請や企業倫理に裏付けられており、そのアイデンティティを見失ってしまっては、企業自身の正当な意思決定をサポートする存在意義が失われてしまいます。

（5）　結論＝企業活動にとって最善・最適の判断は同じ

　「こんなことはしてはいけない」という法的判断ならば、法務でもコンプライアンスでも結論は同じです。内部統制の領域では、営業部門等の業務部門も、企業の原則的な方針を遵守する必要があります。問題は、グレーゾーンの領域ですが、法務部門が社会的な道理や正義の観念に反する考え方をとることはできません。その論理の一貫性こそが、専門性の高い法務の本質をなすもので、せっかくコンプライアンスやCSRに取り組んでも、裏で別の方向に引っ張っているというのでは、その機能・効果が相殺されるどころか、それが明るみになれば企業全体のイメージが破壊されるだけで、そんな法務は客観性を欠き、外部からも信用されません。

　たとえ、それが技術的な部分のように見えても、往々にして株主その他のステークホルダーや市場に影響のある判断が含まれています。様々な利害関係をどのようにコントロールしていくかは企業にもよりますが、基本的な価値観は共有すべきであり、1つの組織に複数の価値観が対立しているままでは動けないので、最善の手段を一貫して選択できるように克服していく必要があります。

3 効果的・効率的に機能する コンプライアンスへの取組み

(1) 内部統制システムの構築・運用

　日本では、1990年代以降、会社法、コーポレート・ガバナンス等、企業環境と法体系には大きな変化が生じ、倫理規範や社会的要請を盛り込んだプリンシプル・ベースの規律が現れました。その結果、企業法務では、コンプライアンスを推進する手段として、企業の内部統制の整備・運用が大きな仕事となりました。内部統制には、会社法での内部統制システムもあれば、金融商品取引法での内部統制報告制度に関するものや、会計の世界で論じられる内部統制もあり、多義的な概念です。

　会社法は、内部統制システムを、「業務の適正を確保するために必要な体制」と表現します（会社法362条4項6号等）。ここで「適法」でなく「適正」というのは、法令違反の問題だけに限られず、その妥当性にも踏み込む必要があるからです。平成26年改正で、会社法本体に「企業集団の業務の適正」を確保するための体制に関する条項が置かれ、その内容のみならず運用の概要も事業報告への記載を求め、一層の内部統制の強化・充実が図られました。

　一方、金融商品取引法の内部統制報告制度は、財務報告に係る適正の確保を目的としており、その監査をするのは公認会計士や監査法人ですが、財務情報が適正であるためには、事業活動の適法性が大前提です。日本の内部統制は、①業務の有効性及び効率性、②財務報告の信頼性、③事業活動に関わる法令等の遵守、並びに④資産の保全の4つの目的が達成され

ているとの合理的な保証を得ることが目的とされ、③の「法令等の遵守」以外の項目にも、法的なチェックが必要なので、これらの目的には、広くコンプライアンスの問題が関係しています。この実施基準は、リスクアプローチの徹底を基本としています。平時のリスク管理では、日本取引所自主規制法人「上場会社における不祥事予防のプリンシプル」で示されている原則を踏まえた実務対応も参考になるでしょう。

いわゆる「プリンシプル・ベース」の規律とは、ルールベースの規律とは異なり、その組織の実態に精通した実務家が、法の趣旨、さらにはその背後にある社会的要請を踏まえて、合理的に解釈し、各企業の実態に即した対応を求めるものです。このため、内部統制は形式的な思考では対応できず、バランス感覚をもって、実質的な価値判断をしていく必要があり、ごく一部の「専門家任せ」あるいは「コンサルタント丸投げ」ではすみません。

自社の業務を見直し、望ましい内部統制が運用できれば、グローバルな経済競争で勝ち残り、企業価値の維持・向上が確保できます。そこで、多くの企業が、内部統制部門として、内部監査、コンプライアンス部門等を設け、経理部門、総務部門その他の部門との連携を図っています。実質的なコンプライアンス体制の構築・整備には、法務部門も積極的に関与できる態勢が求められます（さらなる詳細は、拙著『図解 コンプライアンス経営（第4版）』（東洋経済新報社 2016 年刊）参照）。

組織内の権限衝突や利害対立は、上層部で適正に調整する必要があります。例えば、目先の利益を優先し、幹部の一部がコスト削減で手柄を上げようとして、人員不足をもたらし、その業務負担が、検査不正につながった事件がありました。リスク・マネジメントの観点からは、適時に十分な数量の製品を手配する部門だけに権限を集中させるのではなく、検査要員を確保する部門や、全体をチェックする部門とも常時

こういう点に注意して対応するのが賢明ですよ

緊密な連携を取れるようにして、何らかの衝突が生じた場合には、担当本部役員が速やかに調整できるようにすることが必要です。

（2） 社内規程の整備

社内規程を整備する際には、法務部門が策定に関与することが多いでしょう。誰が社内規程の決定権限を有するかは、内容によりますが、重要な業務執行に該当する場合には取締役会で決定することが必要であり、社長の決断で決めることが許される事項も数多くあり、各組織で定めた規律に従って、法務担当者に起案等を任される事項もあるでしょう。それぞれの場合に、法務の責任者は、誰が判断権者であるかも含めて、その判断に

	内部統制における問題の所在	法務コンプライアンス部門の対処
企業風土	・利益至上主義 ・競争環境の厳しさ ・利己主義	・企業行動憲章・社内倫理規程 ・コンプライアンス方針の確立 ・人事考課基準の見直し
予防段階	・不正の動機、圧力 ・機会の存在 ・正当化の存在 　（不正のトライアングル）	・人事採用段階でのスクリーニング ・研修・教育 ・方針策定➡規程策定 　➡マニュアル策定 ・審査・監督チェック体制の整備 ・リスク評価➡不正のトライアングル 　の除去・抑止
発見段階	・検査チェック体制の不備 ・監督不行き届き ・組織的隠蔽 ・内部通報制度の機能不全	・風通しの良い職場環境の整備 ・監督権限の強化、検査態勢の充実 ・内部通報制度の充実・強化 ・内部監査部門の活用 ・社内情報へのアクセス権限確保
対応措置 段階	・対象調査の不徹底 ・収集情報の不足 ・時間的制約	・調査チームの最適化、配置、サポート態勢の整備 ・外部専門家の起用・活用

必要な材料を整理して、社内調整をする必要があります。

　社内規程の整備は、社内ルールの明確化・客観化にとどまるものではありません。法務部門は、これが文書化を意味したため、「文書屋」「文書管理部」と呼ばれることもありましたが、これは単に形式を整える仕事ではありません。社内規程の内容は、企業のリスクを想定した合理的なものである必要があり、内容を充実させ、実効性を確保して組織を規律できるように、現場での意見を反映させ、その領域に応じた専門家等、外部の助言も受けて、きちんとした社内合意のプロセスを経ることが重要です。

(3)　形骸化・形式化した内部統制からの脱皮

　内部統制の運用について、いまだに最もよくある誤りが、内部統制の形式的な外形を整えるだけで、その実質が企業の健全な活動にあまり寄与していないというものです。形骸化・形式化した役に立たない内部統制を見直すには、現場の実態を的確に把握し、必要に応じてアンケート調査等によって現場の意見を聞くことも有意義です。

　コンプライアンスは、形式的な「法令遵守」やナンセンスな事務手続の強化を推進するものではありません。かつて金融庁が「平成25事務年度金融モニタリング基本方針及び監督方針等」（2013年9月）で、金融検査マニュアルに基づく形式的な問題点の指摘と、金融機関の指摘への対応の積み重ねが「コンプライアンス疲れ」を生む一方で、形式的なコンプライアンスが本質的な問題解決につながらないばかりか、かえって顧客利便を損なう結果となっていないか等の観点から見直しが必要であるという指摘をしていました。

この点は御社でも
注意すべきですね

　法務部門は、企業経営の効率性やガバナンスの

強化を図るために、平時においては、どのように社内体制の安定・強化に貢献できるかを考える必要があります。内部統制における情報伝達体制も、そこに介在する人間が的確な対応をしなければ、機能しません。情報と伝達の形だけではなく、対応にあたっての基本的な指針を確立しておくことが求められます。コンプライアンス態勢がうまく機能すれば、不祥事

図表 7-3　内部統制システムをどう構築するか

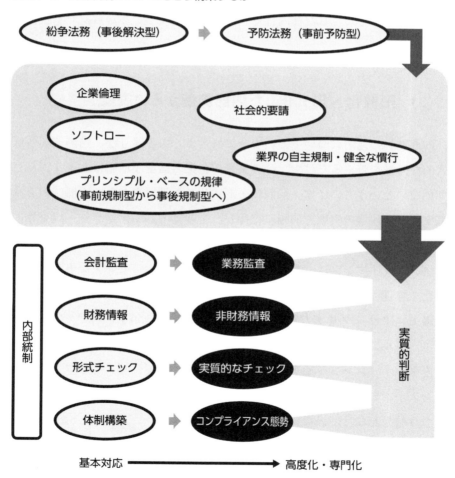

が発生する確率を相対的に低く抑え、不正が発生した場合にも的確かつ適切に対応することで、その損害・損失の拡大を防止できます。予防効率を現実に高めるコンプライアンスを実質化するには、合理的であるかどうかを常に意識しその目的に合致したルールの見直しや、柔軟な解釈・運用を行うことが重要です。

CASE STUDY　エンロン事件

　形の上で、どんなに立派な体制を取り繕っても、それを運営する人たちの倫理観が麻痺してしまえば役に立ちません。アンダーセンの顧客であったエンロン社は、粉飾決算のあげくに破綻しました。エンロンには、粉飾に加えて背任、横領、インサイダー取引、利益供与等、様々な疑惑がかけられました。会社の財務状況が悪くなった後にも、問題を隠ぺいして経営幹部は巨額の報酬やストック・オプションで巨額の富を得ていました。その一方で、一般の個人投資家が甚大な被害を受ける結果となりました。

　もとより、エンロンは米国の上場企業として、外形的には立派な経営体制・監査体制を整備し、14名もの社外取締役が経営をチェックし、アンダーセンが会計監査に携わっていました。しかし、社外取締役が多数を占める指名委員会、報酬委員会、監査委員会等は、いずれも適切に機能せず、弁護士も公認会計士もその他の専門家も粉飾を防止できないどころか、巨額の簿外取引等が会社の財務状態を圧迫し、遂に破綻に至りました。

　エンロン事件の背景には、経営陣が短期の利益に目を奪われ、株価で一喜一憂するような土壌があり、コーポレート法務のチェック機能がまったく働いていませんでした。

DX 時代の到来により、内部統制の実効性を確保するため、IT や AI 等の技術を駆使した自動的な制御・検知システムをどこまで導入するかが、内部統制に向けた企業の本気度を測る尺度ともなりつつあります。自動的・機械的にチェックできたほうが、人為的ミスの防止だけでなく、効率化にも役立ちます。それができるにもかかわらず、あえて人の手を介した管理をさせているようでは、IT への対応が不十分であるとの批判を免れません。

(4) ガバナンス法務

ガバナンスを徹底する観点から、企業内のあらゆる案件の決済手続で法務部門を通す仕組みを採用する企業もあります。あらゆる案件をリーガルチェックの対象として、適法か、妥当かの判断をして、必要に応じて弁護士に照会する等の仕分けを行うのです。これにより、法務部が知らないうちに、新たな契約が締結されてしまうことのないようにできます。また、取締役会設置会社で、重要な案件は取締役会に付議される必要がある（会社法 362 条 4 項）ので、法務部門が、すべての案件が取締役会付議案件か否かもチェックします。

執行役員制度では、業務執行と経営の基本的意思決定や監督機能を分離する狙いがあるところ、内部統制が機能するように業務執行の責任の所在を明らかにしつつ、予防法務体制が機能するように執行役員の役割を、適宜、見直し、整理することも必要です。

＊交際費の厳格化
広い意味での「公私混同」とは、特別の地位に基づいて、筋違いの利益

を追求したり、私情を持ち込んだりして企業利益を害する行動で、かつては「役得」と呼ばれていました。しかし、一定の親密な人間関係は有用でも、接待で会社を食い物にする公私混同は許されません。接待等も業務との関連性をしっかりと見極めたルールを作り、それを遵守させる社内体制の整備が必要となります。ワイロやリベートで競争する方法は法的リスクが高いだけでなく、従業員の士気の低下を招き、経費の水増し請求など、不正の温床となり、真の競争力強化にも逆行します。
これらの不正は内部通報の対象ともなります。

この点は御社でも注意すべきですね

＊意識が高まりつつある利益相反

　近時、ビジネスの世界では、利益相反に対する問題意識が高まり、厳しい目が注がれるようになりつつあり、対立する利害をうまくコントロールして適切なインセンティブが働くようにすることが求められます。このため、法令に従うだけではなく、そのプロセスの妥当性を確保するための慎重な考慮が必要です。例えば、研究開発の分野でも、各大学は、それぞれの教育・研究に対する基本理念と産学官連携の方針を明確にしたうえで、それらの方針のもとに、独自のポリシーと利益相反マネジメント・システムを構築することが強く要請されています。今後、これまで見逃されていたような利益相反（187頁以下参照）に対しても、注意を要します。

(5)　行政規制対応

　個別の業法、環境法等の行政規制については、基本的な対応、文書作成等に加えて、法改正が比較的多いため、その対応に要する法務の仕事には限りがありません。金融当局の検査や税務調査等も、会計・財務部門だけ

に任せておくのではなく、法務的な支援も重要です。

　法科大学院や司法試験では行政法が必修科目となっており、細かな具体的知識はその都度補充する必要もありますが、古い弁護士よりも基本的な素養があることが多いので、若手の人材も活用しやすいはずです。

　行政取締法規の違反は、事前予防が第一ですが、既に発生した問題については事後的な対応となります。逆に、自社の利益のために行政的規制を利用して守ってもらうべき局面もあるでしょう。ライバル企業による不当な活動による自社の被害について行政機関の措置を求めることもありえます。

　行政と効果的な連携を図るには、法務部門が関連法令を踏まえて動く必要があります。この場合、行政法に対する基本的な理解が不可欠であり、行政法違反にとどまらず、刑事犯罪にまで至ると、警察・検察との連携が必要となるケースもあります。

＊官庁筋の違法な働きかけに対する対処

　官庁筋からの意向に従うことは、やむをえないと考えられがちです。しかし、官製談合でも摘発されます。公務員が職権を濫用して、民間に働きかけてきたからといって、これに応じた民間人の罪が免れるわけではないのです。飲食やゴルフ等の接待漬けで感覚が麻痺して、倫理観が鈍くなると、汚職事件にまで発展します。国家公務員倫理法は、職務の執行の公正さに対する国民の疑惑や不信を招くような行為を厳しく戒めており、不正競争防止法は、外国公務員に対するワイロの供与も日本での処罰の対象となります。汚職が蔓延している法域もありますが、国の内外を問わず、厳正な対応に向けた検討を要します。海外の関係では、経済産業省「外国公務員贈賄防止指針」（令和３年５月改訂版）等を参考に社内の態勢を整備する必要があります（252頁参照）。

4 従業員の意識改革に向けて

コンプライアンスが根付くには、トップの姿勢と併せて、従業員全体の意識改革を進めて、企業風土・統制環境を改善していく必要があります。従業員全体にコンプライアンスの目的や内容・手段を理解させるには、教育・研修プログラムの工夫を凝らし、eラーニング等、IT技術の活用も考えられます。形式ではなく、実質的なコンプライアンス態勢に向けて、広く従業員に納得してもらうことが重要です。意識の高い人材を育て、グループ企業全体の意識改革を進めることが、企業の競争力アップにつながります。

＊新たなリーガル・マインドの必要性

国内でも国際的な領域でも、企業法務では、法令の形式的な解釈で表面を取り繕おうとするような古いセンスでは通用しません。伝統的な労務部門、営業部門、総務部門の感覚の中には、自分たちに有利な権利だけを主張し、不利なことには目をつぶるといった姿勢で対応しようとする担当者がいますが、それでは利害対立が拗れるばかりです。

ルールを杓子定規的にしか適用できないとか、逆に恣意的で非合理的な運用を許してしまうようでは、適切な運用とはいえません。すべてが想定内の範囲で収まるわけではなく、過去の成功体験に頼って、昔と同じような対応が通用するとは限りません。前と似たようなことに対して、昔と同じ感覚で対応するのは法的にも極めて危険です。それぞれの法分野では、特有の法規制や法実務の運用が発展していることがありますから、経験による対応だけではなく、必要に応じて実務を改善していく姿勢が求められます。

これを参考にチェックしてみては？

5 企業の説明責任

（1）　財務情報から非財務情報の開示も

　事前規制の緩和、合理化、自由化によって、企業の透明性、公正性、適切性の要請が強化され、今後の企業情報の開示では、財務情報のみならず、非財務的な情報の開示にも適正な規律が要請されています。

　既に環境報告書や CSR 報告書等を開示する企業も増えており、2010 年代以降、EU では非財務情報の開示に対する規律の機運が高まり、米国の COSO（トレッドウェイ委員会支援組織委員会）も 2013 年に内部統制の目的を「非財務情報の信頼性」まで拡大する改定をしました。すべての領域に十分な規制が整備されているわけではありませんが、今後の内部統制においては、非財務情報も含めて規律が見直されていく方向です。

　上場企業には、経営の透明性を高めるため、様々な情報を開示していく努力が求められ、情報開示の正確性や表現については、法的な観点からのチェックも重要です。各種の情報開示の前提として、企業経営の適正さ、健全性の確保の観点からの法務部門の視点が必要です。

CASE STUDY ダスキン株主代表訴訟事件

　自社の食品衛生法違反等を公表しなかった事件で、大阪高裁は、取締役会で決めた非公表方針について、「消極的な隠蔽と言い換えることができ、経営者責任を回避して問題を先送りしたにすぎない」と判断しました。即ち、「自ら積極的には公表しない」という方針を採用した取締役らには、「消費者やマスコミの反応をも視野に入れた上での積極的な損害回避の方策の検討を怠った点において善管注意義務違反」があるとされ、この取締役会に出席していた監査役に対しても、「取締役らの明らかな任務懈怠に対する監査を怠った点において、善管注意義務違反がある」との判断を下しました。

　結局、元社長らだけの責任を認めた一審判決を変更し、問題の食品販売には直接関与していなかった取締役と監査役にも過失責任を認め、元会長ら役員11人に上記の善管注意義務違反を認定し、連帯して総額5億5,805万円を支払うよう命じ（大阪高等裁判所平成18年6月9日、判タ1214号115頁）、最高裁も、この大阪高裁の判断を支持して、判決は確定しました（平成20年2月12日、旬刊商事法務1831号50頁）。

[ダスキン事件]

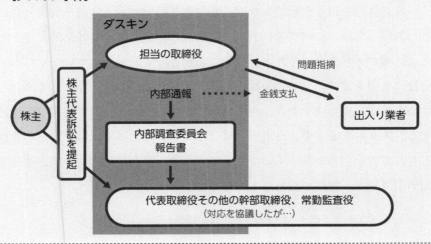

（2） 対外的な開示の重要性

　不祥事に直面した時に、その危機からしばらく目をそむけて、様子を見たほうが無難だという意見があっても、積極的な公表が必要であるか否かについては、深く検討する必要があります。消極的に、一見すると最も安全そうな「火中の栗を拾わず」、「君子、危うきに近寄らず」等の、ただ目をつぶって逃げるような態度は、決して安全ではありません。特に上場会社の場合には、日本取引所自主規制法人「上場会社における不祥事対応のプリンシプル」でも迅速かつ的確な情報開示が求められています。

　前記ダスキン事件で役員に賠償責任が認められた背景には、食品会社の事業の性質、規模、当時の雪印事件以降の企業不祥事に対する対応のあり方に関する議論、特に食の安全に対する議論状況が関係しています。国民生活センターの実態調査等でも、早期の製品回収により、その企業やブランドに対する信頼がかえって高まるというデータがありました。危機管理の局面では公表の回避による不利益や、早期公表・説明の重要性が指摘されており、それを実証する具体的なケースが多数あります。

　一般に食品を扱う企業であれば、安全性に疑問がある食品を販売したことが判明した場合、消費者に公表して商品の回収に努める社会的責任を考える必要があります。それが、法律に義務として明記されていなくても、会社の信用を維持し、被害の拡大を防止するための義務となりえます。とするならば、妥当性を欠き、企業倫理に反する行為が法的責任問題に発展するリスクもあると考えた方が、ビジネスマンにとっては何が本当の義務とされるのかがわかりやすいでしょう。もともと企業倫理の問題と法律問題の限界線は、曖昧で微妙なものなのです。

CASE STUDY　食品偽装問題

　対外的な企業の説明責任が問われることがあります。公表を検討する段階では広報部門とも連携して、どのような形で表現していくかを詰める必要があります。例えば、偽装表示等の問題が生じた場合には、第1段階として疑惑の発生に対する事実調査を徹底することが必要ですが、第2段階として、疑惑に対する法的調査と対応方法について徹底して検討したうえで、第3段階として、問題に関する公表方法として、外部からの目も踏まえて、その表現を十分に検討・吟味してから発表するというプロセスが求められます。この一部にも不足や誤解される表現があると、本来の意図とは裏腹に対応の失敗として批判されることになりかねません。

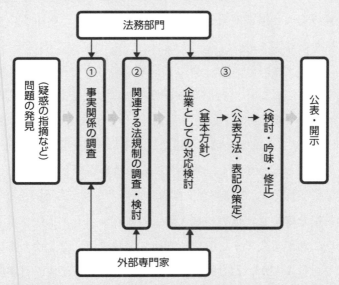

　食品の虚偽表示をすると、食品衛生法（虚偽表示）、刑法、民法（不法行為）、日本農林規格法（JAS法）、不正競争防止法、会社法等の問題が生じます。これに伴って、現実にも、様々なトラブルが一斉に起きます。取引先等からのクレーム、会社内の責任問題、従業員等とのトラブル、さらに、消費者からのクレームも民事責任をめぐるトラブルとなり、行政取締法規のある領域では行政法上

の責任やペナルティの対象にもなります。こうした不祥事が発覚すると、消費者のためと言いながら、実際はそうでなかったことも暴露されて、企業イメージが著しいダメージを受けます。マスコミや一般消費者等からの厳しい社会的制裁を受け、最悪の場合には企業の存続が危ぶまれることにもなりかねません。

(3) 経営判断として尊重してもらうために

　企業不祥事の際に、経営者に責任が負わされる法的根拠となるのが、「善管注意義務違反」による任務懈怠です。取締役も監査役も含めて、あらゆる役員が負う「善管注意義務」の範囲は、極めて広いものです。この善管注意義務違反と損害の発生に因果関係があれば、その損害に対する賠償責任を負わされます。

　ダスキン事件（281頁）では、難しい問題から目をそらし、責任を持った経営判断を避けてしまい、「経営判断の原則」でも救えませんでした。仮に積極的に何らかの経営判断をしていれば、それを尊重するという判断もあったかもしれません。1番安全策だと錯覚しがちな「様子見」や「先送り」が致命傷となることもあります。予想される問題を直視して真摯に検討しないという安易な態度は、任務懈怠又は職務怠慢とされても仕方ありません。

　会社の信用を維持し、被害の拡大防止の観点からも、予想されるリスクと向き合うことが重要です。危機に直面した時には、そこから逃げず、積極的に取り組むことが、相対的には安全策でさえあります。日本監査役協会の監査役監査基準では企業不祥事発生時の対応及び第三者委員会について言及していますが、これは監査役のみならず取締役等の関係者も含めて会社として何をなすべきかが端的にまとめられています。法務部門は、それらの基準等を参考に、必要な措置を迅速・的確にとることができるよう

に問題点を整理して、取締役会の経営判断
を促すことが期待されます。

こういう点に注意して対応
するのが賢明ですよ

CASE STUDY　パロマ事件

　パロマ社の製造販売した強制排気式ガス湯沸器が、内部配線の不正な改造
（短絡）がなされたために一酸化炭素中毒を起こした事件が多発しました。
調べてみると、自社製品が街の修理業者によって不正改造をされたことが原
因であったことが判明し、製造物責任訴訟では勝訴しました。ただ、その後
も何件もの事故が長年にわたって全国各地で発生しました。死亡事故の情報
を知らされていた同社は、その危険性について注意喚起を徹底するとか、危
険な器具の回収を行うこともありえたかもしれませんが、当時それを義務づ
けるまでの明文の法律はなく、そこまでの法的義務はないと判断しました。

　後日、そうした情報があるのに危険なガス湯沸器を放置して、何もしてい
なかったことが業務上過失致死傷罪になるとされ、元代表取締役を禁錮1
年6カ月、取締役品質管理部長を禁錮1年（それぞれ執行猶予3年）とする
判決が下されました（東京地裁判決平成22年5月11日確定、判例タイムズ
1328号241頁）。一見すると企業倫理の問題にすぎないようでも、現実には
法務とコンプライアンス・CSRを区別して考えることが決して得策ではな
いことを示唆する事例としても大きな教訓を残しました。

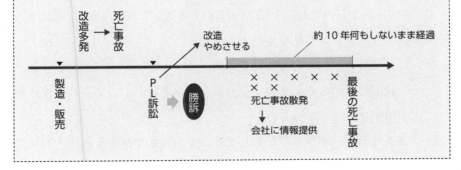

コンプライアンスで付加価値アップ

　最終的に企業経営は、経営陣次第となりますが、有能な法務部門がこれをサポートすることにより、時として企業全体に影響を及ぼす大きな失敗を防ぎ、企業の成功をさらに確実かつ充実したものに仕上げる役割を果たします。企業の持続的発展の見地から、法的判断とリスクの分析を行うのが、法務・コンプライアンス部門の責務ですから、この領域を強化できれば、持続的成長の可能性を高めることができます。しかし、これまで、法務部門やコンプライアンス・CSR部門は、多くの企業でコストセンターとしか認識されず、景気が悪いと経費節減のために縮小を余儀なくされるような傾向がありました。

　そこで、コンプライアンス・CSRの領域で企業法務の付加価値アップを図るためには、次のようなポイントを考える必要があります。

① 　企業活動の正当性、信頼感を社会に理解してもらうことによって、健全な企業イメージやブランド価値の維持・向上に寄与すること。

② 　実質的に機能する内部統制の合理化を図ることにより、非効率で意味の乏しい、形骸化・形式化した「コンプライアンス疲れ」ないし「ナンセンスな内部統制」（273頁参照）を改め、実質的に意味のあるコンプライアンス態勢を運用すること。

③ 　コンプライアンス態勢の充実・向上によって、不正等が抑制され、その対応に要する非生産的で、無用な仕事を減らし、不正等に伴う損失・損害を少なくすること。

④ 　過誤や不正、不祥事等が生じても、その察知や解決を迅速・容易に

行うことにより、管理業務の効率性をアップさせること。

⑤ 法令による規律が明らかではない事象に対して、社会的要請や企業倫理を踏まえた経営判断に貢献し、持続的な発展につながる良質なガバナンスを構築すること（123頁参照）。

⑥ 企業の競争環境整備に向けた立法の動向や競争ルール・政策立案に積極的に関与すること（131〜133頁参照）によって、グループ企業や業界全体の健全性を高めていくことに貢献し、競争力をアップさせること。

＊事業活動における企業の使命

近年は、コーポレート・ガバナンスの主要な柱として企業の社会的責任が強く意識されており、法務の領域においても、常に時代の変化を意識した判断・対応が重要となっています。株主、会社債権者、顧客、従業員のほか、取引先、地域住民、投資家、金融機関、政府等を企業と何らかの利害関係を有する主体を「ステークホルダー」として捉えたうえで、企業がそれらのステークホルダーとの関係を重視して、具体的かつ実効性のある行動をとることが、コンプライアンスないしCSRの観点からも求められます。

営利企業の場合にも、事業体としての公共的な役割や使命が本質的な企業の存在目的として強調されます。法的にも、企業倫理の観点からも大丈夫であれば、自信をもって業務に取り組めますから、事務や生産の効率も上がります。

これを参考にチェックしてみては?

パフォーマンス検証
法務部門の監査

　監査役、内部監査、外部監査等による監査の仕事には、法令遵守のチェックがあり、法務部門もそれらの監査人をサポートすることが期待されます。また、その監査は、適法性のチェックだけではなく、妥当性や効率性、迅速性のチェックが求められます。その監査の対象には、法務部門そのものも含まれ、法務部門が本当に社内で役に立っているかを検証する必要があります。

　例えば、法務部門の満足度、貢献度、その他の評価等アンケート調査を行うことが有意義です。そのアンケート結果に応じて、法務部門の改善ポイントなどを特定し、各社の状況に応じて改善のヒントが得られ、必要に応じて拡充・強化を図る足掛かりになります。

　法務部門の効率性や妥当性は、かなり高度な経営マターでもあり、直ちに法律問題に直結するわけではありません。とはいえ、形式的なことだけで効率性・妥当性は判断できないので、法務関連のコストや効率性・妥当性のチェックは、経営陣ないし取締役会が可能な限りコミットして評価を加えていくことが必要です。

　しかし、法務部門によるコスト管理が適正に行われているかどうかは、法務部門しか判断できない面もあります。内部監査では、形式的・手続的な事項にとどまらず、実質的な機能に着眼することが求められます。法務部門は専門性が高いだけに、外部からの実質的なチェックは難しい面もありますが、適法性だけでなく、妥当性の観点からの検証も重要です。

第 **8** 章

人材育成に向けた
戦略的な協働

〜状況に応じた起用と育成〜

法務部の付加価値アップを実現するのは、人材次第です。法務部は、社内に
弁護士を雇うのと同じで、有能な人材でなければ、余計な仕事を増やし、事業
の足を引っ張るだけの存在になりかねません。そこで、本章では、有能な人材
の起用と育成に向けた課題を整理しながら、その留意点を検討していきます。

1 法務部員に求められる能力

　能力が不足した法務部門では、的確な対応ができず、そのスタッフが可能な範囲で仕事をするだけです。様々な問題に巻き込まれると、効率的に業務を処理できません。難しい問題は、表面的で中途半端な対応しかできず、リスクが高い事業活動においてはトラブルを起こしやすくなります。

　コンプライアンスや内部統制のようなプリンシプル・ベースの規律（271頁参照）に対応するためにも、リスクを直視する実質的なリーガル・マインドとスキルが不可欠です。そこでは法理論の習得だけでなく、企業の実態に即した問題解決の手法についても研鑽や研究を継続する必要があり、プロとしての矜持と高い倫理観が求められます。

　日本の企業では、弁護士からの助言を十分に理解できないような事態もしばしば起きています。法務があればいいという段階ではなく、その法務担当者の能力をさらにアップさせていく不断の努力が必要な時代です。それは、程度の差こそあれ、決して一部の大企業に限った話ではなく、中小企業も含めた、すべての事業者にとって、重要かつ切実な課題です。

　戦略法務だけでなく、基本的な予防法務や紛争解決法務も、それがどれだけ満足のいくものとなるかは、企業法務の担当者次第です。法務部門を強化するために有能な人材を育成することは、今後の企業の発展のために避けて通れない課題です。

この考え方を参考に
検討してみては？

図表 8-1　それぞれの法務の役割

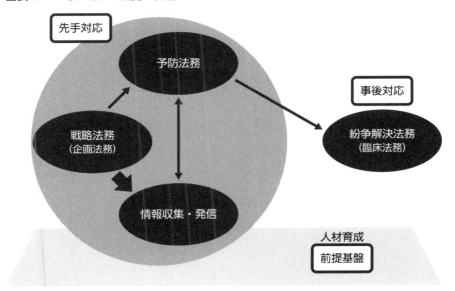

(1)　専門的能力

　あらゆる業界がそうですが、法的サービスにおける生産性・効率性の向上のためには、法務領域における専門能力の向上が必要です。法務部門は、ベストを尽くすのは当然として、他部門からの期待を上回る価値を付加することが必要だとまで言われています。これは、表面的な人間性や精神力だけでクリアすることは困難です。

　他の部門でもそれは同じですが、法務部門が取り扱う課題には、経営者がコントロールすることが難しい専門的な問題も多く、特にその傾向が強く現われます。法務の機能は、法務スタッフの能力に左右される度合いが極めて大きいのです。

　しかし、自社にとって本当に満足のいく法務部員を育成するのは一朝一夕

にはいきません。また、専門性を備えた人材を、簡単に集めることもできません。「法学部を卒業しました」と調子よく言っても、法律については勉強が不足していることが多く、本当に有能な人材は希少です。現実には、それなりの人材を採用し、育成していくには、時間と手間暇をかける必要があります。法務は、急には変えることができないし、変わることもできないので、当面の対応とは別に、中長期的な課題としても考えていくことが重要です。

　本書の内容程度は既に概ね理解している専門性の高い人材育成が進めば、法務の能力・機能が向上し、業務の効率化と生産性向上によって、競争力のアップが期待でき、リスク管理が適切になされることで不正の防止も図られ、法務部門が筋の通った一貫した合理的な対応を行うことで、法務の信用・信頼も高まります。これに伴って、事業活動の合理性、正当性、健全性が確保できます。

図表 8-2　人材育成と能力向上の波及効果

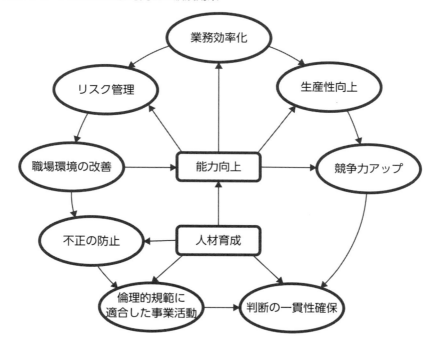

（2） 法的な理解能力がなければ、社外からの助言も無意味

いくら有能な一流の社外弁護士から立派な助言を受けても、それを正しく、的確に理解し、企業内を動かせる社内の人材が企業側にいなければ無意味です。せっかくの貴重な法的アドバイスも、企業側の人間が問題とされる潜在的リスクや助言の価値を理解できなければ、ほとんど生かせません。「弁護士が何か難しいことを述べている」という不満を抱いて終わってしまいます（243頁 CASE STUDY 等）。結局、担当者が理解又は実践できる水準又は範囲でしか、その助言を現実に活かすことはできません。十分に法的な意味を理解しないままにビジネスを実行すれば、そのリスクの顕在化を防げません。

（3） システムを動かす能力も必要

近時、リーガル・リスク・マネジメントを効果的・効率的に行えるように、システム化する動きも急速に進みつつあります（47～49頁参照）。それに関する雑誌や文献を読んでも、現実に使えるようにするには、自社の業務に精通したスタッフが、自社の状況に適合するようにシステムをカスタマイズする必要があります。契約管理等の法務のシステム化をどう組み立て、自社でどう役立て、運用できるかも、その利用方法を認識し、きちんと仕分けができるかにかかっています。

(4)　会社の事情を踏まえた対応能力

　法務に関する雑誌や情報が溢れており、それらを上手に使えば、それなりに必要な情報を得ることができます。問題は、自社の状況に応じた具体的な処方箋を見出し、その情報を自社で活用できるかどうかです。単に知識として知るだけでは、あまり意味がありません。これは社外弁護士でも同じですが、ビジネスに精通して、いろいろな選択肢、打開策、代替策、解決方法等の様々なノウハウを蓄積していれば、そこから当該ケースに適合した方策を見つけることができます。これは誰もが容易には実践できるものではなく、日常的に問題意識を持ち、会社の業務内容、リスクの所在等の特徴（個別の事情）に精通していることが前提となります。

(5)　コミュニケーション能力の重要性

　法務部員は、企業組織人として当事者意識をもってビジネスに関与する姿勢が求められます。コミュニケーション能力等は企業人として不可欠であり、人間性も重要です。

　経営戦略には多角的な検討が必要であり、世界の経営者は法的な側面からの検討にも余念がありません。経営者の側も法的リスクに関心を抱くようになっており、戦術レベルでも、法的な検討は基本的なチェック項目です。これを受けて、法務部門も、経営者に対して、具体的なリスクの内容や想定を説明し、経済的インパクトや無形のレピュテーション等をコントロールする方法を提示することが求められます。高いコミュニケーション能力がないと、経営陣に対してリスクをとる価値があるか否かを効果的に

説明できません。法的助言も踏まえた経営判断ができるように、法務部門は、日常的にも経営陣と密接にコミュニケーションをとりながら、必要に応じて社外弁護士等とも連携して、経営の戦略的・法的課題を議論できることが求められます。また、法的な課題に対応するニーズは、国内外の企業法務全般に及びます。産業構造も変化しつつある中で、法務人材はビジネスのやり方を高度化させていく役割を担っています。

逆に、法的な検討・対策が不十分であるために、事前の計画で予期していない事態に巻き込まれると、経営者も責任を問われかねません。法務担当者が冷静に事実関係を見極めて、経営者が主体的に対応し、問題を解決できる社内体制の構築が不可欠です。法務の専門的な知識と技能を発揮するには、特に、組織横断的な行動、解決策の整理・提案、交渉やリーダー

図表 8-3　企業法務を生かすための社内体制の構築

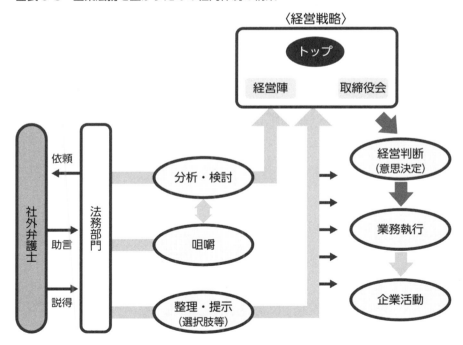

シップ等の能力が重要です。法務をリードする人材がいないと、迅速な対応は困難です。最終的には、専門性を備えた生身の人間が、どう動くかによってすべてが変わってきます。

　高いコミュニケーション能力を持つには、「当事者意識」を持つことが重要です。例えば、難しい法律用語を使って、現場の担当者を困らせるとか、熱くなる事業部門から距離を置きすぎた話し方では、他の部門と良好な関係を維持することが困難です。一般的な企業人でもわかりやすく、説得的なコミュケーションのために言語を豊かにする訓練が必要です。法務部員である前に、企業人であるため、ビジネスに対する深い理解と洞察、高い視座をもって学んでいく姿勢が不可欠です。

2 法務部員の採用段階での考慮項目

(1) 法的素養は「マインド」と「スキル」

　法務部門の仕事として、高い専門性が求められるようになればなるほど、その法的素養が問われます。法務部門が行う業務の性質からすると、法務の人材固有の基本的な素養として、特にその「マインド（問題意識と心構え）」と「スキル（技能）」が重要です。

　前者は特に「リーガル・マインド」として言及されますが、問題意識が不足していると、いくら長く企業法務に携わっても、実務能力や倫理観が向上しているか定かでありません。そうしたマインドを磨くには、法分野における幅広い視野と知的好奇心が不可欠です。

　一方、「法的なスキル（技能）」とは、単なる技術ではありません。法的素養や論理的思考力に依存する部分と、知識と経験に依存する部分が連動する領域として理解されます。このため、ビジネスの現場における知識・経験が豊かであることが望まれます。

　法律のプロに求められるマインドとスキルの涵養は、世界的にはロースクール等でのプロフェッショナル教育において行われてきました。法務の仕事も、元々の基本的な素養があって、そのうえで試行錯誤しながら経験を積み重ね、徐々にレベルアップして、熟達度を高めていく性質のものです。

こういう点に注意して対応するのが賢明ですよ

図表 8-4　専門性を高めるために

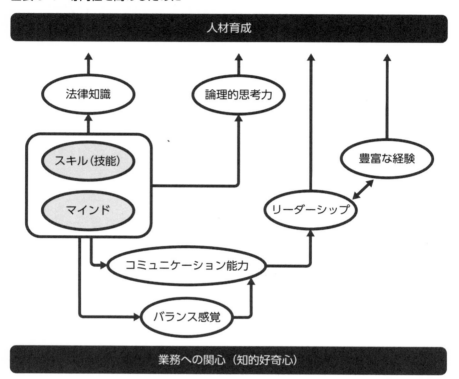

(2)　豊富な経験と論理的思考力の両者が期待される

　法務部員には、実務経験と論理的思考力を含む法的素養の両方が求められます。このうち、法的な考え方は概して論理的なものですが、必ずしも理屈通りに動かないこともあり、経験や様々な知識が役に立つこともあります。これは日本を含むアジア諸国だけではなく、欧米諸国でも同様の現象が多く見られ、経験が重視されることはやむをえません。

　ただ、近時のグローバル化の波は各国における法制度改革を促してお

り、その変化が激しく、これまでの経験だけを頼りにしていては、判断を誤ることもあります。日本国内の法制度でさえ、新しい問題が次々に起こり、喧々諤々の議論を経ながら、常に変化を続けています。新しいルールを生み出し、法的な問題状況を分析するには、法的素養を現実の事象に応用する能力を要します。経営法友会による平成 25 年 1 月の「企業における法曹有資格者の活用に関する実態調査」（「平成 25 年調査」といいます）でも、企業が期待する能力として、実務の経験・未経験を問わず、法律知識の獲得・活用力をあげる企業が 45.9％、問題発見能力や事例分析力をあげる企業が 3 分の 1 以上を占めていました。

（3）　中途採用の増加傾向

　法務担当者の採用・配属方針について、他部門から移動させることで対応する企業が、第 10 次実態調査で 45.9％だったものが、第 11 次実態調査では 38.4％に減った代わりに、法務経験者を中途採用する企業が46.8％となり、第 12 次実態調査によると、法務担当者の採用（配属）方針につき、「企業等（法律事務所の事務員を含む）の法務経験者を中途採用する」が 56.7％（1,151 社中 653 社）で最も多く、「法務分野以外の業務経験者を中途採用する」（6.4％、同 74 社）も含めると、中途採用が 6 割を超え（63.1％、同 727 社）、中途採用者の即戦力を評価する企業が増え、全体として、有資格者や何らかの見識・経験を有する者を採用・配属する傾向が強まっています。

　企業は、法務担当の中途採用者や有資格者に様々な能力を期待しており、総じてコミュニケーション能力、バランス感覚、業務への関心・積極性等が重視される傾向にあります。特に、新人については、弁護士でも法

科大学院卒業レベルでなくても、法学部を出た優秀な者を中心に育成し、法学部やその他の学部出身者が配属されてきました。

　従前は、高度な専門知識がなくとも、問題は顕在化することがなかったので、法学部以外の学部出身者にも法務の仕事をさせてきました。特に、経理担当と兼務させるとか、文学部出身者は英語ができるから英文契約書を担当させるといったケースがあります。しかし、専門性の高い法務を期待するならば、そのスタッフには法的素養と経験の両輪が必要です。

（4）　法学部教育の限界

　新卒者等については、少なくとも法学部以上の法的素養が望ましいところです。ただ、大学法学部では、それほど厳格な成績評価を行っておらず、概ね、学生は、ゆったりと、教員の興味・関心に沿った内容の授業を聞いているだけであることが多く、学習にもムラがあります。就職活動に忙しく、法律の勉強は後回しとなっている本末転倒の「就活専門」の学生が多く、学部としては単位認定を甘くして送り出すので、ごく基本的な法律知識さえも知らないまま卒業できます。企業側としては、こうした法学教育の実状も理解したうえで、採用・育成を考えるしかありません。

　法学部教員は研究専門であることが多く、「キャリア育成等は荒唐無稽」「（法学の）専門教育で企業で即役立つことなんて教え得ないし、企業で即役立つことは大学での専門教育ではない」「即戦力となる社会人なんて出せないし、それでいい」（某若手教員）という声もあります。つまり、学部教育で「キャリア育成」を行う必要性はあまり強く認識されておらず、今後も行われる見込みは乏しく、即戦力まで期待するのは困難です。

　もちろん、学部教育でも一部の先端科目には実践的な内容が含まれてお

り、本当に優秀な学生も一部にはいます。ただ、それは限られており、先端科目を扱う「選択科目」は、多くの学生に履修してもらうために所謂「楽勝科目」となりやすい傾向もあり、多くの学生は、単位認定の厳格な科目を敬遠するのが実態です。

(5)　現実社会では法を実現することが問題

　法学部教育の多くは、「法の実現」まで視野に入れた実務的・体系的な考え方の訓練にまで及びません。訴訟手続や強制執行を扱う授業は少なく、法の背後にある理論や考え方を研究・教育し、制度の本質論や、権利と義務の内容を学ぶことが中心となり、現実の社会と離れて純粋に理論を追求するとか、狭い問題を深く観念的に考えるような形が比較的多くなります。

　しかし、企業法務で日常的に直面するのは、どのようにして目的を実現するかという実践的・実務的な問題がほとんどです。企業活動では、ルールを守ろうとしない人たちや、抵抗する人たちにも遭遇します。その場合、どうやって問題を解決していくかが、実務の課題です。現実には、法をいかに実現するかというところに、深刻な問題が山積しています。

　法律実務家は、証拠に基づいて事実を認定し、法を実社会で使って問題を解決する仕事に携わります。したがって、法律実務家には、法を実現するための最終的な紛争解決手続についても基本的な理解をもち、それをベースにした仕事が求められます。そのために必要なスキルアップの多くは、社会人になってから企業による人材育成、研修等に委ねられているのが実状です。

（6） 司法試験に合格していない「法務博士」とは

　学部レベルよりも少し学識を備えた人材としては、法科大学院修了者を法曹有資格者に準じて活用することが考えられます。法科大学院修了生には、学士よりも上の「法務博士」が与えられます。「博士」といっても、研究者ではなく、実務家養成の法科大学院の修了者の称号です。法務博士は、まだ十分に周知されておらず、司法試験の合格の有無に目を奪われがちです。そのため、残念ながら、「法科大学院修了だけでは中途半端すぎる」等という声も聞かれます。近時、司法試験で基本科目の理論を重視する傾向が強まり、試験に直接には役立たない実務系科目や紛争解決科目を敬遠する動きが一部にあるのは、法務の人材育成の観点からはマイナスです。司法試験のプレッシャーは、実務教育をはじめとする法科大学院が理想としていた本来の教育の姿を歪めている面もあります。

　しかし、法科大学院の修了生については、かなりの個人差がありながらも、法科大学院全体としては、将来を見すえて、企業法務に役立つ教育の試みも、それなりに盛んに行われているのも事実です。多くの法務部門にとって、弁護士資格の有無によって、実質的な能力の点において、それほど大きな差は認められません。司法試験には偶然的な要素も大きく、1回だけ失敗した組には、かなりの優秀者もいます。経済的理由から、司法試験だけにこだわり続ける余裕のない人もいるので、弁護士資格の有無だけで判断しないで、積極的に人材を活用することを検討することが有用です。

　多くの法科大学院では、法的なマインドとスキルを養成し、問題解決能力を実務に生かせるような教育カリキュラムを展開しています。法科大学院は、基本的な法理論から倫理的素養や実務的な能力を身に着けさせるた

め、民法や会社法等の基本法については企業法務でも役立つ科目が必修とされます。訴訟法に対する一般的な理解は、学部卒業生とは比較にならないほど高度で広範な内容を含みます。実務系科目の授業では、将来の企業法務の仕事をしていくうえで役立つ実践的な内容が盛り込まれ、従前であれば、実社会に出てから OJT の中で徐々に習得するような内容です。これを体系的に学習させるので、従来の法学部教育や司法研修所教育よりも企業法務に直結しうる内容です。

法科大学院修了者を採用すると回答した企業は、第 10 次実態調査では 8.8％と低調でしたが、第 11 次実態調査では、24.4％と 3 倍近く増加し、さらに、経営法友会による平成 25 年調査でも、法科大学院修了者が在籍しているという企業が、既に 25.3％に大幅に増えており、変化の兆しがあります。

専門性の基礎を裏付ける厳格な修了認定

　司法試験でも体系的思考力に裏付けられた論理的思考力が試されるため、きちんとした法科大学院であれば、実質的な法解釈と体系的な法的思考を教育しており、かなりの学習をしなければ卒業できません。法科大学院では、単位取得も、修了認定も、法学部とは比べものにならないほど厳しく、法科大学院にもよりますが、無事卒業できるだけでも、かなりの水準です。これは法科大学院の第三者認証評価でも厳しくチェックされます。

　こうした制度の下、法科大学院の多くの学生は、学部生とは全く違った強いモチベーションをもって法律知識の習得に励んでいます。だからこそ、弁護士等の有資格者と同じように、法科大学院修了生も、何年程度の実務経験をどういった職場で積んでいくかによって、実力が伸びて、大きく成長していくことも期待できるのです。

　泉徳治・元最高裁判事は、1つの結論として、「法科大学院3年を終了すれば、米国や韓国並みに法曹資格を付与すべきであり、（中略）そうしなければ、法律家が日本社会から取り残され、日本が世界から取り残される」（『私の最高裁判所論』（日本評論社、2013）319頁）と指摘しています。日本の企業の中で、それだけの実力を持っている法科大学院修了生のことが十分に認知されていないことは、残念なことです。

　既に理系では、学部卒業後に大学院に進む若者が増えていますが、文系でも専門性が求められる領域では学部レベルの知識・教育だけでは不十分です。もともと社会的な関心や問題意識が薄いと、法律学を修得することは難しくて当然です。経験が不足していても、それなりの時間をかけた法律実務教育で底上げを図るのが法科大学院制度の眼目であったことを見直すべきでしょう。

(7) 個々人の問題意識が重要

　法科大学院修了生は個人差が大きく、法曹資格の有無も気になるかもしれません。しかし、新司法試験自体にも多くの問題があり、資格の有無が法律実務家の能力を測る絶対的な基準ではありません。前述のとおり、不合格者にも、実力的・能力的には司法試験合格者と遜色のない者がいます。

　こうした状況を察知して、積極的に法科大学院修了者を採用する企業も増えています。第12次実態調査によると、弁護士有資格者を除く法科大学院修了者が法務部門にいるという企業は、回答企業の31.2%（1,151社中359社）であり、弁護士資格保有者よりも多くなっています。司法試験合格者が増やせない現状では、当面、法科大学院修了生から企業法務を担う人材を増やしていくことが現実的です。それによって、今後、企業法務の裾野が広がり、社内弁護士を雇わなくても、ある程度、法務レベルを高めることができます。

　もちろん、法科大学院修了生ならば誰でもよいわけではありません。法務の人材として、法律知識の習得は必要条件であっても、十分条件ではありません。法律知識を越えて、実務教育にどこまで踏み込んでいるかは、法科大学院によっても、学生によっても、かなりの差があります。法科大学院修了生でも、何を学んだのか、その学生の性格による面があることは、他の部門と同じなので、入社志望者がどのような自己研さんをしてきたかも、採用選考で考慮せざるをえないでしょう。

（8）　法的素養を基礎とした採用基準

　法科大学院修了生は、法務部員として動くための知識と技能とマインドを備えている可能性があり、それなりの問題意識をもって、実務に役立つ教育と訓練を受けた人材です。将来、専門的・実質的な判断ができるためには、基本的な法的知識や体系的な思考力が不可欠です。企業の立場からすると、それなりの時間をかけて、広く、深く実務的な法律学に接してきた人材を活用しない手はありません。

　「勉強した者がバカを見る」といった恰好になるようでは困ります。あたかもそのように見えることが、多くの若者が法学部や法科大学院を敬遠する心理に及んでいます。これは日本にとっても、企業社会にとっても大きなマイナスです。専門的な教育を受けたからといって「専門バカ」になるわけではありません。業務経験もさることながら、専門的な知識と技能を備えていることに対して、それなりに高く評価した採用基準が重要な鍵になります。

　法務部員を採用する場面では、現代的な法務の教育を受けてきた有望な人材を育て、活用していくことが重要です。大学教育も含めて、人材育成のあり方には大きな変化が起きており、これからの世代については、法科大学院まで行って専門的な教育を受け、さらに弁護士にまでなった人材の努力や姿勢を積極的に評価することが期待されます。

そろそろ御社もこれを検討したらいかがですか？

3 企業法務を支える人材の獲得方法

　幸いにも、これからのキャリアを法務中心で考える人たちも増えてきました。企業法務に関心を抱く若者が増え、その仕事の実情やキャリアについて理解が広がっていけば、その受入はさらに進む可能性があります。世界的にも、近年、社内弁護士の人数が大幅に増加し、キャリア上の魅力も向上しています。そうした環境の変化を受けて、法務で求められる業務を遂行する仕事に特化した人材を採用していくべき時機であり、それが実現可能にもなりました。

(1)　法曹有資格者の採用チャンスの増加

　日弁連でも企業内弁護士の求人、求職について「ひまわり求人求職ナビ」を提供しています。また、人材紹介会社にも法務人材の就職活動を支援する事業を行うものがあり、大手から中小まで、法曹資格の有無を問わず、法務で働きたいという人材を取り扱っています。事業者が提供するWEB上で、パートタイム勤務を含む弁護士の求人をする企業と求職する弁護士を募り、両者のマッチングを行うサービスの利用も考えられます。この事業は、産業競争力強化法第7条第3項の規定に基づき、法務省は、弁護士法第72条本文の適用を受けない旨の回答を出しています（回答（令和3年2月12日））。

　さらに、後述のエクスターンシップを通して採用するチャンスもあり、一

部、法科大学院の撤退と近時の司法試験対策への傾斜の影響を受けていますが、企業の取組み次第の面もあります。ただ、従前の法科大学院修了生や司法試験合格者については、司法試験や司法修習のスケジュールが企業の採用スケジュールとは噛み合っておらず、その点に留意した工夫が必要なこともありました。司法研修所に行かないで直ちに企業法務で働く選択肢もあり、そのほうが経済的には合理的な選択であるかもしれません。

　人事部が中心となって採用活動を行い、法務部門からのニーズが十分にくみ取れないと、表面的な人間性に惑わされる恐れもあります。法務の人事採用については、法務部門も積極的に関与すべきでしょう。少なくとも候補者との面接には、法務部門関係者も立ち会うのが賢明です。今後の法務部門のスタッフの採用では、会社規模に応じて、グループ経営で人材を共有して効率的な運用を目指すことが得策です。

　法務部門は男性の職場ではなく、女性も増えています。法務の仕事は、実力と資格に汎用性がある点で魅力的です。今後は、育児休暇や産休を取りながら、法務の仕事を続け、専門性を発揮できる会社も増えていくでしょう。第11次実態調査では、法務部員の女性比率は、法務担当者で29.9％、管理職で11.3％でした。昨今のグローバル企業で求められる多様性（ダイバーシティ）促進の観点からも、今後の女性の活躍が期待される領域であり、積極的な採用が期待されます。欧米の企業では社内弁護士における女性弁護士やマイノリティの比率が相対的に高い傾向が見られます（248頁参照）。

(2) 「エクスターンシップ」の受け入れ

　日本の法科大学院も、企業法務向けの授業はまだ不足気味ですが、かつてと比べれば進歩が見られ、今後の改善も期待されます。米国のロース

クールでも、法廷弁護士のための実務科目が多かったのですが、企業法務科目の改善が進みつつあります。

　こうした状況で、一つの試みとして注目されるのが、エクスターンシップの拡大です。法科大学院からエクスターンシップと呼ぶものは、企業からはインターンとも呼ばれます。一部の法科大学院は、「実務系科目」等の1つとして、法律事務所だけではなく、公私の団体、企業等にも学生を派遣して各種の法律実務を体験させるプログラムを用意しています。エクスターンシップはその手軽さもあって、希望する学生も多く、企業は積極的に受入先になっていくことが期待されます。

　もっとも、実際には、企業側もエクスターンシップ生の面倒を見ることが負担に感じられる面もあるようですが、相互の理解を深めるため、あまり固苦しく考えずに、可能な範囲でのプログラムを用意していただければと思います。場合によっては、エクスターンシップを契機に法科大学院や学生とのコネができて、そこから採用に結びつく出会いもあるでしょう。

　ただ、エクスターンシップの取扱いは、法科大学院によって異なり、一部の法科大学院では、単に学生を派遣するだけではなく、学生の選抜段階から派遣終了後の成績評価に至るまで、担当教員が説明会や個別の指導を行い、報告会を開催する等して、その教育効果を上げる工夫をしています。そのため、法科大学院修了生の評価に関する弁護士のアンケート調査でも、コミュニケーション能力がアップしているという点は、かなり高く評価されています。

　エクスターンシップでは、法科大学院生の能力・状況等を知り、法務関連の人材の採用戦略に資する情報も得られ、法科大学院との情報交換から企業法務に関する情報共有を進めることができることもあります。

　なお、各企業と法科大学院生の間では秘密保持契約を締結する必要があります。法科大学院在校生の場合で単位が取れるようなコースでは、秘密を漏えいした場合には、大学による懲戒等の対象ともなるという形での規律もあります。

4　法務人材の育成方法

　企業は、自前の人材育成に力を入れてきました。ただ、企業内教育やOJTには、限界もあります。社内研修とOJTでは、これまでの経験を確認し、検証・反省から新たな展開をすることが必要です。外部研修の活用、データベース、文献資料の充実化等には、それなりの予算が必要です。第10次実態調査では、法務担当者の教育にかけている年間費用は、1人当たり平均10万円でした。

(1)　社外セミナー等

　弁護士会や法科大学院等の教育機関のほか、学会や研究会等各種団体や、セミナー会社等が提供している講演・セミナーも多数あります。こうした社外研修では、集中的に最先端・最新の情報を体系的に、効率よく獲得できることもあります。問題意識を持って臨めば、講師に対して直接に質問や相談ができるので、そのチャンスを活かすべきでしょう。セミナーでの出会いや発見が、新たな専門家の起用や依頼に結びつくこともあります。社外研修等で得られた情報を部課内で情報共有を図る等、最大限に活用することが期待されます（32頁参照）。

(2) 企業法務関連の学会・研究会の活用

実務家が多く参加する学会（例えば、国際商取引学会や日本経営倫理学会、日本内部統制学会等）に参加することも有益です。そうした学会や研究会等には、法学以外の研究者も参加し、学際的かつ実務的です。研究会では、様々な意見交換がされるので、視野を広げ、対立する問題状況を理解するためにも有意義です。実務家ならではの問題提起や、実務的な諸問題についても議論されることから、これらに参加して交際範囲を広げていくことは、法務に関する人脈の拡大にも有益です。

日米法学会等のようにグローバル法務に有益なテーマを取り扱う学会もお勧めです。こうした学会活動は、研究会もそうですが、比較的リーズナブルなコストで、企業法務の最新動向や多様な考え方を学べます。

ただし、研究会では、傍聴するだけの参加はあまり好ましくないこともあり、可能な限り自らも発言・発表を積極的に行う姿勢が望まれます。

(3) 外部研修派遣

ある程度まとまった期間にわたって研修を受け入れる外部機関の行先としては、大学、法律事務所があり、これらの国内・国外への派遣・留学等が考えられます。ただ、法律事務所との派遣関係における問題（出入り両方あり）として、特定の会社・事務所との結びつきを嫌うところもあります。これは秘密保持や利益相反の問題を懸念するからですが、海外ローファームや中小事務所への研修派遣の可能性は、国内大手よりも有望かつ効果的かもしれません。これが相互理解・営業的観点からのメリットがあるからです。

この考え方を参考に検討してみては？

前向きの戦略的思考
をどう養うか

　法的な分析は、一定の体系的な理解を前提として、問題解決のために主体的に考える姿勢が求められます。これからの法務には、それができる専門的知識と前向きの戦略的な思考が求められます。これを身に着けるのは簡単ではなく、中長期的な課題としての能力向上に取り組む必要があります。

　ナレッジマネジメントの考え方を法務の領域でも応用して、文章や図解等で言語化された客観的事実・知識（形式知）をデータベース等で共有するだけでなく、各人の経験から体得された手法・ノウハウとなった知識（暗黙知）を、ファイル共有、検索、グループウェア等のツールを用いることによって、形式知に転換する等の循環を試みる企業もあります。

　問題意識を持って努力を継続していく基礎的な力があれば、それを育てる環境や体制が整備されているかで変わってきます。法務の仕事は、心が

図表 8-5　戦略的思考の形成・活用プロセス

問題意識 → 情報収集活動 → 客観的事実数値等データ → データを整理し価値付加した情報 → 情報利用のために統合した知識 → 知識を処理し応用する能力 → アウトプット

データベース等 → Q&A（FAQ）

形式知　　　暗黙知

けや精神論だけでは乗り切れません。さらに能力向上を図れるように、日常的に企業法務における形式知としての情報共有を進めるとともに、それを実践的に使える仕組みを構築することが期待されます。

　法律知識や経験だけでは十分ではなく、論理的な思考力やその状況における的確な状況判断が必要となるため、日常的にそれを議論できるような環境作りも重要です。情報データベース等を保有するだけではなく、それを自社の役に立つ情報に加工し、必要に応じて活用する訓練や対話を繰り返しながら暗黙知を深めていく地道な活動が有益です。

（1）　他部門との連携〜日常的連携と人事交流

　法務部員は、あらゆる部署と連携することが求められますから、他の部署とのコミュニケーション能力が重視されます。特に、営業部門等に嫌われないコミュニケーション能力、バランス感覚が求められます。他部門との相互の連携を通して信頼関係ができれば、能力向上にもつながります。人事交流を進める中で人材の共有を図ることも有益です。他の業務経験は法務にも役立つので、他の現業部門等を経験してもらうことは、法務のレベルアップにも有用です。

　法務関連部署には、コンプライアンス部門、内部監査部門のほか、情報開示、IR、広報部門や、企画戦略部門等があるので、これらの部門と人事交流を図ることも有意義です。マーケティング部門、人事部門、事業開発部門、コンテンツ制作部門にも、様々な法律問題が隠れています。IT革命によって技術的に対応しなければならない分野も広がっていますが、そうした領域との連携も考えられます。

　第12次実態調査によると、社内弁護士数1,086名（346社）のうち、

法務部門に配属が 942 名（309 社）で圧倒的ですが、他部門にも 144 名（100 社）が在籍しています。他の部門の中では、「コンプライアンス部門」が 144 名中 48 名と最も多く、「その他管理部門」が 144 名中 38 名となっています。

　有資格者が企業の中で増えてくると、業種によっては有資格者が営業等の部門で勤務することも考えられます。各種のサービスの強化を図るとすれば、法務部門で育てた人材を、収益を生み出す人材に展開していける業種もあるでしょう。例えば、弁護士が多い欧米では、弁護士が営業活動を行うこともあります。M&A に関わるコンサルタントや、リスクと保険に関するデュー・ディリジェンス・サポート、表明保証保険や環境賠償責任保険等を活用したコスト配分プログラムの構築に関するコンサルタント等は、弁護士等の法務専門家の方が、その内容を的確に説明できるという強みがあります。そうした他の部門での経験は、法務に戻って役に立つこともあり、その経験をさらに豊かにすることにもつながります。柔軟なキャリアに対する考え方を法務部員自身が持つことも大切です。

(2)　イントラネットからエクストラネットへ

　形式知を強化すべく、企業内ネットワーク（イントラネット）を、複数の企業内で相互接続するエクストラネットを、グループ企業で構築し、法務関連の情報共有を図る試みもあります。特に、グループ企業として共通する法令上の規制や社内規程等について議論・検討し、情報交換を推進

そろそろ御社もこれを検討したらいかがですか？

し、新たな知見やノウハウを共有することが有用です。海外の法律事務所には、こうしたエクストラネットを活用して、重要な

顧客企業グループに対して最新の法務情報を共有し、法律相談等を提供しているケースもあり、より効率的・効果的な情報共有が展開される時代になりつつあります。

(3)　法務のプロとしての自覚

　法務人材には、自らの経験と努力によって専門性を身につけた人たちや、立派な気概を持った人たちも多くいます。それに対して、法務のプロとしての自覚が薄いとか、専門性が不足しており、法務部門が腰掛け的では、その力を蓄積していくことができません。

　プロとしての自覚に欠け、外部の専門家頼みの仕事しかできないと、暗黙知も深まらず、法務部門の仕事に付加価値をつけることは困難です。たとえ公的資格がなく、まだ経験が不十分でも、基本的な素養があれば、将来的に実力を蓄積していく可能性があります。その可能性を高めるため、その熟達度に着眼した選抜、育成を進める態勢が必要です。

6 法務人材の評価

　法務人材を育成するには、人事評価の基準が必要です。どんな専門職でもそうですが、法務部員には、①事実確認能力、洞察力、②事務処理能力、正確性、③判断力、④専門性（ただし、法務部員には法務のジェネラリストとしてのニーズが高い）、⑤責任感、指導力（リーダーシップ）等が求められます。また、他の部署での法務部門に関するアンケート調査等における評価や意見等も評価材料とすることが考えられます。

　その人事評価基準は、法務部員のインセンティブに大きな影響を及ぼしますから、法務の多様性に配慮した内容が望まれ、配転された仕事の違いを踏まえて評価する必要があります。法務に求められる人材は、決して1つのステロタイプ的なイメージで捉えることはできません。弁護士にもいろいろなタイプがいるように、法務部員も、カバーする領域が広く、かなり多様な人材が活躍できます。

　ただし、その帰結について、表面的に成功したか、うまくいったかだけを必要以上に評価することには問題もあります。というのも、難しい案件であれば成功は難しく、逆に簡単な案件であれば成功は当たり前のようなことがあり、簡単な案件ばかりを処理して要領よく成果を上げているように見えても、あまり高くは評価できない反面で、難しい案件に挑戦した場合には、その内容次第では結果がそれほど思わしくなくても高く評価すべき場合があります。

　一般的なサラリーマンの場合には「運も実力のうち」という理由で、成果を無条件かつ単純にプラス評価する傾向がありますが、法務の分野でそ

れをやると、本当の実力や倫理観とは裏腹に、要
領の良さだけで昇進した者が、高い地位に就いた
時に、大きな過ちを犯すリスクを組織全体として

この点は御社でも
注意すべきですね

抱えることになる点には特別な配慮を要するものと思われます。

　採用だけでなく、人事考課でも、各種の能力を多角的に評価し、様々な
個性をもった適材適所の観点から配転を検討すべきでしょう。その評価を
踏まえて、現実の戦力をアップさせるため、法務部門内での配転のほか、
他の部署への配転も有用であることがあります。

　高度で複雑な利害を調整する必要がある以上、高度な法律問題に対処で
きる能力や、法的知識に関する専門性は高く評価される材料となるのは当
然ですが、紛争処理の案件には、ダイナミック志向、行動力、決断力のあ

図表 8-6　人事考課をインセンティブの向上に結びつける

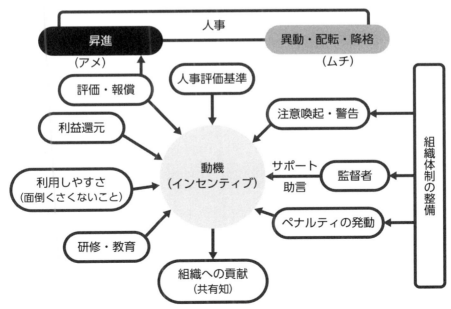

る人材を充てるとか、契約案件には、緻密で、几帳面、創造力と想像力が豊かな、手堅いタイプを充てるとか、経営企画の分野には、バランス感覚や視野の広さ等を重視した配置が考えられます。弁護士のような客商売ではないので、自ら経理・マネジメント等が全部できる必要はありません。こうした評価活動は、個々の法務部員の能力向上に役立てるため、組織的サポートの一つとして位置づけるべきでしょう。

　社内での情報共有を効果的に行うことで、法務全体のレベルアップへの貢献を高く評価し、情報共有を行いやすいシステム構築や研修教育の充実を行うことによって、各人のインセンティブを高めて、能力アップにつながるような環境整備が求められます。

法務スタッフの安定的な定着を図る必要性

(1) 有能な法務部員がいる会社は有望

　有能な法務部員がしっかりと支える企業の成長は、かなり有望です。本来の企業法務に求められている仕事が十分にできれば、地に足の着いた事業運営を推進し、企業価値を最大限に高めることが期待できます。会社のセンシティブな領域を扱う法務部員が、愛社精神をもって、将来を見据えて働くことができます。より高度で複雑な取引も取り扱うことができ、法的に意味のない無駄な事柄に時間を浪費することも少なくなり、取引交渉を戦略的に進めることもできます。内部統制についても、有能な法務部員がいれば、業務の適正性が確保しやすくなります。これらの仕事は、企業活動に精通していることが不可欠であり、部外者への依頼では不十分・非効率です。社内弁護士にも、内部統制を法的な見地からサポートすることが期待されます。

　ただ、本当に優秀な法務部員は、残念ながらそれほど数多くはいません。現実には、それなりの法務部員を少しでも役に立つように育成し、会社とともに成長することを目指すのが現実的です。その努力を放棄すると、期待された役割を果たすことも難しくなります。この問題は、総合的な企業戦略とも関係しています。

（2） 流動性の高い法務人材

　企業も法務部員も、お互いに現在の状況に満足しているとは限りません。法務ニーズの高まりから、法務部員は流動性が比較的高い傾向にあります。それが中途採用の多さ（299頁参照）にも現れています。法務担当者は、非正規雇用ではなく、会社への忠誠心を重視して、正規従業員として採用されることが多いようです。それにもかかわらず、雇用の流動性がかなり高いのが現実であり、法務担当者の転職は少なくありません。

　その理由は様々ですが、社内の派閥争いが原因で退職したという法務担当者が意外と多くいます。法務の仕事は、様々な経営判断を要するだけでなく、社内政治が関係することも多く、法律問題よりも人間関係の調整や政治的な問題に頭を使うことの方が多いという声もあります。弁護士事務所と比べると、組織が大きく、人間関係も複雑となり、センシティブな問題を取り扱うため、状況に対する身の処し方の巧拙が影響しやすいのです。

　こうした人材の浪費は、企業にとっても大きなマイナスです。多少の異動は、かえって業務の見直しのチャンスとして積極的に評価できるかもしれません。しかし、法務スタッフの変動の頻度が高いと、法務担当者の交代が頻繁に起こり、作業効率を低下させ、業務の品質や一貫性にも好ましくない影響を及ぼします。文書化（ルール化）、システム化を図る等の方法で一定のコントロールをしても、人材に依存する部分が不安となります。

　そうした法務部員の異動に接するにつけ、単純に個人的な理由だけではないケースが散見されます。企業側からは、自社で育成した人材にはなる

これを参考にチェックしてみては？

べく長く働いてほしいのに、有資格者は会社を辞めやすいので採用に躊躇するとの声もあります。しかし、これは本末転倒の考え方です。転職する

人たち、転職しやすい法務部員は、決して「有資格者」に限った話ではなく、職場の魅力を高めることを優先させるべきでしょう。

(3)　法務担当者が移籍する本当の理由

　もとより、法務担当者が移籍する理由は、仕事の質、待遇、企業の将来性等、複雑な要因が関係しています。しかし、法務部門には、企業の将来に係わるセンシティブな案件も少なくないため、法務部員の転職は秘密保持の観点からも望ましくありません。とはいえ、職場選択の自由があるので、奴隷的な拘束はできません。せいぜい同業他社への転職を禁じる競業避止義務を数年にわたって負わせることができる程度です（61、63頁参照）。

　実際には、会社が根深い問題を抱え、将来性に乏しい企業である場合、その資格に関係なく、有能な人材ほど転職しやすいようです。将来が有望ではない企業に、有能な人材が長居をすることは期待できません。早晩、大きな問題を起こして、自分の職場が危うくなることを察知した場合、会社に義理立てして、人生を捧げる人は少ないでしょう。

　もっとも、貴重な経験なので、しばらくは働いてくれるかもしれず、あるいは、それなりに尊い社会的な使命のある会社であれば、また別の考慮もありえます。しかし、倫理観が低く、表に出せないような不祥事の種を抱えている会社には、大きなリスクがあります。非倫理的な指示は、自尊心を深く傷つけることにもなるでしょう。冷静に一生をかける価値があるかを考えれば、忠誠心を期待する方が無理な話です。法務部員が取り扱うのは、そうしたセンシティブな領域です。法務部員の転職の陰に、不祥事が隠れているわけではありませんが、時として、それに近い何らかの問題が疑われるケースもあり、そうした疑惑の目で世間から見られるリスクもあるでしょう。

結局、有能な法務部員を確保・定着させるには、その待遇を良くするだけではなく、企業のコンプライアンスを向上させ、深刻な不祥事に見舞われないような企業である必要があります。ここで必要とされるコンプライアンスとは、「常に清廉潔白でなければならない」という意味ではなく、基本的なポリシーとして重大な倫理的な欠陥がないことです。具体的な問題に直面したときに、どこまで経営者が信頼でき、倫理的に正しい経営判断ができるかを法務部員は見ています。上司は部下を評価していますが、有能な法務部員はトップや上司を、ついて行くに値する人たちなのかという観点から、シビアに評価している現実もあり、これは法務部門における不可避の現象のように見えます。

（4）　法務部員の生きがい

　企業法務に対する問題意識がなければ、自分の頭で考えることが難しくなります。放っておくと、やりがいが理解できない、わからないという法務部員も出てきます。これは、若い頃には、仕方のない面があります。そもそも、多くの学生は、企業法務とは何をやるのか知らず、想像することも難しく、過去の企業不祥事のことをあまり知らない者もいます。最近は、法務部門を紹介する記事や、大学で企業不祥事を扱う授業も増えており、少しずつ情報が流通して、改善されてはいますが、個人差もあり、簡単ではありません。「企業倫理」に至っては、その必要性さえピンと来ないという学生もいまだに少なくありません。

　そこで、法務部門としては、日常業務におけるOJTに加え、個別の段階に応じて、何らかの課題を設定し、何を目指すのかを明確化する必要があります。具体的課題を提示し、それが企業全体にとっていかに重要な戦

略的意義を有するかを理解させる努力が必要です。

　第10次実態調査では、今後の法務部門として重点的に取り組むべきと考える課題上位３つを回答させたところ、「法務問題にかかわる経営判断への関与」を選んだ企業が61.5％に及び、他の項目を引き離して圧倒的に多くの企業が、ここに法務部門への期待を寄せていました。これが第11次実態調査では法務部門の将来の課題として「経営判断への支援」が49.5％で、他の項目に重要課題が分散して幅広く課題が意識されるようになり、現在の法務部門の役割として重視される項目は18頁の通り、様々な期待が認識されるようになってきました。

　企業人にとって、経営に直結した部門で働くことは、やりがいのある仕事です。その帰趨が経済全体にも大きな影響を及ぼします。数多くの課題から、各企業の法務部門が具体的に何を優先させるべきかは、企業の状況によっても異なり、その優劣をつける作業も重要です。企業法務は判断業務が多く、法的な知識を活用した判断が必要です。法務部門の仕事は、比較的新しいものが多く、未知の領域があり、難しいだけに、やりがいも大きいのです。新たな状況に対応し、ルールの趣旨を踏まえて柔軟に対応することは、神経も使いますが、興味深い体験もあるでしょう。

　法務部門に生きがいを見出すと、逆に、法務から別部署に異動を打診したとたんに、「会社を辞める」と言いだす者もいます。専門性を伸ばすには、ずっと法務部門にいるのが効率的・効果的であるように思えるのでしょう。しかし、その会社の業務に精通するために他部署に異動することにも意義がある点は理解してもらう必要があります。例えば、広報や情報開示部門であれば、そのリーガルリスクを検討することもあり、社内全般の業務を見渡す経験ができます。個別のキャリアのあり方については、よく話し合って丁寧に対応していくことが望まれます。

この点は御社でも注意すべきですね

広がる活躍の可能性

　法務担当者や弁護士についても、法務に関する仕事しかできないと思われがちです。確かに、そういう不器用な人もおり、法務部門で専門性を発揮することが先決ではあります。法務本来の仕事を極めて、金融法とか、知的財産権法とか、個別の法領域における高度な専門性を売り物にして、いろいろな会社を渡り歩くといったキャリアで成功するパターンがオーソドックスなものです。しかし、必ずしもそういうキャリアだけではありません。法務部員も、伝統的なスタイルだけではなく、様々な組織やいろいろな世界で、法律家としての能力も加味して、自分の能力を発揮するキャリアもあります。

　将来的には、法務部門から、企業トップを目指す経営幹部等になっていく人材と、職人的に法務の現場で専門性を極める人材とに大きく分かれます。例えば、欧米では、弁護士の中にも、法律以外の分野に強い弁護士、柔軟性のある弁護士、営業力に長けている弁護士、事務作業が得意な弁護士等がいて、役割分担をして組織的な活動をしています。

　法務に携わるだけではなく、営業部門等の他の部署で働くことによるキャリアアップも可能です。企業人として、法務を1つのバックグラウンドとしながら、それにこだわらずに、各人の可能性を広げて、新たな領域に進出していく人材も現れてくるでしょう。法務で培った分析能力、交渉センス、経営能力等は、様々な領域で応用できます。社内弁護士も、法律事務所に戻るキャリアもあれば、純粋な法務に限らず、多様な仕事に道が開かれています。企業に転身しても、他の部門で働くチャンスがありま

す。既に日本の弁護士でも、投資銀行や経営企画部門、コンサルティング会社等で幅広く活躍する人たちがいます。

平成 24 年に内閣に設置された法曹養成制度検討会議に提出された「企業における法曹有資格者の活動領域の拡大について（取りまとめ）」（平成 25 年 1 月 28 日）も、「今後は法務部門以外の業務に従事する者もより増えていく可能性もある」として、法務部門以外での業務として、人事、広報等、法務の隣接分野における活動のほか、「法曹有資格者がビジネス部門でビジネス案件を取り扱うことも期待される」「法務を行う上でも、ビジネス側の経験は役に立つ」等と指摘しています。

世界で伍している一流企業の法務の水準は極めて高くなっています。しかし、その違いは、なかなか数字に現わすことは難しく、法務部門の規模を数字で表わすことができても、質的な評価を把握することは困難です。重要なのは、質的な側面であり、これに危機感を抱きにくいのも無理はありません。「これさえやれば大丈夫」といった簡単な話にはならず、社会の複雑さ、難しさが凝縮する法務の世界では、どうしても、幅広い視野を持って、多角的に、様々な専門家がお互いに智恵を出し合いながら、レベルアップを図っていくほかありません。しかし、ここに日本企業が強くなるための大きな鍵があります。

本書が、日本の企業社会の健全な発展の一助になれば幸いです。

執筆者紹介

浜辺 陽一郎（はまべ・よういちろう）

弁護士・青山学院大学法学部教授

1984年　司法試験合格
1985年　慶應義塾大学法学部卒業
1987年　弁護士登録（第二東京弁護士会）
1995年　米国ニューヨーク州弁護士登録
都内やアメリカの法律事務所を経て、現在、弁護士法人早稲田大学リーガル・クリニックにおいて企業法務を中心に弁護士業務に携わる。日本経営倫理学会常任理事、日本内部統制研究学会理事、日米法学会評議員等歴任。
[主な著書]
『現代国際ビジネス法（第2版）』（日本加除出版）、『図解 新会社法のしくみ（第4版）』『図解 コンプライアンス経営（第4版）』（東洋経済新報社）、『図解でわかる新民法[債権法]』（清文社）、他多数

企業改革への新潮流
法務コンプライアンス 実践ガイド

2021年11月1日　発行

著　者　　浜辺 陽一郎 ©

発行者　　小泉 定裕

発行所　　株式会社 清文社

東京都千代田区内神田1−6−6（MIFビル）
〒101-0047　電話 03(6273)7946　FAX03(3518)0299
大阪市北区天神橋2丁目北2−6（大和南森町ビル）
〒530-0041　電話 06(6135)4050　FAX06(6135)4059
URL https://www.skattsei.co.jp/

印刷：日本ハイコム㈱

ISBN978-4-433-75071-8